16	3	2	13
5	10	11	8
9	6	7	12
4	15	14	1

Benedito Nunes

O DORSO DO TIGRE

Posfácio de Affonso Ávila

editora 34

EDITORA 34

Editora 34 Ltda.
Rua Hungria, 592 Jardim Europa CEP 01455-000
São Paulo - SP Brasil Tel/Fax (11) 3816-6777 www.editora34.com.br

Edição conforme o Acordo Ortográfico da Língua Portuguesa.

Imagem da capa:
A partir de gravura de Evandro Carlos Jardim

Capa, projeto gráfico e editoração eletrônica:
Bracher & Malta Produção Gráfica

Revisão:
Alberto Martins, Celina Olga de Souza,
Isabel Junqueira, Mell Brites

1ª Edição - 1969, 2ª Edição - 1976 (Editora Perspectiva);
3ª Edição - 2009

CIP - Brasil. Catalogação-na-Fonte
(Sindicato Nacional dos Editores de Livros, RJ, Brasil)

Nunes, Benedito
N668d O dorso do tigre / Benedito Nunes;
posfácio de Affonso Ávila — São Paulo:
Ed. 34, 2009.
288 p.

ISBN 978-85-7326-435-7

1. Filosofia. 2. Literatura e estética.
I. Título.

CDD - 140

O DORSO DO TIGRE

Parte I

Parte II

O mundo imaginário de Clarice Lispector

Guimarães Rosa

FERNANDO PESSOA

A EDUCAÇÃO PELA PEDRA

O DORSO DO TIGRE

Nota à presente edição

O dorso do tigre, publicado pela Editora Perspectiva, em 1969, foi o meu quinto livro, na ordem cronológica. Mas pela amplitude de sua matéria, incluindo ensaios literários e filosóficos, e pela significação do título, que une duas vertentes congênitas de meu trabalho intelectual, sob a inspiração de uma frase de Michel Foucault em *Les Mots et les choses* — "*nous sommes attachés sur le dos d'un tigre*" ("estamos agarrados ao dorso de um tigre") —, é o primeiro a definir expressamente a duplicidade que me define como escritor. Talvez não devesse chamá-lo assim; caso atentasse para o enraizamento regional que me liga, por direito de nascimento e convivência, a Belém do Pará, onde nasci e tenho domicílio, a denominação deveria ser, conforme amigável e jocosamente me sugeriu o inventivo Alexandre Eulálio, *O lombo da onça*.

Hoje reconheço que o tigre de Foucault descende da floresta noturna do jovem Nietzsche, se não quisermos recuar ao místico selvagem William Blake:

> "*Tyger, Tyger, burning bright*
> *In the forests of the night*".

Apesar disso, o antigo nome continua válido. Ambos, lombo e dorso, exprimem variantes de uma mesma tonalidade de escrita. No conjunto, traduzem igualmente uma época dourada do nosso jornalismo literário. Independentemente do tamanho de muitos deles, exorbitante dos padrões atuais, todos foram, originalmente, publicações jornalísticas.

Benedito Nunes
Belém, junho de 2009

Nota à 1ª edição

Os estudos filosóficos e literários neste volume coligidos apareceram, originariamente, nos seguintes periódicos: *Comentário*, *Revista do Livro*, Suplemento Literário de *O Estado de São Paulo* e *Minas Gerais* (Suplemento Literário), entre 1962 e 1967.

a Haroldo Maranhão

"[...] *ne faut-il pas nous rappeler que nous sommes attachés sur le dos d'un tigre?*"

Michel Foucault, *Les Mots et les choses*

Parte I

"— E que farás da filosofia? [...]
— Por enquanto, não vejo saída."

Platão, *Parmênides*

De Consolatione Philosophiae

A filosofia já não consola. Houve tempo em que ela ajudou Sócrates a morrer; também visitou, no cárcere, vestida como deusa, meio pagã, meio cristã, o ministro do godo Teodorico, Severino Boécio. Nesse ofício de consolar, cabiam-lhe as palavras e não o sentido. Ela era mensageira do mito ou da religião. Sócrates confiava na imortalidade, porque cria na pré-vida da alma. Boécio aceitou a desgraça, tendo como penhor a salvação em Cristo. Nos dois casos, a eficácia do socorro não foi da filosofia.

Havia outra forma, esta negativa, de consolar pelo desolamento. Foi a autorreflexão dos estoicos, muito próxima da autopunição. Não ter esperança, não alimentar desejos, sofrear a imaginação, permanecer em vigília, não sonhar. A absoluta falta de consolo é a única consolação possível. Tal era a palavra da filosofia, última e sem apelo, mas no fundo ardilosa: o estoico seguia, nessa atitude desolada, o ditame da razão universal. Se renunciava às coisas deste mundo, fazia-o por obra de um acordo tácito entre a sua razão individual e a razão que rege o universo. Não podia querer nada que fosse contrário à Providência, de cuja ordem participava, reconstituindo-lhe a inteligibilidade, a razão do todo universal. Sua filosofia não estava fora desse todo; era um decalque do *logos* imorredouro, que determina a matéria e se imprime na inteligência.

Só aparentemente o estoico pensava e agia como um individualista. Já foi uma interpretação moderna a que lhe atribuiu a preocupação com a vida interior, com a subjetividade, preservada dos choques da realidade externa, por ser o mais precioso dos bens. A seus olhos constituía a subjetividade o recesso deformante, onde imagens e representações das coisas, nem sempre fidedignas, sujeitavam-se ao império dos sentimentos. O estoico sentia-se livre na medida em que se desprendia de si mesmo — dos sentimentos e paixões, do Eu que espera ou que teme — em proveito de um outro ser, mais extenso e profundo, parte do corpo inteiro do universo vivo, isento de desgaste ou corrupção.

A filosofia transformava então a absoluta falta de consolo para o homem como indivíduo no consolo supremo para o homem como espécie. Reformulou Spinoza, na época moderna, já sofrendo o isolamento da subjetividade, que se sabe irrelevante, essa imortalidade da inteligência contemplativa. De qualquer forma, para os estoicos do período revolto da Antiguidade, ou para o racionalista Spinoza, a filosofia ainda podia ensinar a viver, mesmo que esse viver apartasse o filósofo da companhia dos homens, só a ele garantindo a sobrevivência especial do terceiro gênero de conhecimento — de que a *Ethica ordine geometrica demonstrata* fala —, que é o conhecimento da eternidade de Deus e do homem, confundidos numa mesma substância infinita.

Quando Descartes procurou, na prática, a sabedoria que a sua ardilosa metafísica não era capaz de oferecer-lhe, foi ainda ao estoicismo que recorreu, e que apontou, como via de consolo, a Elizabeth da Boêmia, sua assídua correspondente. Parecia-lhe a lição estoica a mais adequada a representar o bom uso da razão, a economia do pensamento, e a substituir a cautelosa moral provisória, imune à dúvida e aos assaltos do espírito maligno, estabelecida no Discurso. E quantos humanistas, antes de Descartes, não se aproximaram da mesma fonte? A *stoa* podia dar-lhes uma sabedoria puramente humana, desprendida de compromissos religiosos. Foi a fé na razão, como ordem do pensamento e ordem das coisas — as duas harmonizadas, as duas integrando a unidade do mesmo *logos* universal — que os ligou aos discípulos de Zenão de Citium, a Sêneca, a Marco Aurélio e a Epiteto. Situado dentro da armação perfeita de um mundo acabado, conhecendo a razão universal, de que participava e de que dependia, situado na própria razão que lhe era intrínseca, nada podia o homem ganhar e nada podia perder.

Sobreviveu assim o estoicismo, como sabedoria de reserva, a serviço dos filósofos modernos, quando, à falta do imediato consolo da religião, precisaram garantir a suficiência teórica e prática da razão. O imperativo categórico, o *tu deves* vazio e incondicional, que identifica a vontade legisladora com a razão autônoma, foi o circunlóquio de Kant para chegar a um estoicismo de segunda mão, que o desenvolvimento consequente da teoria filosófica do conhecimento lhe vedava. Na evolução dialética traçada por Hegel em sua *Fenomenologia do Espírito*, a sabedoria da *stoa* ocupa um momento significativo. É aquele em que a consciência, fechada ao desejo, retrai-se à vida, para só conservar a universalidade do pensamento. Esse retraimento, capítulo importante da história do espírito, é estado de servidão aos outros e às coisas, disfarçado na liberdade do sábio, indiferente ao que não seja pensamento, invulnerável à existência que a abstração do pensamento neutraliza. Mas a filosofia hegeliana, que superou o estoicismo, ao diagnosticar-lhe o sentido espiritual e histórico no conjunto das manifestações da consciência, superou também as antigas formas de *saggezza* filosófica. Declarou-se, com o sistema de Hegel, a impotência prática da filosofia, que daí por diante não será mais capaz de ensinar-nos nem a viver nem a morrer.

A filosofia já não consola nem mesmo através da desolação, que aliviava o estoico, e que o satisfazia intelectualmente. Ela nada nos ensina; e nada nos propõe. Seu magistério, negativo, se exerce pela redução. Reduz o nada à consciência; reduz a consciência à linguagem ou ambas ao absurdo.

Transformou-se a filosofia numa nova ascese do pensamento e da ação. No esforço para despojar-se de suas abstrações, tende o pensamento a tornar-se visão das coisas; tende a falar a linguagem da existência ou a mergulhar no silêncio do Ser. Pois a Filosofia se sabe precedida e condicionada pela ação, que desejaria controlar. E sabe, finalmente, que o seu único poder reside na indagação que problematiza, na análise que destrói as certezas comuns, na reflexão que discute esse mesmo poder de análise que outros poderes obscuros da existência, não analisáveis, provocam, sustentam e delimitam.

As chamadas filosofias da existência parecem apelar, em última instância, para a saída estoica. Heidegger vê a totalização da existência humana como preocupação com a morte. E da morte, possibilidade extrema, sempre iminente, em relação à qual já estamos situados, enquanto ser no mundo, é que provém o único dever-ser: a *decisão resoluta*, espécie de conversão do homem a uma verdade que ele não conhece, mas que o sentido da morte e a angústia desnudam. A *decisão resoluta*, apoiada na morte, como certeza essencial do Ser-aí (o *Dasein*, o ente humano, cujo ser é a existência), é o empenho para a decisão ética e não princípio de ação; é a abertura para um caminho e não o caminho, que cada qual deve descobrir e percorrer de acordo com as suas próprias possibilidades ignoradas. Ao contrário do estoico, que via na morte, com a qual se preocupava, uma expressão da lei natural e racional, Heidegger considera-a uma possibilidade constitutiva, que singulariza a existência humana e que lhe determina a temporalidade. Por outro lado, a razão, segundo Heidegger, pende da liberdade, liberdade onde tem origem, com a prévia compreensão do Ser, inerente a cada um dos possíveis modos da existência humana no tempo, a verdade dos seres. A Razão, ao contrário do *logos* estoico, não deriva das coisas. Ela é projetada nas coisas pela existência, concretamente situada no mundo por um estado de ânimo, o qual já lhe abre os primeiros significados, que também são os primeiros fundamentos das certezas prática e teórica. Nada mais antiestoico do que essa razão fundada *na* e *pela* existência, e a que serve de garantia o abismo sem fundo de sua precária liberdade. É a razão fundamentando-se no que é contingente, nascendo de uma redução ao absurdo.

O mito de Sísifo, que Camus escolheu para simbolizar o embate da consciência com o absurdo, poderia ainda ser tomado como um renovo tardio do estoicismo no pensamento contemporâneo. É que Sísifo suporta, sem uma palavra de protesto, os tormentos que os deuses lhe infligem. Carrega até o alto do rochedo a pedra que daí rolará, obrigando-o a recomeçar o mesmo trabalho inútil. O silêncio do herói não é porém resignação; a equanimidade com que repete o gesto absurdo, a que o força a existência nos infernos, é a arrogância de um ser que deseja violenta e mudamente, que vive, na tensão da consciência infeliz, o seu próprio e incompreensível destino. Repelindo a servidão, mantém-se ele num estado de permanente revolta: a inteligência e a paixão misturadas alimentam e aguçam essa revolta, que dá um sentido humano à sua existência absurda. Qualquer consolo tiraria a Sísifo o poder de esperar, de negar, de opor-se, de rebelar-se. Só o desconsolo mantém-no ativo, recriando, a cada passo, sua liberdade contestada.

A moral de Sísifo, oposta à moral da renúncia, revela a paixão da existência, o desespero e a esperança, a consciência individual, transformados em fonte de valor e da razão. É o inverso da sabedoria estóica. É também a anulação, aprendizado filosófico, que ensinava a superar o individual pelo universal, e a neutralizar, por força da disciplina superior do conhecimento racional, que tem por objeto a verdade imutável, os sentimentos e as paixões.

Mas a disciplina superior do conhecimento, que a filosofia atualmente pode dar-nos, é a negação de que a determinada forma de conhecimento se possa atribuir superioridade incontestável. Nem a própria filosofia conserva o poder que a sabedoria estoica lhe outorgava, de desprender-nos do Tempo, de conciliar-nos com a vida e de abrigar-nos na Razão. Seu poder está unicamente no jogo do pensamento com a existência, da existência com as probabilidades de ser, até o extremo do paradoxo e do absurdo.

"Este o nosso poder: sempre jogamos um jogo", segredou a Filosofia a Boécio, enquanto o consolava.

A superação da filosofia

I

O problema da superação da filosofia, que tem recebido expressões diversas em diferentes campos doutrinários — do existencialismo ao marxismo, do neopositivismo à última versão do pensamento heideggeriano —, despontou com o sistema de Hegel. Pode-se admitir que, nesse sistema, onde a realidade cabe inteira nos conceitos que o pensamento produz, a especulação filosófica alcançaria finalmente o estágio de ciência integral, de saber completo e universalmente válido. Era essa a intenção de Hegel, manifesta na *Fenomenologia do Espírito*, que tantas interpretações suscitou. Segundo dizia ele nessa obra, que foi o ponto de partida para ortodoxias e heresias — inclusive para a própria ortodoxia hegeliana da *Enciclopédia das Ciências Filosóficas* e para as heresias de Feuerbach e Marx — chegara o tempo de elevar a filosofia à forma de ciência, obedecendo à necessidade interna do conhecimento. O sistema de todos os conceitos, equivalente à verdade, que a ciência tem por objetivo, pondo um termo à inquietude da especulação, atingia o alvo da busca filosófica. Superava-se, então, a filosofia, no saber sistemático por ela mesma engendrado.

Não é esse, entretanto, o único sentido em que se pode falar da superação da filosofia dentro do sistema de Hegel. Há outro muito importante para refletirmos acerca do mesmo problema, que se nos apresenta atualmente, e que deriva da forma e do conteúdo do *saber*, proposto por Hegel — desse *saber* para além do qual cessariam as perplexidades do pensamento inquisitivo. Adotando a dialética constitutiva do sistema, o marxismo, que dá fundamental relevo à superação da filosofia dentro do processo de transformação do mundo, deu a esse problema uma solução, cujos termos finais, semanticamente considerados, reencontram o idealismo hegeliano. Dir-se-ia que Marx, absorvendo criticamente a dialética de Hegel, para expungi-la do idealismo, não pôde escapar, na primeira síntese de seu pensamento, correspondente aos escritos anteriores a 1848, à ação irônica do Espírito, que pensava ter superado.

Vejamos primeiramente como, do ponto de vista da forma do *saber* totalizante e totalizador da dialética hegeliana, está colocada a questão do ultrapassamento da filosofia.

A ciência total corresponderia ao pensamento que tudo determina, que nada deixa fora de si mesmo, e que, de conceito a conceito, desenrola, avançando, o fio das contradições. É o diálogo do pensamento que se desdobra; cada afirmação, que traz implícita o seu contrário, aprofunda-se como negação, por sua vez absorvida num conceito novo, superior aos anteriores e mais completo do que eles. No empenho de totalidade que o domina, nenhum conceito, isoladamente, pode satisfazer ao pensamento. Há nele o germe da negação, espécie de carência interna que o mobiliza, que o faz avançar, visando uma plenitude cognoscitiva não imediatamente atingível, mas que nele já preexiste, condicionando-lhe o trânsito de um a outro conceito.

É que o pensamento tende ao Absoluto. Está a caminho dessa meta. Dirigindo-se a semelhante fim, que também o dirige, não pode alcançá-lo senão por uma série de mediações, graças às quais, tornando-se menos abstrato e mais concreto, abre caminho, através das próprias contradições que o movem, e que de si mesmo produz. Esse movimento, para Hegel inseparável das contradições, e que é a dinâmica do Absoluto, cessará quando nada mais houver que limite o pensamento, quando as determinações parciais, finitas, forem superadas pelo verdadeiro Ser, total e infinito.

"A verdade é o todo." Mas o todo é somente a essência desenvolvendo-se e aperfeiçoando-se. O Absoluto apresenta-se essencialmente como resultado desse processo de desenvolvimento. O que ele em verdade é, somente no fim, na totalidade completada, poderá mostrar-se. Assim, do Absoluto diz Hegel que é "ser atual, sujeito, que se torna aquilo que é".

Percebe-se, por essas palavras sibilinas de Hegel, tão acordes com o gênio romântico, que a *forma* do saber sistemático — a dialética, o movimento do pensar — resultaria no próprio *conteúdo* desse conhecimento. A *forma*, o pensamento dialético, que se constrói a si mesmo, determinando-se e determinando o real, e o *conteúdo*, como Absoluto, no qual as negações se extinguem, tem um único agente, sujeito e objeto do processo inteiro, pressuposto pela ação interna dos conceitos, constituindo, ao mesmo tempo, aquilo que em cada momento dialético se produz e o que unificaria todas as fases, com suas respectivas mediações. Esse agente é o Espírito como "substância viva", que nega a Natureza e que triunfa na História universal. O seu poder, origem da dialética, consiste numa restituição de si mesmo, através dos conceitos que elabora, e que correspondem ao interno desenvolvimento de sua essência verdadeira, o ser absoluto.

Assim, negando-se primeiro como exterioridade na Natureza, e depois negando-se como consciência isolada — para universalizar-se nas formas objetivas da Moral, do Direito e do Estado —, exteriorizando-se em seguida na Arte — para, depois, interiorizar-se no sentimento religioso —, o Espírito só na filosofia, última escala de seu processo, vai alcançar a consciência plena de si mesmo, quando, então, conhece tudo como uma forma sua e se reconhece em cada uma das suas formas. É nessa relação de conhecimento e de reconhecimento que ele abrange a realidade inteira, dialeticamente explicitada ou totalizada, e revertida ao seio do Absoluto.

Todo esse desenvolvimento do Espírito foi, portanto, um movimento restitutivo, de autointegração; todos os momentos dialéticos serviram-lhe para que conquistasse a sua identidade, pensando cada coisa, cada objeto, como ser incompleto, como insuficiente particularização de si mesmo, como forma alienada de sua verdadeira essência. O desenvolvimento do Espírito, perfazendo-se na atividade do pensar, da razão que conhece, é uma desalienação gradual que culmina na filosofia. O saber que aí se conquista oferece-nos o Espírito mesmo libertado, realizado, na plena posse de si mesmo, como realidade, e no conhecimento da realidade, como processo de sua realização.

A filosofia, que serve a esse fim, confunde-se com a vida do Espírito tornada consciente, que passou a ser o todo e o conhecimento do todo, o resultado e o processo para chegar até ele. Temos aí o segundo sentido da possibilidade de *superação da filosofia*, que o sistema de Hegel nos entreabre. A filosofia é transcendida pela vida do Espírito que se instaura. E embora tenha essa vida se concretizado por intermédio do conhecimento filosófico, esse conhecimento foi só a *maiêutica universal*, que assistiu ao nascimento do princípio sempre ativo, que com a vida de Deus se identifica, e que não necessitou da filosofia para existir. Segundo Hegel, a filosofia, que assinala o acabamento de um processo, seu último estágio, é retardatária com relação às outras expressões concretas do Espírito.

No fecho das suas *Lições de história da filosofia*, diz-nos Hegel que a filosofia parteja a Ideia, a vida de Deus que triunfa. Proporcionando-nos a razão total que nessa vida se encerra, ela nos dá a concepção que liberta e que nos concilia com a realidade. A liberdade do homem se concretiza na medida em que ele se compreende, através da necessidade livre do Espírito.

Libertação do Espírito e libertação do homem se confundem. O exercício da liberdade é o poder intelectual de negar, sem o qual não se compreenderia a vida de Deus em si mesma, como desenvolvimento do conceito, que é um só e mesmo com o desenvolvimento do espírito. Maiêutica universal, o conhecimento filosófico é transcendido pela desalienação espiritual da humanidade. Supera-se, pois, a filosofia, quando a humanidade se torna Espírito, quando termina o seu estado de parcelamento, de divisão e de conflito. O humanismo de Marx, cujo advento assinalaria a superação da filosofia, cabe dentro desse mesmo molde.

II

Para Marx, que incorporou criticamente a dialética hegeliana, aceitando-lhe as categorias subjacentes de *alienação* e *desalienação*, o primeiro problema a resolver é o da superação da própria filosofia hegeliana.

A perspectiva de libertação convergente do Espírito e do homem, com que acena a ideia de desenvolvimento, inclusa na filosofia de Hegel, é uma promessa ilusória, uma possibilidade não cumprida. De fato, o desenvolvimento do Espírito, que pode ser descrito, numa outra linguagem, como processo de *autoformação do homem*, deixa para trás a realidade natural humana. As contradições dialéticas, que esse desenvolvimento impulsiona, não são efetivamente resolvidas no sistema hegeliano, porque a negação de um contrário por outro se opera na intimidade do pensamento. Aí, na consciência que se universaliza, as oposições nascem do pensamento e conservam-se nele. Os contrários se harmonizam na forma superior, que aparentemente os ultrapassa; reaparece a tese na antítese. A filosofia nega a religião; mas é a divindade, a vida de Deus, que constitui o conteúdo real da filosofia. Analogamente, o direito subsiste no Estado, a Moral no Direito, a família na Moral. Tudo se conserva, os opostos se conciliam.

Essa conservação, que decorre do ânimo conciliatório da filosofia de Hegel, é uma pseudossuperação dialética, efetiva no plano do conhecimento abstrato. Concretamente, nenhuma contradição se resolve. Para o jovem Marx, autor da *Crítica da filosofia do direito*, que retomou as objeções de Feuerbach a Hegel, segundo as quais este havia alienado a filosofia na religião — com isso alienando a existência humana —, o processo de autoformação do homem demuda-se num processo de sucessivas alienações: do filósofo, do homem na filosofia e da realidade no pensamento puro. A única libertação possível seria a do conceito no pensamento. O homem tornar-se-ia livre quando soubesse que o é, quando alcançasse a consciência da liberdade. Toda alienação cessaria se concebida a unidade do subjetivo com o objetivo, do exterior com o interior, que caracteriza o Espírito Absoluto, por sua vez identificado com o pensamento racional, fonte da verdadeira existência humana. É a existência na *filosofia*, existência abstrata, que se isola no pensamento e que nele conserva-se alienada. Há então necessidade de superar a alienação da filosofia hegeliana, para realizar a sua promessa libertadora.

Disse Marx, num outro estudo, também sobre Hegel, que *não se pode superar a filosofia senão realizando-a, e que não se pode realizá-la senão superando-a*. Sob esse aspecto, o problema que nos ocupa alcança um plano geral, para além da filosofia hegeliana. O que está em jogo é o sentido mesmo da filosofia, já agora colocado por Marx numa perspectiva doutrinária, ao mesmo tempo humanística e revolucionária, que já encontramos nas suas *Teses sobre Feuerbach*.

Enquanto para Hegel a única ação é o conhecimento que liberta, dando-nos consciência da liberdade, para Marx, o conhecimento origina-se da *praxis* social, que forma e deforma a consciência. A consciência desenvolve-se contraditoriamente, como realidade histórica, e consuma o seu desenvolvimento na *praxis* revolucionária que a liberta, devolvendo-lhe a identidade consigo mesma, atribuída pela filosofia hegeliana ao Espírito. Nessas condições, a filosofia, para nos atermos somente ao pensamento de Marx, tal como se encontra nos seus escritos da fase de 1842 a 1848, cumpriria três funções inter-relacionadas: *histórica*, *teórica* e *prática*.

Historicamente participa a filosofia da produção da existência social do homem. Quando o pensamento é afetado pela divisão do trabalho, pela cisão da vida social em classes antagônicas, a partir do instante em que se opera a apropriação por alguns da riqueza coletiva que a todos pertence, cindem-se também a existência social e a consciência por ela condicionada. Produzir-se-ia, consequentemente a essa ruptura, na formação das ideias que acompanham a *praxis*, e que deveriam expressá-la em sua totalidade, uma inversão do processo da vida real. Sob a ação dos interesses das classes em conflito, que funcionam a modo de "câmara escura", invertendo as imagens que do exterior a consciência recebe, converte-se o processo da vida real no domínio das *ideias*. Separadas da realidade prática efetiva, as ideias tornam-se substanciais, hipostáticas. A elas se atribui a causa e o sentido da realidade e é nelas que se encontra o princípio ideal que justifica e fundamenta a superestrutura nascida das relações de produção. Desse ponto de vista, a filosofia, que sintetiza o domínio das ideias, desempenharia papel ideológico.

Mas não se esgota, com semelhante papel, a função histórica da filosofia. Nem a religião, nem a arte, nem a filosofia, são, do ponto de vista de Marx, formações ilusórias. Está ele, no que tange à compreensão das superestruturas, muito longe dos Enciclopedistas e da Ilustração em geral, que viam nas crenças religiosas e na metafísica um misto de ilusão, de ignorância e de medo, que as luzes do conhecimento científico dissipariam. Segundo o autor de *O capital*, a religião e a filosofia existem e se produzem com o homem, participando das intenções e das forças que a sua atividade social, materialmente condicionada, engendra, e podendo determinar tanto a alienação como a desalienação do ser humano. A empresa teórica da filosofia seria *descobrir* o conteúdo social — nem sempre ideológico — das doutrinas, seria operar a crítica das ideologias, procurando reduzir as ideias às suas causas efetivas, que repousam na trama da vida social e histórica.

Enquanto conhecimento teórico, a filosofia explica a religião, o materialismo clássico e o idealismo. A explicação e o ultrapassamento daquilo que se explica fazem-se por meio de uma concepção totalizadora e dialética da história, da qual Marx fala na *Ideologia alemã* e que consiste em expor o processo real de produção, partindo para isso da produção material, da vida imediata. É a própria filosofia marxista que nos é aí apresentada como exposição da totalidade e, portanto, como um conhecimento reconstitutivo de certo estágio do desenvolvimento dialético, potencialmente aberto pelas contradições que o formam. Essa filosofia prolonga-se dialeticamente na ação *prática*, destinada a superar a alienação do ser social humano, alienação que teria possibilitado o surgimento das outras formas de pensar filosófico.

Pela atuação prática, revolucionária, mediante a qual o pensamento ganharia a eficácia que não pode ter no plano da teoria pura, chegaríamos, concomitantemente, à realização e à superação da filosofia.

O humanismo alcançado, a humanização atingida — eis, segundo Marx, a realização da filosofia. Realizando-se como humanismo prático, a filosofia caminharia para a sua superação. Pois não é possível realizá-la sem superá-la e nem superá-la sem prover à sua realização.

A realização e a superação da filosofia demarcam, pois, o horizonte utópico e esperançoso do pensamento de Marx, tal como ele se nos apresenta nos escritos que antecedem de alguns anos o *Manifesto comunista*. Realizar a filosofia era fazer com que passasse à realidade um projeto humano; era concretizar a possibilidade, advinda da essência do homem, de sua completa desalienação. Nessa realidade prática, ao cabo da qual, abolida a propriedade privada, as contradições da existência, que geram os problemas filosóficos, seriam efetivamente superadas, a existência mesma, assegurada na plenitude de seus dons, absorveria, por desnecessária e sem objetivo, a especulação filosófica.

A desalienação do homem, consequente à desapropriação da propriedade privada, implica uma conversão ontológica. O homem se tornaria naquilo que é em si e por si — como o Espírito do sistema hegeliano — passando a existir verdadeiramente, na comunhão com os outros. Nessa existência redimida e sem Mal, que tem na reciprocidade sem conflitos uma espécie de nova riqueza coletiva, diluir-se-iam os problemas filosóficos, que antes a filosofia se limitava a resolver na intimidade do pensamento. Produzir-se-iam na vida real e não na Ideia a identidade do homem com a sua humanidade, a espiritualização da matéria, a vitória sobre a necessidade. É como se só então a filosofia hegeliana pudesse tornar-se verdadeira, como se só então, por obra daqueles expedientes irônicos da História do Mundo, que é também *gesta dei*, pudesse o Espírito nascer na Terra. A mesma ironia, da qual Hegel foi o intérprete, atingiu Marx e determinou o horizonte utópico inabstraível de seu pensamento.

Das utopias

I

As utopias são também ucronias. Os tempos revoltos da história não chegam às portas da Amaurotas de Morus nem atravessam os sete círculos que rodeiam a Cidade do Sol de Campanella. A Icária, imaginada por Cabet, está a salvo das contingências do tempo e da necessidade, enquanto a Boston do ano 2000, com que Edward Bellamy sonhou, vive na uniformidade de um progresso material harmonioso que, corrigindo-se a si mesmo, elimina quaisquer possíveis excessos e conflitos. Os caminhos enviesados do Espírito, com a sua racionalidade tortuosa, que seriam, para Hegel, os únicos meios de advento gradual e progressivo da razão, substituem-se, nas utopias, por uma ascensão sem acidentes do indivíduo como ser social. Confirma-se, em todas, a passagem instantânea do reino da necessidade para o reino da liberdade, divisa utópica que Engels não esqueceu de inscrever no horizonte de "possíveis" de seu socialismo científico.

A sociedade utópica, seja a de Morus, seja a de Campanella, é sempre uma sociedade triunfante. Ela aparece, quando, no fim de um período vago e nebuloso, os homens decidem extinguir, de uma só vez, os equívocos e transtornos da história, e se colocam, por um ato de vontade ética, sob o abrigo da razão universal. Caem, então, as barreiras que separam o individual e o coletivo. Os grupos, as classes, os símbolos e os objetos sociais deixam de existir. Desaparece, por fim, no mundo utópico, a ambiguidade das ações coletivas. Os antagonismos de interesses, que são o móvel da prática social, cedem lugar à glória estática da espécie humana, cujos membros vivem relações de plena reciprocidade, no mútuo espelhamento de suas consciências. A sociedade se torna intersubjetiva e a inquietação da consciência se aplaca na medida comum que une a vontade à razão, o desejo aos objetos, os valores à sua realização. O *tempo* não mais se move na escala subjetiva da preocupação, em que o presente inquieto é sorvido pela imagem de possíveis modos de ser, ainda não cumpridos, que se alinham no futuro distante. Nas utopias, que são também ucronias, tudo se resolve num presente estático, linear, que vai de um ponto a outro ponto de um mesmo espaço social fechado. O *tempo*, que se detém, reverte à categoria do *espaço*. E essa detenção do tempo faz-se acompanhar por uma localização pontilhista, que isola a sociedade perfeita, separando-a de todas as outras. É que a sociedade utópica nasce de uma ruptura; ela é o produto de súbita e espontânea conversão.

O povo da Cidade do Sol, vindo da Índia para escapar à tirania dos que o governavam, institui, com base na comunhão dos bens, um modo de vida ajustado a princípios filosóficos. O português Raphael Hythloday, no seu relato a Morus, explica-lhe que o país da Utopia, outrora chamado Abraxas, cidade dos loucos, deve a sua legislação justa a Utopus, que dominou as populações rudes e selvagens aí estabelecidas. O primeiro grande trabalho do guerreiro legislador foi separar a terra do continente, transformando-a em ilha. É o espaço social fechado da Utopia, que se repetirá na Cidade do Sol, circundada por sete muros circulares. Assim, paralelamente à conversão quanto ao modo de vida, verifica-se, nas utopias, a criação de um espaço social próprio, mas fechado.

O processo graças ao qual a sociedade utópica se instaura é, pois, um processo sem violências. Ela não nasce da luta. Os conflitos que a precedem, pertencem a um passado que ela rejeita, e do qual só conserva reduzida memória. O espaço social fechado bem como a parada do tempo histórico, que a imaginação utópica projeta, têm por fundo, como determinação mais ampla, como verdadeira categoria, a *totalidade*, que abrange a comunhão dos bens, as relações recíprocas entre os indivíduos e a organização racional da conduta humana na cidade justa. O que difere de uma para outra utopia é o princípio segundo o qual a *totalidade* se opera. Na *República* de Platão, o todo social reproduz, nas suas três camadas constitutivas — governantes, guardiães e trabalhadores — hierarquicamente ordenadas, o todo da alma humana, que tem no ápice a razão, no meio os sentimentos e embaixo os instintos. A harmonia social, que depende da justiça coletiva, reflete a harmonia interna entre as partes da alma de cada indivíduo. Na *Utopia*, de Morus, o primeiro ato da razão natural do humanismo, que inspira e sustenta a organização social, é a abolição da propriedade privada, assento prático e teórico do sistema inteiro.

A esse sistema falta porém o equilíbrio mecânico que caracteriza o de Campanella, no qual a cidade se apresenta como um resumo do mundo. Ela é um microcosmo, que a natureza rege e que um triunvirato — Sabedoria, Amor e Potência — governa. A *civitas* humana assemelha-se aí a um experimento metafísico: a harmonia social reproduz a harmonia universal, assinalada pelo curso dos astros e pelos signos zodiacais.

Mais tarde, no século XIX, as utopias, que já refletem o fracasso do liberalismo, instituem a totalidade da cooperação. A Icária de Cabet, que retoma a revolução de 1789, levando-a às últimas consequências, funda um regime puro, logicamente inferido dos princípios de liberdade, igualdade e fraternidade. Mas a totalização social que se operara já não depende apenas da comunhão dos bens existentes, repartidos igualitariamente, segundo as exigências da justiça distributiva. A revolução industrial, que já se efetuara, apresenta a Cabet, que escreveu a *Voyage en Icarie* em 1842, o problema da produção. A simples igualdade é insuficiente para garantir a sociedade justa, se as novas condições de existência não se fundarem na abundância dos bens de consumo. Nesse caso, portanto, a utopia inverte a condição material da *escassez*, que Sartre admite como o *a priori* da totalização histórica. Transforma-se a escassez em abundância, a *totalização* em *totalidade*. Em fins do século XIX a mesma inversão aparece no *Daqui a cem anos* [*Looking Backward*], de Edward Bellamy, onde a totalidade social coincide com o aproveitamento completo das forças produtivas numa sociedade de ricos.

Todas as utopias, que definem um projeto racional de vida, decorrem da totalização imaginária das possibilidades da existência humana. Na sua permanência e no seu funcionamento são organismos perfeitos. Tal como as máquinas cibernéticas, elas suprem as suas próprias deficiências, corrigem os seus erros e compensam seus desgastes. Não há entropia nas utopias. Fechadas em si mesmas, no espaço criado pelas relações humanas, que atingem o nível ético do mútuo reconhecimento das consciências, elas percorrem um tempo linear, que abole a duração e a mudança, e que é o mesmo tempo repetitivo dos mitos. Há porém dois condutos pelos quais a realidade social e histórica da época em que são concebidas infiltra-se no corpo denso e estático das utopias: um é o conteúdo ideológico, propriamente dito, que reflete certas posições sociais específicas, outro é a antevisão de possibilidades futuras, no domínio da técnica e da ciência.

Platão, que teve ambições políticas na juventude, responde, na velhice, com a hierarquia de sua República, governada por filósofos, à demagogia das assembleias atenienses, nas quais os mercadores e artesãos haviam adquirido o direito de votar. A *República* é uma idealização aristocrática da *polis*. A *Utopia*, de Morus, mantém, salvo a propriedade privada e os vícios dos governantes, a organização social inglesa da época, desde o patriarcalismo da família à punição do adultério. Conquanto mais radical, a *Cidade do Sol*, de Campanella, é, ideologicamente, um produto da camada dos letrados, que procuravam conquistar, lutando contra o poder da Igreja e o poder do mecenato, uma autonomia que só no século XIX lhes seria reconhecida.

Bifrontais, as utopias proscrevem as instituições e os costumes de uma época, prescrevendo leis e modos de vida diferentes para uma sociedade sem época. O lado crítico e o lado prospectivo são as duas faces alternantes das criações utópicas. No esforço de corrigir, emendar e ultrapassar a realidade que refletem e contra a qual se voltam, essas criações oscilam entre a compreensão reflexiva das possibilidades humanas ainda em suspenso e a negação imaginária do real de que se desprendem.

II

A negação imaginária do real, nas utopias, que, por um lado, desprende a vida do tempo e do espaço, é, por outro, revelador de possibilidades objetivas que no próprio real se acham contidas. O que a negação utópica atinge é a fímbria temporal da realidade. Como ato intelectual, ela nega o imediato, o visível. Neutralizando a ordem dos fatos, esse ato, concomitantemente imaginário e racional, desprende as possibilidades nela inclusas, conferindo-lhes a qualidade de fatos antecipados, que prenunciam a etapa mais adiantada de uma evolução em curso, de uma ordem previsível e necessária. Para as utopias do século XVI, a antecipação resultante do salto da faculdade imaginativa, revela-se, em muitos pontos, ao leitor de hoje, como um prenúncio profético, uma previsão, intuitiva e divinatória, de muitos inventos técnicos.

Sob esse ângulo, a *Cidade do Sol*, de Campanella, que participou dos alvores da ciência física natural galileana, distancia-se consideravelmente da *Utopia*, de Morus, que lhe é anterior de mais de um século. Na *Utopia*, cuja população vive da agricultura, os sábios constroem uma máquina que representa com precisão o curso dos astros, aperfeiçoam a arte de imprimir, e introduzem, nos campos, as incubadeiras para criação de pintos. Esses avanços técnicos são pequenos se comparados com o alto grau de desenvolvimento das ciências puras e aplicadas entre os solarianos. A humanidade de Campanella, além de converter a astrologia numa ciência aplicada, que permite prever o futuro, demonstra possuir um senso histórico prematuro, numa época em que a própria história natural ainda estava por surgir. "Têm-se produzido em nossa época", julga Campanella pela voz dos solarianos, "um maior número de descobertas e de invenções do que nos quatro mil anos até então decorridos". Regozijando-se do grande número de livros que a humanidade havia acumulado em menos de um século, os habitantes da *Cidade do Sol*, que se consideram herdeiros das invenções recentes — a bússola, a pólvora e a imprensa — acrescentam à lista dos progressos materiais e técnicos, engenhos modelares, arquetípicos, que se tornarão reais e concretos após a primeira revolução industrial... "Eles descobriram a arte que lhes permite elevar-se nos ares, que era a única arte que ainda lhes faltava. Eles esperam inventar, dentro em pouco, poderosas lunetas que lhes darão a perceber os astros desconhecidos, como também cornetas acústicas que aos seus ouvidos transmitirão as celestes harmonias." As possibilidades que a imaginação discerne, captando a lógica das estruturas, antecipa as condições materiais e as necessidades que determinarão a passagem do abstrato ao concreto, dos modelos aos produtos empíricos. Campanella extrai as consequências lógicas da concepção mecânica da natureza. E são essas consequências que ele transfere à sua sociedade imaginária, que é uma máquina perfeita, um modelo mecânico e racional, dentro do mecanismo regular e geométrico do mundo.

As utopias do século XIX não são tão ricas em invenções ousadas e antecipadoras. É que, tendo sido escritas na perspectiva da primeira revolução industrial, elas nada mais fazem do que consignar o aperfeiçoamento da maquinaria então existente. Na de Bellamy, que é de 1887, as comunicações telefônicas se ampliam a tal ponto que o aparelho de Graham Bell serve de base, tanto como os aparelhos estereofônicos de hoje, a um sistema de audições musicais a domicílio. As ruas de Boston, do século XX, por um outro sistema de cobertas móveis, ficam a salvo de aguaceiros. O guarda-chuva, perdendo a sua utilidade, torna-se objeto histórico. Vai para a vitrina dos museus, como símbolo do antigo individualismo, já então ultrapassado.

Em *Daqui a cem anos*, de Edward Bellamy, o aspecto antecipador dos progressos científicos e técnicos é de menor relevo do que a contestação à sociedade existente. Mas essa contestação, em vez de negar o inteiro sistema econômico e financeiro do capitalismo industrial, sujeita as partes integrantes deste a uma nova combinação e a um novo funcionamento.

Nem todos os traços essenciais da cidade utópica, que anteriormente recapitulamos, encontram-se no modelo social proposto por Bellamy. A Boston do ano 2000 é uma sociedade triunfante, irreversível, que se instaurou sem violências, depois de um período conturbado, fechando-se sobre si mesma e interrompendo a descontinuidade do tempo histórico. Como na *Utopia* de Morus e na *Cidade do Sol* de Campanella, a comunhão dos bens, o trabalho racional, a plena harmonia entre os interesses individuais e os coletivos, fazem da *civitas* de Bellamy uma sociedade ética, universal e universalizável, que surgiu de uma ruptura e foi produto de espontânea conversão. Mas a cidade justa em que Boston se transforma já é o mundo industrial em expansão, que deixou para trás os agricultores de Amaurotas e os sábios astrólogos do reino solar.

Esse mundo economicamente poderoso, a que é inerente forte organização financeira, Bellamy submete a uma nova combinação, sem lhe alterar a estrutura. Quando o capitalismo privado desaparece para dar lugar à concentração dos capitais nas mãos do Estado, o solidarismo prático substitui-se ao egoísmo, que era um produto de concorrência desenfreada, da desorganização do trabalho, da oposição irracional entre a riqueza individual e a riqueza coletiva.

As razões de Bellamy inspiram-se no mais simples pragmatismo. Se a igualdade social vingou numa sociedade em que todos trabalham é porque esse princípio é o mais eficaz do ponto de vista do crescimento da riqueza coletiva. O capitalismo privado, à falta de organização racional da produção, jamais poderia alcançar a abundância. Produzia sempre menos do que poderia produzir com as forças produtivas de que dispunha. O novo capitalismo de Estado, fator de geral abundância, a todos enriquecendo por igual, traz o desaparecimento da desigualdade. Mas para que isso aconteça, é preciso que todos, homens e mulheres, participem da produção, como membros do *exército industrial*, hierarquizado, cujos chefes são verdadeiros dirigentes políticos. Em vez do comércio, os bostonianos conhecem a distribuição direta dos produtos, transferidos das fábricas a gigantescos armazéns coletivos. Abolido o dinheiro, a retribuição de serviços e o pagamento de bens de consumo é feito por meio de lançamentos de créditos, registrados em dólares, nas cartas individuais que os habitantes possuem. Cada cidadão transforma-se, portanto, num acionista, que tem a sua cota-parte permanente nos negócios do Estado. A repartição dos bens constitui, dentro do sistema, uma simples repartição de lucros sobre a totalidade do capital, que o Estado manipula no interesse comum.

Mas em muitos pontos a utopia de Bellamy escapa, sem quebra da categoria fundamental de *totalidade*, ao modelo clássico do gênero. A primeira divergência é quanto ao fechamento espacial. Como não poderia deixar de ser, tratando-se de uma sociedade industrial, a organização de Boston do ano 2000 universaliza-se de fato, expandindo-se no mundo inteiro. Por outro lado, embora tenha surgido de uma ruptura e de uma conversão, a sociedade utópica de Bellamy, mais do que as dos séculos XVI e XVII, mantém-se em constante polêmica com as formas de organização social que a teriam precedido no século XIX. O passado sombrio, revolto, de crises e reivindicações operárias do qual escapou, confirma o acerto e a superioridade das soluções que ela mesma soube encontrar. No entanto, a maneira pela qual o *tempo* entra na elaboração do mundo imaginário de Bellamy, mostra o quanto a sua utopia se enreda nos elementos ideológicos que provém da sociedade em que o escritor vivia.

Ao contrário da *Utopia* de Morus e da *Cidade do Sol* de Campanella, a cidade de Bellamy não nasce de um deslocamento no espaço, mas de um deslocamento no tempo. Da Boston de 1857 passa ele à Boston do ano 2000. Transporta nos ele assim não a um novo espaço, mas a um novo tempo, por meio de um curioso rodeio, que lhe permite, de uma só vez, contornar a realidade da época, evadindo-se dela, e contestar essa realidade, sem perdê-la completamente de vista.

O autor-narrador dorme numa noite de 1857, que prenunciava trágicos acontecimentos decorrentes das lutas sindicais e operárias para acordar, graças a uma série de circunstâncias casuais, que o conservaram em hibernação hipnótica, no ano 2000, em meio a uma Boston transformada, com o seu grande exército industrial e com o seu governo escolhido pelo voto de ex-chefes aposentados dos quatro grandes departamentos industriais que geriam a nação. Mas um dia, depois de ter tomado conhecimento da distância psicológica que o separava desse novo mundo, onde por fim a justiça esplendia, Mr. West, pois assim se chama o personagem narrador, acorda em 1857, na mesma antiga Boston, de seu grande sonho utópico. A impressão do que viu oniricamente é tão forte que ele não suporta a realidade hostil do século em que vive. De nada adiantam os apelos que faz à razão e ao bom senso dos outros, numa tentativa de catequese. Riem-se os conhecidos e amigos a quem se dirige, das ideias de uma vida comunitária em benefício da riqueza individual e coletiva. Mr. West, por todos repelido, acorda novamente no ano 2000, saindo do pesadelo que o devolvera ao século XIX. Enquanto a realidade existente se dilui no sonho, o sonho da época sábia e feliz adquire proporções de realidade. As duas visões oníricas se transpassam e se confundem. Na utopia de Bellamy, o capitalismo, apenas moralmente censurado, converte-se, por um processo análogo à derivação inconsciente, que explica a gênese dos sonhos, na substância do socialismo.

O processo da filosofia

I

No conceito de *metafilosofia*, que corresponde, na acepção que Lefebvre lhe dá,[1] ao processo de superação da filosofia, verifica-se surpreendente convergência de determinados conceitos fundamentais, até há bem pouco tempo confinados doutrinariamente em campos filosóficos diferentes e opostos. Tais conceitos são os de *praxis*, *poiesis* e *mimesis*.

Na acepção estrita que o materialismo histórico lhe emprestou, é a *praxis* não só a atividade prática, da qual decorrem as relações de produção, como a luta de classes e a ação do proletariado, que tende a instaurar a sociedade sem classes. As ideias, de acordo com esse conceito de *praxis*, remontam ao movimento da atividade produtiva, derivando da divisão do trabalho, de cujo processo a consciência surge. Ideias e obras, intuições e crenças filosóficas existem, portanto, como realidades derivadas. São o conteúdo ideológico da existência social em movimento. Mas a *praxis* sozinha não faz a história. O dinamismo desta é mais do que o movimento oriundo das relações de produção. Integra-o, também, num nível qualitativo diferente daquele relacionado com o trabalho produtivo e a técnica, a singularidade dos atos, obras, ideias e intuições, que pressupõem o exercício da atividade criadora, a *poiesis*, com que Lefebvre, em seu *Métaphilosophie*, suplementa e corrige a noção de *praxis*.

Assim, o pensador que desde *Les Problèmes actuels du marxisme* iniciara a crítica do marxismo dentro do marxismo, com o intuito de manter-lhe a vitalidade, introduz, no fulcro da dialética materialista, um elemento novo, que amplia a sua perspectiva e altera a sua essên-

[1] Henri Lefebvre, *Métaphilosophie — Prolegomènes*, Paris, Les Éditions de Minuit, 1965.

cia. Nesse sentido, a superação da filosofia pela metafilosofia seria a superação do materialismo histórico. No entanto, se é verdadeira essa hipótese, se, de fato, na metafilosofia ora proposta por Lefebvre, está implicado o duplo processo de assimilação crítica e de ultrapassamento do materialismo histórico, não resta dúvida de que o autor, no ato de transcender polemicamente a própria concepção do mundo que lhe serviu de ponto de partida e de guia, volta a uma das ideias originais de Marx e, consequentemente, a uma das ideias originárias do marxismo, qual seja, a da superação histórica da filosofia em geral por um *humanismo prático* a ser realizado.

A metafilosofia constitui, por oposição à filosofia, um pensamento outro, que vive da filosofia que morre; é a metamorfose da filosofia, transformada no aventuroso pensamento que a si mesmo impõe a missão de criticar o mundo e de recriá-lo humanizando-o. Não basta, portanto, transformar o mundo; é preciso saber em que ele se transforma. A primeira tarefa (ou o primeiro dever) do pensamento metafilosófico é o confronto crítico das atuais formas de vida, que surgem de uma mesma civilização técnico-industrial, de uma mesma sociedade de massa, tanto nos países capitalistas quanto nos de regime socialista. Sob tal aspecto, resulta a metafilosofia da crítica, da vida cotidiana que, expressamente formulada por Lefebvre em 1958 (*Critique de la vie quotidienne*), já punha em xeque a integridade teórica e a consistência científica do materialismo histórico, como doutrina organizada, sistemática, ortodoxa e oficial.

Em dois sentidos se opera a crítica da vida cotidiana: um, espontâneo, que o progresso técnico promove; outro, intencional e filosófico, dirigido pela reflexão. Na medida em que intensifica as contradições sociais, acentua os desníveis da condição humana, pode o progresso material estabelecer, por si mesmo, a contestação permanente do *real* pelo *possível*. No plano filosófico, a crítica da vida cotidiana origina-se da reflexão metódica sobre as transformações do nosso modo de viver. Ela procura dar-se conta da proporção em que os novos condicionamentos e automatismos que nos dominam, em que os contrastes e rupturas que as técnicas e os meios de comunicação e informação determinaram, podem sujeitar-se a um projeto definido de humanização.

A crítica espontânea, incidental e episódica, é arriscada e insuficiente. O poder contestatário das imagens de progresso e bem-estar converte-se facilmente num veículo de evasão da consciência para o mito. Veja-se o extraordinário e surpreendente destino dos instrumentos de divulgação condicionados pela cultura de massa.

Frutos do progresso, o cinema, o rádio e a televisão difundem, nas zonas menos desenvolvidas, nas populações rurais ou suburbanas, as imagens de uma outra vida, da qual o progresso, o desenvolvimento material e o conforto constituem a íntima substância. Assim pode crescer, desse ativo cotejo, que a técnica permite, de diferentes modalidades de viver que se opõem entre si, a crítica da vida cotidiana por si mesma. Mas nem sempre o espetáculo dos contrastes tem efeito crítico; o mais comum é que a consciência do espectador passe do real ao imaginário, evadindo-se nas imagens do fascínio de uma outra vida que lhe é inacessível. Antigas evasões misturam-se a vagos projetos, novas possibilidades acenam-nos com um paraíso de realizações a conquistar, contrastes e cisões se aprofundam, independentemente de nossa vontade, nesse mundo moderno tantas vezes descrito por Lefebvre. "*Qu'est-ce que la modernité?*", perguntou ele num ensaio de 1962.

As características da *modernidade* — a angústia ou a inquietação do indivíduo, a crueldade organizada ou o desnivelamento das condições materiais — aparecem justamente como partes em relevo do desenho histórico que se forma sobre as complicadas tramas de fenômenos sociais, a que as contradições da época dão origem. Onde o positivo e o negativo? Em que pontos desse tecido fino e emaranhado podemos discernir um prenúncio de síntese e identificar as necessárias mediações?

Deu-nos a ciência físico-matemática domínio cada vez maior sobre a natureza; ensinou-nos a psicologia a reconhecer as nossas necessidades, a não reprimir os desejos que a censura moral e religiosa refreiam. Em compensação, o triunfo da técnica, que aumentou o poder humano, constitui um novo poder que nos domina. O próprio desejo libertado confunde-nos. Confunde-nos o sexo, posto em discussão, solicitando-nos como objeto sedutor, que já não possuímos e que nos possui. As necessidades se multiplicam, mas subtraem-se ao nosso controle; avulta uma "vontade de gozo" generalizado, que em nenhum objeto se satisfaz. De evasão em evasão, mimetiza-se essa vontade numa aspiração para o consumo universal de coisas e situações, industrialmente aproveitadas como mercadorias.

O trabalho, que a civilização industrial condiciona, também condiciona a necessidade de lazer. Produzem-se, para satisfazê-la, situações e meios técnicos que, alterando as formas lúdicas de conduta, emprestam um novo sentido ao jogo, às diversões e à convivência. A tecnicidade, que açambarca o político, o econômico e o social, revolve a vida cotidiana, cindida em vários focos de interesse, em setores estanques — o trabalho, a vida privada, os lazeres — cuja separação ainda mais pronunciada se torna nas metrópoles, gigantescos aglomerados que absorveram a Cidade, a *urbs* propriamente dita.

Tudo isso se inclui na modernidade, sujeita à crítica porque "não é uma forma inteiramente válida de vida e de consciência". Vivemo-la na experiência cotidiana de um mundo que rapidamente muda, célere alterando fenômenos com os quais tínhamos relações familiares, de doméstica certeza. Verifica-se, no plano político dessa modernidade, lado a lado com a tecnocracia e a burocracia, dominantes nos estados socialistas e capitalistas, a *socialização da sociedade*, sustentada por outra necessidade, que devemos juntar ao rol das anteriores: a planificação social e econômica. Novas contradições surgem daí.

À medida que a planificação se impõe, impõe-se igualmente o reconhecimento do aleatório, tanto na natureza como na história. Ganha-se com isso uma amplitude de vistas, que resolve a antiga oposição entre determinismo e indeterminismo. O homem pode calcular as suas chances e os seus riscos. Do presente ao futuro insinuam-se possibilidades que a ação calculadora realizará ou não. Pois são muitos os dados que o cálculo da vida exige — muitos e complexos, inter-relacionados e mutáveis, formando entre si um conjunto, incompleto e móvel, de que participamos e do qual somos, ao mesmo tempo, agentes e pacientes.

Os dados da existência social apresentam-se-nos como aspectos de um processo que "pode envolver contradições e acasos". Mas até essa noção de *processo* é um produto da modernidade. Há o *processo da história*, envolvendo-nos e envolvendo a vida cotidiana, que a técnica modifica; modifica-se o pensamento, aprisionado por mitos vários, sacudido por aspirações confusas e tentando situar-se criticamente *au dessus de la melée.*

Todos esses vetores, forças, tendências e rumos, que pulsam na presente época, não podem ser ordenados a serviço da humanização, se não forem apropriados reflexivamente. Na segunda acepção em que é tomada, a crítica da vida cotidiana torna-se um empreendimento filosófico. À filosofia caberá, pois, o esforço de instrumentalizar e organizar a compreensão das circunstâncias e o seu ultrapassamento.

Mas esse papel que Lefebvre atribui à filosofia, em *Critique de la vie quotidienne*, é uma delegação póstuma. Acham-se esgotadas, segundo ele, as formas do pensamento filosófico — marxistas e não marxistas —, que foram, até há bem pouco tempo, historicamente ativas.

> "A filosofia terminou seu papel. A crise mundial, geral, não poupa, por certo, a filosofia não marxista (setor por onde começou); ela atinge também a filosofia marxista. Mas os sintomas diferem. De um lado (não marxista) é a obscuridade, o jargão, a tecnicidade, a profundeza ilusória. Do lado marxista, é a falsa clareza, a pedagogia tomada por medida do pensamento, o ressecamento dogmático e a esquematização esquelética, a propaganda se apoderando dos temas ideológicos. A filosofia agoniza; ela está sendo morta ou o filósofo se suicida num harakiri desprovido de grandeza."

Morta como atividade superior da inteligência especulativa, que se eleva acima do real e do mundo para compreendê-los, a filosofia tem, na acepção de Lefebvre, a possibilidade de metamorfosear-se, renascendo em novo estilo, se e somente se entre ela e a vida cotidiana estabelecer-se firme e duradouro pacto. Seria, então, a filosofia, após a falência dos sistemas e doutrinas, a humilde vigilante das formações e deformações da vida cotidiana, sem que fosse mais admitida nem como ideologia nem como doutrina oficial do Estado.

Mas é um tanto obscura, para não dizer contraditória, a situação dessa disciplina crítica, que especula sobre o possível e o provável, e que não abandona a questão dos valores. Morre a filosofia e subsiste o filósofo. É a este que se defere o encargo de engajar-se na vida, para conhecê-la por dentro, e para zelar pelo seu sentido interno e seu desenvolvimento externo. "Ele [o filósofo] não se coloca acima da cotidianidade, na esfera das atividades excepcionais, no domínio das ideologias e do Estado. É no seio mesmo do cotidiano que ele vai determinar o que está freando e bloqueando a marcha para a frente. Ele permanece como testemunha e juiz das alienações."

Mistura de sociólogo e planejador, de político (sem partido), de esteta, de antropólogo e economista, o filósofo, com tal amplitude de reflexão e ação, jogaria em vários setores do mesmo campo, com a ideia de submetê-lo a um projeto unificador. Parece que, desse ponto de vista, a superação da filosofia é uma cilada. Quanto mais diminui a importância da filosofia, mais aumenta a responsabilidade do filósofo. Com tantos encargos, com tantas funções entrelaçadas a desempenhar, a metafilosofia, reduzindo a uma interpretação o substrato de muitas ciências — interpretação que se exteriorizaria num programa de ação prática —, toma o aspecto, grandiloquente e ilusório, de superfilosofia.

II

É em primeiro lugar como crítica da vida cotidiana, consequente à superação quer da doutrina marxista organizada, quer de toda filosofia historicamente constituída, que a metafilosofia aparece. Esse novo projeto de pensamento, que já se situa dialeticamente em confronto com os problemas históricos e sociais da época, a modo de salvaguarda apologética do homem e de instrumento crítico mediador de suas realizações, reformula, de acordo com intenções e necessidades que lhe são próprias, conceitos antes doutrinariamente confinados, e que agora se complementam dentro de um processo, comum à história e à vida cotidiana que lhes deu origem, e cuja inteligibilidade parcial garantem. São os conceitos de *praxis*, *poiesis* e *mimesis*, a que agora voltamos.

Mantendo o conceito de *praxis* e relacionando-o com os dois outros, *poiesis* e *mimesis*, que o completam, Lefebvre retifica a razão dialética, numa direção que foi aberta por Sartre em *La Critique de la raison dialectique*. Podemos, de fato, estabelecer uma relação entre aquela obra de Sartre e a *Métaphilosophie* de Lefebvre.

Mostra-nos Sartre, em *La Critique de la raison dialectique*, a insuficiência da *praxis*, quando entendida só do ponto de vista da atividade produtiva, do trabalho objetivamente considerado. Não há, para Sartre, *praxis* sem consciência. A atividade produtiva seria ininteligível sem o preliminar movimento da consciência, que interioriza a *necessidade*, transcendendo-a no desejo. A consciência interioriza a necessidade e exterioriza-se como *praxis*. Quando, portanto, repetindo Marx, dizemos que a consciência não é outra coisa senão o ser consciente, e que o ser dos homens é o seu processo de vida real, isso não importa em admitir que a consciência seja um reflexo desse processo.

É através da consciência que Sartre chega à *razão dialética*. Tudo o que da divisão de trabalho se origina, seja a reversão da atividade que se objetifica, seja o antagonismo gerado pela propriedade privada, é consequência da metamorfose da *praxis* numa série de mediações que a experiência apresenta e que a razão dialética assume. A *praxis* mesma provém da interiorização da *necessidade*, logo exteriorizada como desejo e ação. Mediante esse duplo movimento, que produz as espécies da *inércia* e da *alienação*, é que ela, convertendo-se no seu próprio oposto, tornando-se *antipraxis*, se totaliza no meio material da escassez (*rareté*). Num fluxo de alienações e desalienações que formam a trama dialética, inseparável do movimento da existência, por sua vez inseparável da intencionalidade da consciência, a *praxis* ora se objetifica e se aliena, ora retoma, nos momentos eruptivos da história, a sua essencial liberdade.

Semelhante concepção da dialética, a partir da consciência individual, demanda muitos elos mediadores para chegar até o plano da história. Não é porém a doutrina de Sartre que discutimos aqui. Interessa-nos constatar que já está presente na *razão dialética*, como experiência de totalização, reconstituída por meio dos nexos de alteridade e de oposição entre consciências irredutíveis, a ideia de criação, de *poiesis*, que forma, juntamente com a *praxis* e a *mimesis*, a trindade categorial da metafilosofia.

Se é verdade que a *praxis* nasce da consciência e com ela a dialética, se é verdade que é próprio da consciência o transcender-se, e transcendendo-se compreender cada situação através de possibilidades que a consciência mesmo projeta — então cabe concluir que a *praxis*, na forma de atividade produtiva, orienta-se de acordo com o sentido preliminar que o ser humano atribui às coisas, à materialidade e ao mundo. Esse sentido compreensivo, que regula a atividade produtiva, da qual nascem as infraestruturas, é criação, é *poiesis*, como abertura da consciência, e portanto como modo de ser. "Chamamos assim", diz Lefebvre, expondo o conceito de *poiesis*, "a atividade humana enquanto apropria a 'natureza' (*physis*) em torno do ser humano e nele (sua própria natureza: sentido, sensibilidade, sensorialidade, necessidades e desejos). A *poiesis* é, então, criadora de obras. Ela compreende as funções, as decisões de consequências ilimitadas que por vezes passam despercebidas durante longos períodos." Cada ato poético é, nesse sentido, uma possibilidade humana que se concretiza, que imprime determinada fisionomia ao tempo, arrastando consigo certa compreensão e interpretação da realidade. São formações criadoras a Cultura material e espiritual das comunidades rurais, a fundação das cidades, a *polis* grega participando do simbolismo da *ágora* — a *urbs* romana, a ideia platônica do amor absoluto, o nascimento das etnias, povos e nacionalidades, a ideia do homem total, procedente de Fourier, a psicanálise e a ação negadora da classe operária. Cada ato dessa espécie, que a *praxis* condiciona sem determinar-lhe o conteúdo, é um *projeto*. E é na abertura dos projetos que a existência, como que escavando sulcos por onde a correnteza da história passa, se temporaliza.

Lefebvre aceita, portanto, a noção de projeto, implícita na anterior ideia de *poiesis*. É que há descontinuidades e saltos no desenvolvimento histórico. "A história total", diz ele, "pressupõe que se introduzem no tecido do devir (em lugar da polarização: acontecimentos-instituições) elementos novos: o fundamento ou a fundação, o *projeto*." Aceitando, para assegurar a inteligibilidade da história, a ruptura da *praxis* pelo *projeto*, Lefebvre reconhece igualmente a importância de Heidegger, colocando o filósofo de *Ser e tempo* entre os protagonistas de sua metafilosofia.

O mérito de Heidegger foi ter ido além do cisma que divide o pensamento filosófico contemporâneo em duas metafísicas — a do sujeito, dentro da qual cabe a fenomenologia, e a do objeto, que condiz com o objetivismo da dialética da Natureza, assente por Engels e defendido por Lênin. Pôde o filósofo de *Ser e tempo* descrever, com tudo o que tem de inquietante e aleatória, a situação presente do homem, cujas relações com o mundo são medidas pelo poder ambíguo da técnica. É à luz da tecnicidade, novo fundamento que o existente humano se atribuiu, nova verdade dentro da qual vivemos, que mais transparece o terceiro aspecto da atividade humana — a *mimesis*, que se relaciona concomitantemente com a *praxis* e com a *poiesis*.

A *mimese* é a regularidade da ação, a permanência das estruturas, a iteração das formas, a atividade objetificada ou em estado de inércia: o domínio dos modelos, dos padrões e, finalmente, da realidade humana constituída. Psicologicamente, corresponde à atitude de conformismo; sociologicamente, às fórmulas e formulários, aos estereótipos e ídolos. A *mimese* é o reverso da *praxis*. Ela surge quando a ação se aliena no que produziu. É também a contrapartida inercial que se segue a todo ato de criação.

No balanço das possibilidades da época, para o humanismo prático transformado em projeto, a ação mimética encontra a sua mais radical expressão nessa caricatura que o homem fez de si mesmo: o *Cibernantropo*, divisa extrema da técnica, que corporifica a razão analítica. Marx não poderia ter previsto semelhante situação. "A máquina, o autômato, não somente se encarrega (de maneira virtual) do trabalho produtivo e da divisão do trabalho, mas também do entendimento analítico inteiro. Quer dizer que o entendimento se torna automático. A técnica, desde que apareceram as técnicas no sentido moderno, que não coincide com o sentido antigo de *techné* (Heidegger), sempre foi operatória. Hoje em dia cada operação se torna técnica e toda técnica, cedo ou tarde, se transforma em máquina. A máquina calcula, raciocina, traduz, discorre. Com a lógica operacional, com a teoria dos jogos e da decisão, a ciência da razão também passa a ser 'praxeologia', constituindo-se em teoria da ação operacional e real."

Para toda estrutura, como para os sistemas formados de estruturas, há um momento de desorganização — o projeto — e um ponto de fuga — a *temporalidade*. Do movimento da história, na convergência da *praxis* e da *poiesis*, sistemas se constituem e se dissolvem, dando lugar a novas totalidades, como o tipo de vida cotidiana, a *cultura espetacular* ou a cultura transformada em espetáculo, a sistematização dos meios de sobrevivência (contra as possibilidades de destruição mundial), que já se formaram e que nos pressionam. Mas devido à premência do tempo, premência reforçada pela compreensão da história como totalização no sentido ético da conquista do homem por si mesmo — a apropriação humana, de que Marx falava — nenhuma estrutura é completamente fechada, nenhuma forma deixa de conter um elemento que lhe é oposto, e que representa a sua própria negação em potencial. Assim, tem a metafilosofia, resultante da crítica reflexiva da vida cotidiana, como uma das suas primeiras e essenciais funções, o encargo de identificar os *irredutíveis* (a vitalidade em face da religião organizada, a subjetividade em face da cibernética, o individual contraposto à burocracia, o irracional à razão, a capacidade poética à *mimesis* etc.).

A metafilosofia não quer apenas acompanhar o movimento de totalização; mantendo a ideia de projeto, ela se transforma no projeto paradoxal de ultrapassar, por meio das tensões desses irredutíveis que se contrapõem às formas estabilizadas, as alienações específicas do nosso tempo. Mas não se esgota nisso o paradoxo da metafilosofia, a qual de tudo se serve, inclusive da própria filosofia que pretende superar. Herdeira da filosofia, ela abre o testamento da defunta, arrola-lhe os bens e usa-lhe as vestes. Fala a linguagem da ilustre morta; adota os filosofemas existenciais e fenomenológicos. É difícil, senão impossível, sair do velho dilema de Aristóteles: a negação da filosofia só se produz mediante outra filosofia.

A metafilosofia de Lefebvre pode ser interpretada de acordo com as duas intenções, uma de ordem crítica, outra de ordem prática, que a inspiraram. Coincide, quanto à primeira, com o radicalismo crítico, que resulta na *filosofia da filosofia*, e de que são exemplos a teoria das concepções do mundo de Dilthey, a dialética como exteriorização da *praxis*, de Sartre, a problematização de Fougeyrollas, e o *pensamento errante* de Heidegger e Kostas Axellos. Na intenção prática, afasta-se da posição simplista, já refugada, de um Paul Nizan, representativa de cediço praticismo marxista, para muitos ainda invulnerável, segundo o qual a filosofia se punha a serviço do proletariado ou servia de instrumento ideológico aos *chiens de garde* da sociedade burguesa.

Para Lefebvre, que concebe a metafilosofia como instrumento crítico e prático, na perspectiva de um projeto que se situa entre a compreensão teórica da história e a realização temporal das possibilidades humanas, a palavra *meta* indica, ao mesmo tempo, a necessidade de transgredir criticamente os limites da filosofia e de visar, mediante essa transgressão, como esforço de ultrapassamento, um alvo, uma finalidade. Do ponto de vista teórico, o impulso para essa transgressão deriva, em parte, das *aporias* relativas ao conteúdo e ao valor do conhecimento filosófico, algumas das quais já familiares aos cépticos antigos.

Contraditória, a filosofia ambiciona estatuir o pleno discurso racional, mas é com o irracional que se defronta; de intenções lógicas, aspirando à evidência, depende de intuições poéticas. Conhecimento da totalidade, cinge-se ao conhecimento da consciência ou à investigação do mundo. Se escolhe a consciência, como ponto de partida, limita-se ao que é subjetivo, alienando-nos do mundo. E do mundo a filosofia também nos separa quando, para abrangê-lo, na atitude especulativa que a caracteriza, coloca-se acima das coisas e dos homens. De qualquer modo, escapa-lhe a totalidade que pretende conhecer, restando-lhe, por saldo universal de suas conquistas, os *princípios gerais*, que são vazios e abstratos.

Essas contradições autorizam o pensamento a tentar libertar-se dos sistemas e doutrinas. Daí aventurar-se a metafilosofia a praticar uma grande *epoché*: ela suspende a vigência histórica e crítica das correntes e tendências, como a fenomenologia, o existencialismo, e o neopositivismo, que maior influência exercem no momento. Pode então repetir, num nível diferente, em que utiliza os instrumentos metodológicos mais diversos, a *filosofia da filosofia* de Dilthey, como *análise da linguagem filosófica*, para demonstrar, de conformidade com os critérios da semiótica ou da teoria da informação, que essa linguagem é um misto de lógica e poesia, de símbolos e conceitos, de rigor formal e de criação mítica, onde a riqueza dos significantes contrasta com a pobreza dos significados. A crítica da filosofia, assim desenvolvida, "tende a esgotar a filosofia como tal e a ultrapassá-la".

Que resta, depois disto, à metafilosofia? Pouco e quase nada. Expectativa e programa, meditação que se desdobra em ação, a metafilosofia, na totalidade fragmentária da nossa época, sustentando dialeticamente os *resíduos* ou *irredutíveis* da atividade humana contra os sistemas e as estruturas, corresponde, no dizer do próprio Lefebvre, a um novo romantismo. O homem é poético, há uma totalização em curso e o imperativo de lutar contra as sucessivas alienações que bloqueiam o caminho da completa liberdade. Tais são as teses da metafilosofia. Sua meta, a totalização desalienante, é um projeto, um desejo — menos que esperança. "Por um lado o homem total está próximo. É isso que somos, já, aqui e agora: o jogo, o amor, o conhecimento, o trabalho etc. 'Transforma-te naquilo que és.' Essa palavra é uma das mais poéticas que já foram ditas, prescrevendo o possível, descortinando-o no real. O fim parece próximo. E no entanto está longe. Dessas potências e modalidades da presença (a si próprio, ao 'outro' e ao mundo) que conseguimos ter? Que é que o homem de hoje possui? Vestígios que também são germes, e que nós, esperançosamente, denominamos resíduos."

Confirma-se a suspeita, levantada no início dessas considerações, de que o ideal metafilosófico esconde uma cilada. A metafilosofia recebe a sua justificativa, a sua razão de ser, desse resíduo permanente que a filosofia é. Aparentemente superada, a essencial *miséria* da filosofia reaparece no pensamento empobrecido, mas verboso, pleonástico, e em tumulto, da metafilosofia irrealizada de Lefebvre.

A destruição da estética

Em *A origem da obra de arte*, Heidegger focaliza a natureza da arte numa perspectiva que já se desprende da Estética e que pode ser considerada como a destruição filosófica dessa disciplina. Cabe aqui, de fato, a palavra *destruição*, pois que, afinal, o destino da Estética, no pensamento heideggeriano, é uma decorrência daquele que se verificou com a ontologia tradicional, destruída filosoficamente em *Ser e tempo*. Como entender o sentido filosófico dessa dupla destruição?

Na acepção heideggeriana, destruir filosoficamente é denunciar os pressupostos em que se apoia a metafísica, revelar-lhe o caráter histórico, descondicionando-a como ciência primeira, para que fique patente que, nesse domínio, o conhecimento dos princípios representa uma possibilidade interpretativa da questão do ser. A metafísica nos oferece a interpretação do ser resultante de uma descoberta, de uma experiência fundamental, *possível* num determinado momento, mas que se tornou para nós, por destino histórico, uma tradição pacífica, uma pauta comum do pensar. Suspendendo a vigência da tradição consolidada e assim surpreendendo a contingência na historicidade da própria tradição, o ato de destruição permitirá retomar-se o problema do ser em sua origem.

Ora, a Estética representa uma posição interpretativa em face do belo e da obra de arte, posição que criou tradição e que nos impôs, sob uma pauta comum do pensar, certas categorias de que até hoje nos servimos para falar da arte e da sua essência. Ela encerra uma experiência sedimentada na qual se acha resumido todo um ciclo histórico do pensamento. Esse ciclo abrange o conceito platônico do *belo*, a teoria da imitação de Aristóteles, o sentido da palavra *techné* para os gregos, os transcendentais da escolástica, as ideias de *belo natural*, de arte como artifício ou como produção da beleza, de contemplação desinteressada, de representação, de vivência — enfim, toda uma gama de noções através das quais a obra de arte é pensada. São noções que pertencem a um contexto filosófico determinado. Peças essenciais de uma interpretação do ser, elas trazem a metafísica que lhes é subjacente. Como pressupostos da Estética, enraízam-se numa concepção do mundo, por sua vez dimensionada por certos conceitos, tais como *verdade*, *coisa*, *objeto*, *fabricação* — de que a Estética se serve para interpretar a obra de arte. Seria então necessário neutralizar a tradição interpretativa que daí derivou para se chegar a problematizar a questão da arte. Semelhante *démarche* transportaria para a Estética a mesma atitude que se adotou relativamente à metafísica e de que resultou a problematização radical da questão ontológica. A destruição da Estética acompanharia assim a destruição da metafísica.

Destruir a Estética significa pois suspender a vigência doutrinária, colocar entre parênteses a validade teórica de tal disciplina, que tem origem histórica e cujo destino temporal é contingente. Dessa forma, a destruição da Estética é consequência da primeira destruição que atingiu a ontologia tradicional, a qual se apresenta como parte essencial e primeira da metafísica. Retomada a questão do ser em geral, independentemente da conceptualística que lhe predeterminava a compreensão, trata-se agora de liberar a obra de arte da trama de conceitos que a ela impunha uma dada perspectiva, como limiar de toda interpretação possível.

Heidegger pergunta em *Ser e tempo* pelo sentido do ser. Essa pergunta, necessariamente ontológica, desenvolve-se aí num rumo que ultrapassa os limites da metafísica. Já em *A origem da obra de arte*, a questão levantada, que vai além das fronteiras da Estética, versa sobre o sentido da obra de arte. As duas indagações têm um só e mesmo horizonte: o sentido da obra de arte não se aparta do sentido do ser. O caráter problemático do ser passa igualmente pela obra de arte que se problematiza. Por outras palavras, a questão da arte acha-se imediatamente ligada à questão do ser. Não se deverá assim afirmar que a concepção heideggeriana da arte desenvolvida em *A origem da obra de arte* (conferência de 1936 incluída em *Holzwege*) é uma estética ontológica. A Estética recua diante da ontologia e é por esta absorvida. Trata-se simplesmente de uma concepção ontológica, em que o pensamento sobre a obra de arte incorpora o tema do ser.

Qual o alcance filosófico de semelhante incorporação? Em que medida a destruição da Estética se relaciona com a vivência que temos hoje da arte?

A pergunta pelo sentido do ser adquire em *Ser e tempo*, após a neutralização da metafísica que aí se opera, um sentido originário. De fato, Heidegger recua, nessa obra, à origem mesma da pergunta, que é a existência humana (*Dasein*). Nessa pergunta, em que a existência se descobre como fenômeno, descobrindo o seu *logos*, o ser humano é, a um só tempo, o questionante e o objeto da questão. A interpelação do ser é mais do que uma indagação teórica. O homem, se assim podemos dizer, reside inteiro na pergunta formulada. Ela constitui a sua possibilidade mais íntima. O ser humano, diz Heidegger, é aquele ente a quem o ser concerne. O ser lhe está reservado como sua possibilidade, como projeção (*Entwurf*). Essa projeção, que é a origem do tempo, constitui a *historicidade*, a *Urgeschichte* propiciando a abertura do mundo ou, mais particularmente, uma "concepção do mundo" no sentido diltheyano.

É na *projeção* que a verdade repousa. É ainda no horizonte de valores, aberto pela mesma historicidade, que a Cultura se delineia. Desse modo, tanto o espírito subjetivo quanto o espírito objetivo de Hegel nascem da projeção assim entendida — da projeção do ser na existência humana, através da qual a possibilidade se transforma em realidade.

Já o título do ensaio de Heidegger a que nos referimos — *A origem da obra de arte* — indica que devemos buscar o sentido da arte em suas origens. Não se trata porém da determinação seja da origem como gênese empírica, seja da origem como fabrico artesanal ou como formação psicológica na alma criadora do artista. Todas essas espécies de origem já são derivadas, uma vez que só se pode falar delas em função de certos tipos de representação que, integrantes da cultura na época moderna e fixados na Estética, delimitam a compreensão e a interpretação da obra de arte. Será então necessário suspender a vigência da perspectiva estética em que tais origens secundárias se sustentam a fim de alcançarmos, empenhando-nos numa verdadeira redução neutralizante da tradição conceitual acumulada, a compreensão originária da obra de arte.

Uma vez que a perspectiva estética tenha sido reduzida fenomenologicamente, veremos na obra de arte um dos fulcros originários da *projeção*. Ela se apresentará como uma fonte por onde a verdade jorra. Em vez de depender de outras verdades, a arte passará a encarnar o fundamento que possibilitou a própria abertura do mundo. Possibilidade essencial, confundindo-se com a historicidade, a sua origem é um advento que ilumina a história concreta e mundial.

Tenha-se em vista a radical mudança que a filosofia de Heidegger trouxe à ideia de *verdade*. Desprendendo-se da noção escolástico-moderna da "*adaequatio rei et intellectus*", Heidegger concebe a verdade como advento. É um acontecer, um fazer-se temporal, cujas figuras mundanas variam. Ato fundador de um Estado algumas vezes, descoberta do sagrado, através da experiência religiosa do sacrifício levada às suas consequências extremas, como em Kierkegaard, a verdade também se instaura, remontando à ação da *poiesis* no tempo, quando o pensamento se problematiza até encontrar, de novo, a questão do ser. Há, no entanto, uma outra forma de advento ou de aparição da verdade. É uma forma operativa, que acontece no meio dos entes, que se objetifica para manifestar-se. A verdade assim produzida, como obra, constitui a essência chamada *arte*.

De que maneira a verdade acontece? pergunta Heidegger. "Respondemos que aconteceu em poucos modos essenciais. Um dos modos como a verdade acontece é o ser obra da obra. Estabelecendo um mundo e fazendo a terra, a obra é o sustentáculo daquela luta em que se conquista a desocultação do ente de forma total: a verdade."

A obra de arte tem, pois, a sua origem naquele acontecimento que por ela ocorre, e que é o acontecimento da verdade. A verdade operante requer a arte. A produção da obra é só o resultado dessa operação, que o objeto artístico franqueia e conserva ao mesmo tempo. "Quando a produção", esclarece Heidegger, "traz consigo a abertura do ente, a verdade, o produto, é uma obra."

Não visamos aqui proceder à análise detalhada dessa concepção. Permitimo-nos apenas inferir de quanto dissemos a respeito, que a arte, compreendida ontologicamente, é um modo de projeção, uma forma requerida pelo advento temporalizador da verdade. Ainda por consequência, ela é um possível histórico. A arte depende do movimento, originário da verdade que se realiza, e que por intermédio dela se perfaz. Nesse sentido, podemos então afirmar que a arte só é necessária enquanto *possibilidade* que se concretizou. A *necessidade* que ela comporta traduz-se, paradoxalmente, como necessidade de contingência. A projeção de que ela se originou e à luz da qual recebeu um destino histórico, que é a base em que assenta a *história das artes* — cuja existência se encadeia, nos tempos modernos, ao estado da cultura a que a Estética corresponde —, pode haver-se tornado inefetiva, subsistindo apenas, sem a presença da *alétheia*, na retenção de um momento passado que se conserva no presente, e que é aqui e agora superável por outra projeção, por outra forma de acesso da verdade no mundo.

Suspendendo as noções correntes e os conceitos interpretativos comuns, a *destruição da Estética*, que acompanha a destruição da metafísica, leva-nos à mais radical problematização da obra de arte e de seu sentido. A questão fundamental que daí surge é a questão da existência mesma da arte. Deixando de ser um fenômeno necessário, uma essência eterna, uma expressão arquetípica do universo, uma das formas perenes da experiência humana, a arte se nos apresenta existindo contingentemente na possibilidade concretizada de todo um destino histórico, possibilidade que será ou não aquela que a verdade errante do nosso tempo ainda reclama.

O problema da origem da arte, tal como foi tratado por Heidegger, é assim para nós o problema atual da sobrevivência, da transformação ou do desaparecimento da arte. Alguém disse certa vez que não há filosofias inocentes, pois que todas estão comprometidas com a época em que surgem. No que se refere à questão de que nos ocupamos, a filosofia de Heidegger exprime justamente a experiência de problematização aguda que estamos vivendo no terreno das artes. À medida que o mundo se transforma, e que novas possibilidades de ser configuram-se no horizonte movediço da história, projetando-se no futuro que o presente reclama, a pergunta do filósofo de *Ser e tempo* converte-se numa indagação premente e preliminar, que não podemos nem devemos omitir: "Ainda é a arte um modo essencial e necessário em que acontece a verdade decisiva para a nossa existência ou já deixou de sê-lo?"

Essa indagação parece revitalizar e reatualizar, assegurando-lhe pleno sentido, aquela assertiva da Estética de Hegel, segundo a qual a arte, quanto ao seu destino supremo, já era coisa do passado. Não é por mera casualidade que Heidegger se aproxima de Hegel, encontrando neste uma antecipação de seu próprio pensamento. Hegel concebia a arte como operação do Espírito, que o Espírito mesmo vem a superar. Já estava aí, na dialética do Espírito, o início da *destruição* da Estética. Heidegger, substituindo a operação do espírito pela projeção da verdade do ser como obra, continuou e arrematou esse processo.

Arqueologia da arqueologia

I

A "arqueologia" das ciências humanas de Michel Foucault, em *Les Mots et les choses*,[1] corresponde a certas intenções gerais da *Crítica da razão pura*, que pode ser considerada a "arqueologia" das ciências da natureza. Tal como o arqueólogo, que parte de traços materiais de uma cultura, para reconstituir a forma de vida a que se Integram, Kant partiu, na *Crítica da razão pura*, das proposições físico-matemáticas, para chegar às formas da sensibilidade e do entendimento. Na articulação entre essas formas encontrou ele a base epistemológica, que legitima, por um lado, o conhecimento das ciências da natureza, e invalida, por outro, o alcance objetivo da metafísica tradicional. Analogamente, Michel Foucault procura determinar, em *Les Mots et les choses*, o que foi que possibilitou o conhecimento das ciências humanas.

Para Kant, se as ciências da natureza são legítimas, se elas comportam resultados positivos, é porque a razão se atém, em cada uma delas, aos limites da *experiência possível*, ajustando-se às intuições da sensibilidade e aos conceitos puros do entendimento, os quais, por sua vez, concordam com a natureza e a atividade do espírito. A *positividade* da matemática, da astronomia e da física fundamenta-se, por conseguinte, num certo nível das funções do espírito humano, nível este que corresponde ao grau de legitimação do conhecimento científico pela experiência. Aquilo que há de positivo nas ciências é o que se encontra de positivo no funcionamento das faculdades de que dispomos para conhecer. É, portanto, na constituição do sujeito cognos-

[1] As páginas citadas remetem a Michel Foucault, *Les Mots et les choses: une archéologie des sciences humaines*, Paris, NRF/Gallimard, 1966.

cente que se deve ir buscar, segundo Kant, a constituição da positividade própria às ciências físico-matemáticas.

No prefácio de *Les Mots et les choses*, Michel Foucault indica-nos que a análise crítica aí desenvolvida visa a "encontrar o que foi que possibilitou conhecimentos e teorias; segundo que espaço de ordem constitui-se o saber; graças a que *a priori* histórico e à custa de que elemento de positividade certas ideias puderam aparecer [...]". Já não se trata mais do *a priori* constitucional de Kant. Mas o problema da positividade persiste, numa formulação aparentemente kantiana.

No sentido de ideal regulador das ciências, o termo *positividade* evoca a fundamentação autônoma das proposições científicas, relativamente à experiência e ao raciocínio. A qualidade de positivo, que ao conhecimento científico se atribui, provém de que ele mesmo dispõe dos meios que lhe permitem verificar os seus resultados, confrontando-os com os dados reais. Ao admitir, no entanto, o *a priori* histórico, Foucault admite, igualmente, que a verificação, necessária para comprovar se o que afirmamos na linguagem concorda ou não com o que se passa na experiência, tem variado, no decorrer do tempo, conforme o gênero de positividade próprio a cada época. Até o século XVI, o equivalente da verificação é a interpretação etimológica, a hermenêutica pura do significado das palavras. Pressupõe-se, então, que existe relação de correspondência entre palavras e coisas. Todo *discurso* seria como que a transcrição de um texto primordial, diretamente gravado nas páginas do grande livro da Natureza. Quando, quase um século depois, Galileu afirmou que esse livro está escrito em linguagem matemática, já se tinha operado substancial mudança nos critérios de verificação. Necessitar-se-ia, daí por diante, da prévia mensuração das coisas; e as relações entre elas, comprovadas dedutivamente, receberiam expressão quantitativa. Assim, a positividade do conhecimento, anteriormente repousando na interpretação das palavras, desloca-se para a mensuração, que depende da experiência sensível. As coisas serão concebidas a modo de *fenômenos*, no sentido que essa palavra veio a ter na ciência moderna.

Ora fundamentando um determinado universo científico, ora fundamentando outro, a *positividade*, na acepção que lhe dá Foucault, não mais pertence às próprias ciências, a título de ideal regulador do conhecimento autônomo. Deixando de representar esse ideal, a positividade, que Kant fez coincidir com o que há de positivo no espírito, transforma-se, para Foucault, numa necessidade geral, a que estão subordinados o sujeito e o objeto do conhecimento. Ela condiciona o estado e a articulação dos conhecimentos; e delimita, por meio de conceitos operatórios, organizados em sistemas, que se implantam em certas curvas preferenciais da história, as possibilidades de experiência e de expressão linguística. Mas esses diversos sistemas epistemológicos a que nos referimos não são realmente históricos. A positividade em que se fundamentam apenas intercepta o processo histórico, sem nele encontrar origem.

É o emprego desconcertante do termo *positividade* (*positivité*), de que estamos nos ocupando, o que nos revela, melhor do que qualquer outro da rica e metafórica terminologia de *Les Mots et les choses* — na qual predominam conotações espaciais —, a origem histórica da arqueologia das ciências humanas de Foucault, que tenta sobrepor-se à história das ideias. Sob muitos aspectos verdadeira, na ordem dos problemas que levanta, essa arqueologia repousa numa secreta sedimentação histórico-filosófica, por ela mesma absorvida, e que procuraremos identificar. Ainda que só de maneira esboçada, tentaremos, pondo em prática uma espécie de *arqueologia da arqueologia*, analisar os componentes doutrinários que entram nessa sedimentação.

Para bem compreendermos, antes de discuti-los, o alcance e a natureza do conceito de positividade, precisamos saber como ele se aplica, em *Les Mots et les choses*, aos sistemas de conhecimento e às ciências humanas.

O primeiro dos sistemas de conhecimento, que Foucault analisa, é aquele, predominante até o século XVI, segundo o qual tudo, seja no espaço ou no tempo, se relaciona por semelhança, por contraste ou analogia, como se não houvesse a mínima descontinuidade entre a palavra escrita e as coisas, entre os textos e o mundo. Ilustram esse sistema, que abrange, da Idade Média ao Renascimento, uma série de doutrinas filosóficas e religiosas, as correntes do neoplatonismo e da gnose, as escolas cabalísticas, as fontes herméticas, a cosmologia renascentista e a ciência natural de Paracelsus. O elemento comum a tais doutrinas e correntes, que define o sistema do conhecimento no qual todas cabem, é o mesmo primado da palavra, que legitimou a hermenêutica dos livros sagrados e dos textos filosóficos para a teologia medieval. A interpretação da palavra escrita equivale ao conhecimento do real e da verdade sobre as coisas.

Cumpre-se, em suma, nesse sistema, fundamentando todas as

interpretações, a ideia da continuidade entre palavra e coisa, raiz comum de conhecidas teses, que formam uma só família especulativa: o universo é o *logos* realizado, o homem, um resumo e um espelho da natureza, a natureza terrestre, um reflexo da celeste etc. etc. Nas formas da linguagem se refletem as formas substanciais dos seres. Obtém-se o conhecimento destas pela interpretação daquelas.

Dir-se-ia, então, que no longo período de vigência do sistema hermenêutico, que também podemos chamar de mítico-verbal — quando nada subsiste fora da linguagem, quando o saber "não é nem ver nem demonstrar, mas interpretar" —, o conhecimento como *episteme* se produz graças à coesão entre palavra e coisa, coesão que, verbalizando o mundo, corresponde à única forma possível de positividade.

O segundo sistema epistemológico aparece no século XVII, quando, instaurado o domínio da *representação*, torna-se manifesta a descontinuidade que separa a linguagem e o real. Teremos, nesse sistema, em vez da analogia, vigente no anterior, o controle da comparação, da análise e da ordem. O conteúdo das ideias claras e distintas, em Descartes, e das representações simples e complexas, em Locke e Hume, determina o critério da realidade. Seja como evidência do pensamento ou como sensação, a experiência é o traço de união entre as representações e as coisas. A adequação da própria linguagem ao real será avaliada de acordo com a capacidade das palavras para se ajustarem à experiência, isto é, ao conteúdo das representações. São as representações, sob forma de ideias simples ou complexas e, portanto, como entidades mentais, que estabelecem agora, e até o fim do século XVIII, a relação, essencial para a gnoseologia da época, entre palavras e coisas.

II

É outra a espécie de positividade decorrente da vigência da *representação*, que vai constituir, segundo Foucault, a forma da *episteme* na Idade Clássica. Ao contrário do saber hermenêutico da época anterior, predominará nessa Idade Clássica, correspondente aos séculos XVII e XVIII, com base na *gramática geral*, um saber classificatório, que possibilita o aparecimento da história natural, da análise das riquezas, e das enciclopédias.

Comparando-se esse saber com o mítico-verbal que o precedeu, vê-se que a linguagem é, na Idade Clássica, como vem indicar a função reguladora então exercida pela *gramática geral*, o pressuposto do conhecimento organizado. A análise do conhecimento faz-se acompanhar da particular consciência de que a linguagem, embora tenha sido interrompida a sua continuidade com o real, é a provisora dos "signos adequados a todas as representações [...]" (p. 100). Por sua vez, as representações, simples ou complexas, correspondem ao modo segundo o qual apreendemos a realidade por meio das nossas operações mentais. Mas é a linguagem, na medida em que as operações da mente se ajustam às categorias gramaticais, que superestrutura a realidade, permitindo descrevê-la e ordená-la por uma rede de diferenças e identidades. Daí a dupla necessidade da análise e da classificação no sistema assim constituído. É o próprio mundo, percebido e concebido à luz dessa "disposição fundamental do saber", que se transforma numa vasta rede de identidades e diferenças, na qual os seres ocupam posições fixas. Assim, com base nessa articulação preliminar, é possível constituir-se um discurso inteligível e universal. Se a ciência discorre descrevendo e classificando, como na Botânica e na Zoologia — é porque o mundo aparece, nas múltiplas formas animais e vegetais, como um discurso de que a *nomenclatura* e a *taxinomia* são partes essenciais.

Esse discurso da natureza, incorporado às denominações e às ordens estatuídas pela História Natural, retém de cada espécie as características essenciais, e de cada ser o que é nele visível e corporal. A História Natural é a *gramática* da natureza, em cujos esquemas classificatórios falta a imagem cambiante e temporal da vida, que a Biologia virá trazer. Nem pode a *análise da riqueza*, tal como foi praticada até o fim do século XVIII, antecipar-se à Economia Política, cujo objeto é o fenômeno da produção. Seria preciso nova reviravolta do saber, determinando a retração do "espaço da representação", onde a positividade clássica se aninhava, para que a *vida* e a *produção* se tornassem objetificáveis no plano do conhecimento científico.

Desse rompimento, que teria ocorrido, segundo Foucault, em fins do século XVIII, surgiu, com a Era Moderna, um novo campo epistemológico, dimensionado por outro *a priori*, sob cuja vigência ainda nos encontramos, e que três ciências fundamentais vêm ocupar: Biologia, Linguística e Economia.

Depois da fase mítico-verbal e do período da análise da representação, que foi a fase clássica, entramos, nesta terceira dobra do tempo, que até hoje se prolonga, num gênero de *episteme*, dentro do qual se faz notar, ao lado daquelas ciências, a presença, significativa mas incômoda, das impropriamente chamadas Ciências Humanas, disciplinas de contornos oscilantes e de objeto ambíguo. Menos e mais do que um objeto do conhecimento, a realidade humana, que essas disciplinas abordam, situa-se numa linha fugidia, cujos segmentos, ora empíricos, ora transcendentais, são incompatíveis com a ordem e a regularidade das representações. Vem daí a situação anômala das Ciências Humanas no quadro do conhecimento moderno. A Sociologia, a História e a Psicologia, que são quase-ciências, apropriam-se de conceitos da Linguística, da Economia e da Biologia; a Etnologia e a Psicanálise dispõem, como veremos, de um estatuto especial, que lhes atribui o caráter de anticiências.

Configura-se, assim, o problema da posição das Ciências Humanas no regime da *episteme moderna*, problema que é inseparável da origem da positividade, que legitima o saber em nosso século. Mas, antes de aprofundarmos a questão, convém frisar que, de acordo com Foucault, o espaço do saber moderno é um espaço a três dimensões. As Matemáticas e a Física formam a primeira dimensão; a Linguística, a Biologia e a Economia formam a segunda; a *reflexão filosófica* ocupa a terceira. As Ciências Humanas, além de poderem utilizar a formalização matemática, servem-se também dos conceitos de *função*, *necessidade* e *significação*, que pertencem, respectivamente, à Biologia, à Economia e à Linguística. Independentemente disso, participam, em bloco e em alto grau, da *reflexão filosófica*.

Assim, pois, as disciplinas que têm por objeto o estudo do homem estendem-se por todo o espaço do saber atual, sem que aí ocupem um lugar fixo. Esse fenômeno de expansão resulta, entretanto, da positividade na Era Moderna, que se transferiu das estruturas representativo-verbais para a estrutura do ser humano, que passa a condicionar a possibilidade de todo saber. No regime do saber moderno, a realidade antropológica torna-se mediadora do conhecimento. Mas é nesse mesmo regime, que possibilitou o aparecimento das Ciências Humanas, que se vai declarar, por intermédio de tais ciências, a falência da positividade de que elas são o instrumento.

O leitor familiarizado com o pensamento de Michel Foucault sabe, por certo, qual o significado que o ensaísta francês empresta ao conhecimento do homem e do humano. Quando ele, em *Les Mots et les choses*, afirma que o *homem* não existia até o fim do século XVIII e que provavelmente deixará de existir até o fim do século XX, refere-se, bem entendido, ao homem como objeto específico do conhecimento, que se tornou sujeito transcendental na filosofia crítica de Kant, para depois tornar-se, em nossos dias, sujeito existencial. Não houve, no entender de Foucault, ciência clássica do homem. Houve, sim, Ciência da Natureza, mas dessa natureza com letra maiúscula, classificada na *Encyclopédie des sciences et des arts*, e na qual o ser humano, longe de constituir um império espiritual à parte, ocupava posição de súdito.

No momento em que, por inédita disposição da positividade, começou-se a conceber, após a desarticulação do sistema predominante nos séculos XVII e XVIII, a natureza humana por oposição ao mundo natural — este já concebido evolutivamente, sob o fundo do conceito limítrofe de *vida*, que a biologia acabava de descobrir —, começou-se também a pensar que o homem traz em si mesmo, na sua consciência transcendental, as condições que possibilitam o conhecimento da vida, das relações de trabalho e da linguagem. Portanto, a natureza humana, que se divorciou da natureza geral, para ser concebida como objeto específico de conhecimento, não pode integrar-se ao conjunto de fenômenos, cujos princípios de ordenação nela mesma residem.

O homem, enquanto consciência transcendental, não é integrável à ordem dos fenômenos naturais, de que também faz parte como realidade empírica. Por outro lado, a consciência transcendental encontra na linguagem, no trabalho e na vida, que são três ordens de objetos, os limites materiais empíricos que a condicionam. Chegamos, pois, à seguinte constatação: a positividade concomitante ao aparecimento desse novo objeto, que é o homem, a positividade da qual resulta o primado antropológico, é uma positividade traiçoeira. Na medida em que o ser humano, como objeto de conhecimento, é também sujeito ou consciência transcendental, o elemento positivo do saber se torna elemento de ambiguidade.

No campo das ciências humanas, onde o objeto de conhecimento é o próprio sujeito, com a sua atividade e as suas criações, essa ambiguidade, que ressaltamos, exterioriza-se na forma de um saber, cujos bordos resvalam nos limites do impensado e do impensável, e de que a História nos oferece o primeiro exemplo significativo.

III

Michel Foucault atribui à História posição singular entre as ciências humanas. Ela é um "*milieu d'accueil*" relativamente às outras disciplinas. Estendendo a sua perspectiva às culturas e às sociedades, à linguagem e ao trabalho, a História revela a condição do sujeito humano, já situado num horizonte temporal. Sob esse aspecto, a realidade histórica depende da abertura do tempo, dentro do qual o sujeito e o objeto, levados pela mesma correnteza em que ambos flutuam, jamais podem coincidir numa forma definida de conhecimento. A qualquer momento, o conhecimento histórico pende do ajuste precário entre o que sucedeu *antes* e o que se passa *agora*, ajuste que se modifica pelo que vem *depois*. Pressupondo a sucessão dos acontecimentos, a gestação das coisas umas pelas outras e do homem por si mesmo, o conhecimento histórico inclui o impensado. Em suma, a História "*montre que tout ce qui est pensé le sera encore par une pensée qui n'a pas encore vu le jour*" (p. 383).

Estranho destino o das Ciências Humanas! Destinando-se a conhecer o homem, elas passam por ele como através do vazio, e vão desembocar naquilo que já deixou de ser humano: assim a Psicologia, cujo saber procura ligar os dados da vida orgânica, que não pode abstrair, com os dados do inconsciente, individual e coletivo, que tenta compreender em função do consciente; assim, também, a Etnologia, que investiga o substrato inconsciente das culturas, depositado na linguagem, nos mitos e na arte. À Psicanálise cabe a tarefa de explorar esse território limítrofe, onde o pensamento depende do que não é claramente articulável, onde a consciência se perde no obscuro apelo dos desejos, atraída pela secreta força do amor e da morte. Resumindo a vocação das Ciências Humanas, a Psicanálise tenta elaborar uma linguagem, em que os significados já não correspondem mais às representações claras e distintas, que constituem a realidade do pensamento.

Enfim, como ala de vanguarda da *episteme* moderna, é a Psicanálise, de todas as disciplinas humanas, a que mais se adentra na subjetividade empírico-transcendental. Ela se defronta com o núcleo da positividade, isto é, com o homem como ser finito, que revela, na consciência que tem de si mesmo, a finitude de seu ser, condicionado pela vida, que é impessoal, pelo desejo, do qual não podemos ter uma clara representação, pelo tempo, que nos dispersa, pela linguagem, que estrutura o pensamento, e pela produção econômica, que nos submete ao ciclo das necessidades exteriores. Enquanto reveladora da finitude do ser humano, que as outras Ciências Humanas pressupõem, a Psicanálise desnuda o fundamento sem fundo em que todas se apoiam, e que é, não obstante, a irremediável positividade da época.

A finitude, assim compreendida, veio à tona, no espaço da cultura ocidental, quando o sistema, que a linguagem e a representação formavam nos séculos XVII e XVIII, perdeu a sua vigência. Daí por diante a origem das representações e da linguagem foi concebida a partir do homem. As ciências humanas, especialmente a História, convergiram em torno desse fundamento. Excetuando a utilização de conceitos biológicos, econômicos e linguísticos, por parte da Psicologia, da Sociologia e da Etnologia, tudo quanto essas ciências dão a conhecer depende da finitude, que é o núcleo da reflexão filosófica moderna, a que, direta ou indiretamente, elas se acham vinculadas. O conhecimento, nas Ciências Humanas, nos devolve sempre à finitude, já por sua vez inclusa, como um *a priori*, que afeiçoa o saber à perspectiva antropológica, na interpretação que a fenomenologia e as filosofias da existência fazem das Ciências da Natureza.

O fenômeno cultural do aparecimento das Ciências Humanas, não é assim, de acordo com Foucault, nem o produto de uma necessidade histórica, decorrente das circunstâncias da vida social, nem consequência do humanismo prático, que caracteriza a nossa época. Tal fenômeno é apenas um episódio, talvez longo, da reestruturação do real, que se processou com a desestruturação do sistema dominante na Era Clássica, cuja positividade foi garantida pelo vínculo entre representação e linguagem. À positividade que nesse vínculo se firmava, substituiu-se outra, deficitária e paradoxal. Seu substrato arqueológico, a verdade humana, passou então do estado de ocultamento, em que se encontrava, ao estado de desocultamento, que a tornou manifesta.

Mas na arqueologia de Foucault, esse desocultamento da verdade humana, como termo da positividade moderna, é correlativo ao ocultamento da linguagem, que se produziu no sistema da *episteme* ainda em vigor. Isolada como objeto histórico pela Linguística do século XIX, a linguagem é, nesse sistema, submetida ao ritmo temporal da Biologia e da Economia. A Linguística moderna se constituiu à custa de tal historização. Consequência do primado antropológico — da descoberta do homem, como sujeito e objeto do conhecimento — a historização possibilitou a Biologia e a Teoria da Evolução, legitimando, outrossim, a Economia, que tomou o lugar da *análise da riqueza*.

É pelo fundamento da finitude do homem que passa a positividade da *episteme* no nosso tempo. Ocultando a linguagem por um lado, essa positividade acumula, por outro, no espaço cultural em que nos movemos, os sinais prenunciadores de um futuro predomínio da linguagem, de novo trazendo, à semelhança do que sucedeu na Era Clássica, o encobrimento do homem. Como signos precursores do que talvez seja a positividade futura, Foucault aponta a formalização nas Ciências Humanas, a crise da filosofia e o formalismo na literatura. A nos fiarmos nesses indícios, a questão da linguagem substituirá a questão do sujeito e do objeto. "*En ce point où la question du langage ressurgit avec une si forte surdetermination et où elle semble investir de toutes parts la figure de l'homme (cette figure qui avait pris justement jadis la place du Discours classique), la culture contemporaine est à l'oeuvre pour une part importante de son présent et peut-être de son avenir*" (p. 394).

Esse movimento de retorno da linguagem, que obedece a uma necessidade interna da nossa cultura, de acordo com a polarização que ela sofreu no século XIX, é uma *necessidade geral.* Esboça-se nova forma de saber, diferente daquela que suscitou o primado antropológico, nos flancos da finitude do homem. "*C'est à l'intérieur du dessin très serré, très cohérent de l'episteme moderne que cette expérience contemporaine a trouvé sa possibilité; c'est même lui, qui par sa logique, l'a suscité, l'a constituée de part en part et a rendu impossible qu'elle n'existe pas*" (pp. 395-6). O contorno de tal desenho vai possivelmente abrir-se na direção de outra positividade, reclamada pela reacomodação das camadas do saber. Prenúncio dessa positividade, o *formalismo* nas ciências e na literatura antecipa a volta da função sistematizadora e estruturante da linguagem. Desse ponto de vista, o saber que se avizinha é a restituição do sistema clássico, fragmentado com o aparecimento do homem. O triunfo da linguagem exigirá, porém, o sacrifício do homem, como sujeito existencial e transcendental: "*Ne faut-il pas admettre que, le langage étant là de nouveau, l'homme va revenir à cette inexistence sereine où l'avait maintenu jadis l'unité impérieuse du Discours?*" (p. 397).

Vale insistir, a título de recapitulação, na ideia central de Foucault, resumo de sua arqueologia: as Ciências Humanas fazem parte da configuração que a *episteme* tomou no fim da Era Clássica, quando se pôs em foco a finitude do homem. A *finitude*, como positividade, que condiciona o conhecimento, explica por que disciplinas dessa espécie, que nem ao menos possuem caráter científico, se tornaram possíveis. Que o conhecimento se subordine à finitude é contingência decorrente da flutuação entre palavras e coisas. As estruturas permanentes da linguagem subsistem, independentemente dessa flutuação, como última camada arqueológica do saber. Das transformações internas que aí se processam, no subsolo do conhecimento, é que se originam as mudanças de superfície que afetam a fisionomia histórica do conhecimento teórico e a prática da ciência.

Disso tudo resulta que Foucault opõe uma ciência subterrânea e sedimentar à ciência explícita e vívida, produto da atividade consciente e intencional. A uma positividade em construção, fruto do esforço teórico e do controle metodológico, o autor de *Les Mots et les choses* opõe a positividade já constituída. Independentemente do que possam pensar e fazer, cientistas e filósofos trabalhariam a serviço de potências obscuras, vindas do subsolo do conhecimento e conduzindo o conhecimento a objetivos não conhecidos. Se isso é verdadeiro, é forçoso reconhecer que o irracional precede e condiciona a razão. A atividade do espírito encontraria no irracional a sua razão de ser.

Mas não basta dizer que a arqueologia de Foucault é irracionalista. Trata-se de irracionalismo bem singular, pois que confiante nas estruturas, na formalização da ciência e na ciência da linguagem. Alijando para as profundezas arqueológicas da cultura o *a priori* histórico, aí transformado numa estrutura arcaica, esse irracionalismo tenta absorver o que há de novo e de inquietante nas ciências humanas.

A inquietação da história adormece na paz da arqueologia de Foucault, perante a qual a consciência histórica é apenas a ilusão dialética, transcendental, da forma temporal de que a atividade humana se reveste. Todas as Ciências Humanas incidiriam nessa distorção, que provém do desacordo entre as intenções da consciência, que visam a sintetizar e interiorizar a natureza empírica (problema do qual Sartre tratou na *La Critique de la raison dialectique*) e os limites da realidade humana, que são a temporalidade, o desejo e a linguagem. Tendo surgido por força do declínio do universo linguístico da Era Clássica, as Ciências Humanas conseguirão manter-se, como que em *sursis*, na abertura da finitude do homem, até que a linguagem possa recuperar a sua antiga positividade. Elas só se encaixam, no espaço do saber, entre o atual momento de recesso e o futuro momento de concentração do universo linguístico que se dispersou.

IV

É na transcendência da linguagem que repousa não só o verdadeiro significado da positividade, nos três diferentes sistemas da *episteme*, em *Les Mots et les choses*, como também a singularidade do irracionalismo de Michel Foucault. Semelhante transcendência, assumida como pressuposto metodológico, fornece, antecipadamente, a matéria que Foucault analisa e o princípio de síntese a que obedecem os diferentes sistemas por ele estabelecidos. O pensador francês vai buscar na matéria dos textos representativos do pensamento científico e filosófico os conceitos que sintetizam o tipo de conhecimento predominante em cada época. Ora, essa síntese conceitual já se encontra de antemão sedimentada na matéria linguística dos textos, sobre os quais a análise arqueológica incide.

Caminhando dos textos à linguagem e da linguagem aos conceitos, que nos textos se encontram depositados, a arqueologia de Foucault descobre, logo no começo, aquilo que só no fim de cada uma de suas etapas, aparentemente progressivas, deveria ser sintetizado: a positividade, ora oculta, ora manifesta, da própria linguagem. Daí o esquematismo das *démarches* analíticas de *Les Mots et les choses* e a monotonia com que se desenvolvem. Nem progressivas nem regressivas, elas se limitam a desdobrar e a distender, espacialmente, de um a outro dos diversos pontos de um balizamento cronológico preestabelecido, impreciso e oscilante, a positividade da qual se partiu. O sistema mítico-verbal, que pode começar ou na Antiguidade Grega ou na Idade Média, e o sistema da Era Clássica, que vingou no século XVII, estendendo-se até o fim do século XVIII, ocupam o espaço dessa única e soberana positividade, onde cabe também, a título de dispersão e encobrimento da substância linguística onipresente, o saber da *episteme* moderna. Os três períodos são, na verdade, com os seus três sistemas epistemológicos, três modos descontínuos do tempo espacializado da linguagem, três variações de forma no interior de uma totalidade estruturada.

O método analítico de Foucault percorre, desse modo, os diferentes pontos de um espaço linguístico autossubsistente. É o que bem demonstra o exemplo descritivo-alegórico do capítulo primeiro de *Les Mots et les choses*, que sintetiza, no pórtico do ensaio, antes que tenha começado o trabalho de análise propriamente dita, as possibilidades da arqueologia das Ciências Humanas. Referimo-nos à descrição de

As meninas, quadro de Velásquez, do qual Foucault faz, como num exórdio retórico, o paradigma das relações entre palavra e coisa.

Esse quadro mostra o próprio artista, Velásquez, no ato de pintar, ao lado de um grupo de figuras: a Infanta ocupa o centro; em torno dela distinguem-se aias e cortesãos, uma anã, um menino e um cachorro. Os olhares de todos se voltam para fora, onde o Rei e a Rainha devem estar sentados. Entretanto, Filipe IV e D. Mariana, cujas presenças exteriores ordenam a disposição interior das figuras no espaço da tela, só aparecem no quadro sob forma de imagens discretas refletidas num espelho, este representado ao fundo. A presença ausente do casal real, que é o verdadeiro sujeito da representação, ilustra, para Foucault, "*la représentation de la représentation classique, et la définition de l'espace qu'elle ouvre*" (p. 31).

Esse exemplo é uma alegoria e um paradigma: *alegoria* do caráter fechado da visão clássica, dentro da qual só havia lugar para o sujeito como objeto, e *paradigma*, porque nele se fixa a compenetração da representatividade e da linguagem, que foi rompida quando, no fim da Idade Clássica, o sujeito aparece como lugar privilegiado das representações. Ele passa para *dentro do quadro* e se constitui como centro da visão e do conhecimento, através do qual as palavras se articulam às coisas.

A forma de visão e de inteligibilidade, tanto da fase pré-clássica quanto da fase clássica, regula-se pelo mesmo paradigma, com a diferença de que a continuidade entre palavras e coisas, que caracteriza a primeira, desaparece na segunda. Mas em ambas o mundo só existe como realidade verbal ou linguística. É através das sucessivas capas verbais constituintes dessa realidade, que a arqueologia de Foucault tenta vislumbrar, escavando o terreno das palavras, os acidentes, as acomodações e as mudanças da positividade do saber. Pelas brechas de vez em quando abertas na associação compacta entre palavras e coisas, por essas fraturas que a matéria dos textos indica, é que se manifestaria, independentemente do sujeito humano, mas determinando a possibilidade do conhecimento em cada época, o pensamento impessoal sintetizado nos diferentes sistemas epistemológicos.

O sujeito humano deixa de existir como agente do conhecimento para tomar posição dentro de cada sistema estabelecido. Quer isso dizer que o conhecimento dependerá, em cada época, de um processo exterior, estranho à consciência. À intencionalidade consciente do sujeito sobrepõe-se o apelo do pensamento impessoal, que se infiltra na consciência e lhe impõe uma *compreensão* preliminar do mundo. Por via de consequência, as verdades científicas dependerão da verdade originária encerrada nessa compreensão. O projeto voluntário e racional da ciência será portanto antecedido por um projeto primitivo que à ciência não pertence, que preexiste à instauração dos métodos científicos, e a que também se deve o aparecimento dos objetos a cuja investigação eles se destinam.

Seguindo-se tal ordem de ideias, o dinamismo da ciência redunda num paradoxo. É que o conhecimento científico, arqueologicamente interpretado por Foucault, só poderá descobrir os seus métodos e objetos na medida em que esse próprio conhecimento se faz objeto da compreensão prévia da *episteme* a que pertence, e só será verificável na medida em que suas verdades já estiverem iluminadas pela verdade manifestada na forma do sistema de saber, que corresponde à única positividade legítima. Dado que a *episteme*, a que se refere Foucault, e que constitui a estrutura da positividade nas diversas épocas, abrange tanto as ciências comumente chamadas positivas, quanto as espécies de saber que não chegam a alcançar a certeza do conhecimento científico propriamente dito, podemos afirmar então que todas participam da mesma positividade, isto é, da mesma *verdade*, da mesma *compreensão* originária; que sobe, com a pulsação descontínua do tempo histórico, do subsolo da linguagem para o solo do conhecimento explícito.

A começar de *episteme*, palavra a que Heidegger empresta um significado específico, é fácil reconhecer neste conceito, e nos dois outros há pouco mencionados — compreensão e verdade —, dos quais Foucault dispõe liberalmente no curso de sua exposição, a forma e o fundo do pensamento heideggeriano. Juntando-se a *compreensão* (*Verstehung*) e *verdade* (*alétheia*), os conceitos de *abertura* (*Erschlossenheit*) e *fundamento* ou *solo* (*Boden*), que têm a mesma proveniência, e que recamam o leito da trajetória analítica de Foucault, teremos chegado a definir a primeira razão que nos induz a ver na ontologia de Heidegger a matriz geradora da arqueologia de Foucault, a qual é também, sob outros aspectos que nos dispensamos de examinar, parente colateral da teoria das concepções do mundo de Dilthey e da teoria das formas de cultura de Spengler.

A segunda razão que nos leva a subordinar, do ponto de vista da filiação histórica e, portanto, do ponto de vista da história *mesma* das ideias, a arqueologia das Ciências Humanas de Foucault à ontologia de Heidegger, foi sugerida, no princípio deste trabalho, quando expusemos a semelhança que há entre as intenções de *Les Mots et les choses* e as intenções da *Crítica da razão pura*, de Kant. É que o Kant de que Foucault se aproxima é o Kant lido e interpretado por Heidegger.

Segundo Heidegger, em *Kant e o problema da metafísica*, a *Crítica da razão pura* colocou em foco, na sua teoria da sensibilidade, mas sobretudo na sua teoria dos *esquemas*, que se propunha a explicar o nexo da sensibilidade com o entendimento, a mesma finitude do homem em que Foucault vê o elemento fundamental da positividade que presidiu, em fins do século XVIII, a formação das Ciências Humanas. A questão que Kant levantou, nos limites da Ciência da Natureza do século XVIII, e graças à crítica da experiência feita por Hume, foi, sem dúvida, a questão dos juízos sintéticos *a priori*. Mas o desenvolvimento desse problema chegaria, ainda dentro do pensamento kantiano, a fixar-se na oposição irremediável entre o homem e a natureza, que permitiu conceber o sujeito humano como "*doublet empirique transcendental*", ser natural e empírico por um lado, e ser moral e transcendental por outro. Estaria assim aberto o caminho que, passando por Husserl, vai de Kant a Heidegger, e ao longo do qual a analítica do conhecimento se transformaria na analítica da finitude ou da existência. Em Foucault a analítica da finitude integrará a arqueologia das Ciências Humanas.

Mas a arqueologia das Ciências Humanas, em que se integram a crítica do conhecimento e a descrição da existência, não se detém nessa analítica, que resume o pensamento de Heidegger até à publicação de *Ser e tempo* (1927). Como o seu âmbito doutrinário se prolonga, acompanhando a passagem que se efetivou, na filosofia de Heidegger, da etapa de descrição fenomenológica existencial à etapa de compreensão intuitivo-ontológica, encontramos nesse desenvolvimento a terceira razão que nos autoriza a reforçar a tese de que a ontologia de Heidegger é o verdadeiro paradigma da concepção de Foucault.

Recapitulemos, rapidamente, em abono dessa terceira razão, alguns tópicos fundamentais, que esclarecem o sentido e o alcance da transição que se operou no pensamento heideggeriano.

Heidegger não abandonou a ideia do *Dasein*, isto é, a ideia do homem como ser no mundo, de que a linguagem e a temporalidade são as categorias fundamentais, quando saiu do terreno antropológico da analítica existencial de *Ser e tempo* para a ontologia, pela primeira vez precisada na *Carta sobre o Humanismo* (1947). Mas embora conservando a mesma conceptualística, Heidegger modificaria o alcance de sua terminologia. Assim, a *existência*, que é possibilidade originária e transcendência, passou a ser interpretada como projeção do ser no tempo e da abertura da linguagem ao ser. Se o homem compreende o mundo, compreendendo o ser, é porque o ser mesmo projeta a sua própria e originária verdade, através da abertura que a linguagem lhe oferece.

Segundo a ontologia de Heidegger, é a verdade do ser, nas proximidades da qual o homem se encontra, que precede a verdade das proposições, das teorias científicas e da metafísica. Nem sujeito nem objeto, o ser habita o espaço da linguagem. É nesse espaço e não no sujeito humano que ele tem a sua morada. Ao homem só compete guardar a verdade que na linguagem se abriga. Ele é, como nos diz a *Carta*, o pastor do ser. Guardador de rebanho, vive em função do que não é ele próprio — da verdade que o transcende na transcendência da linguagem.

A *Carta sobre o Humanismo*, onde isso tudo vem exposto, exprime a discordância de Heidegger à interpretação humanística de sua filosofia. Afirma ele aí, de modo peremptório, e pela primeira vez depois de Nietzsche, a ideia de que o homem deixará de ser o fulcro do pensamento, diante da próxima manifestação do ser que se prenuncia. Tal como o retorno da linguagem, proclamado por Foucault, essa manifestação redundará na *inexistência* futura do homem.

O parentesco de Foucault com Heidegger se define, portanto, ao longo de uma linha doutrinária que, tanto na arqueologia do primeiro como na ontologia do segundo, vai da finitude do homem à imensa zona do impensado, do tempo e da linguagem, com que a finitude confina. Nos dois casos, a finitude, que instaura o regime de conhecimento, da *episteme* em que o homem tem o primado, favorece o advento do não humano e do não pensado. "*L'homme n'a pas pu se dessiner comme une configuration dans l'episteme, sans que la pensée ne découvre en même temps, à la fois en soi et hors de soi, dans ses marges mais aussi bien entrecroisés avec sa propre trame, une part de nuit, une épaisseur apparemment inerte où elle est engagé, un impensé qu'elle contient de bout en bout, mais où aussi bien elle se trouve prise*" (p. 337).

A ontologia de Heidegger nasce da finitude humana interpretada em função do tempo. A arqueologia de Foucault, que descende dela, tenta integrar na linguagem, solo nativo de toda positividade, a figura de tal finitude. Essa relação de descendência ainda mais se acentua pelo fato de que, na tentativa de integrar a finitude ao processo de transformação do universo linguístico, o filósofo de *Les Mots et les choses* também procurou assimilar arqueologicamente a analítica existencial. Caso extremo, segundo ele, da *episteme* ocidental, a analítica da existência, que foi precedida pela fenomenologia, é o limite das possibilidades do homem como elemento de positividade. Mas a filosofia existencial resiste à integração estruturalista que visa a superá-la. Tanto isso é verdade que as categorias fundamentais, mas não fundamentadas, de que Foucault se utiliza para traduzir, em *Les Mots et les choses*, as modificações da positividade, são os conceitos do pensamento ontológico de Heidegger, a que antes fizemos referência, e que derivam daquela filosofia.

A arqueologia de Foucault remete-nos, pois, a uma outra sedimentação arqueológica, que é a dos seus componentes doutrinários. E para não fugir ao princípio de que as sedimentações arqueológicas começam quando um processo histórico termina, a arqueologia da arqueologia de Foucault retirou os seus componentes doutrinários do depósito histórico de um pensamento que, como o de Heidegger, foi um dos mais férteis do nosso tempo.

Tal como Foucault no-la apresenta em *Les Mots et les choses*, a arqueologia das Ciências Humanas é, na essência, a ontologia de Heidegger, como ontologia da linguagem, mas convertida numa concepção estruturalista do saber, em cujo âmbito a Linguística é a primeira das ciências, e a linguagem a positividade fundamental. Para confirmarmos a procedência dessa tese pela verdade que lhe é inversa e complementar, podemos dizer também que a ontologia de Heidegger, empenhada em interpretar o ser interpretando as palavras dos textos filosóficos e poéticos de maior importância, é uma arqueologia da ciência em geral, destinada a sondar, nos depósitos fragmentários do pensamento e nos traços materiais da linguagem — mas sem conceder privilégio à linguística ou a outra qualquer ciência —, as condições ontológicas que possibilitam o conhecimento científico.

Os círculos de Heidegger

Na parte introdutória de *Ser e tempo*, em que expõe o seu método, Heidegger propõe a *destruição da história da ontologia*, que dois sentidos tem: o desmascaramento dos pressupostos da ontologia, e a superação deles, em busca de um modo de pensar que se situe além de todo e qualquer pressuposto. Desmascarar significa tirar a máscara que encobre alguém ou alguma coisa, e que se disfarça, como aparência verdadeira, até o momento de cair por terra. Que há então de aparente na história da ontologia, para que ela venha a sofrer o desmascaramento que importa na sua destruição?

A história da ontologia ou da metafísica, que remonta aos gregos, passa de Platão e Aristóteles aos escolásticos, destes a Descartes, cujo legado se transferiu a Kant, vindo culminar na dialética de Hegel. Elaborou-se, através de toda essa história, uma concepção do Ser, de que são aspectos complementares a *essência*, como ideia, de Platão, e a *substância*, de Aristóteles. Esta última noção, que os escolásticos retomaram e aprimoraram, foi mantida por Descartes, embora fosse o problema novo do *Cogito* a questão que interessava ao autor do Discurso. Já dispondo da perspectiva cartesiana, Kant deslindou a origem da experiência e das categorias do Entendimento. Depois dele, então, abrangeria Hegel, numa síntese dialético-histórica, os princípios, os conceitos e as categorias, que formam o conteúdo da tradição recebida, e que os filósofos gregos inauguraram.

Reforçada na Idade Média, essa tradição, que se fez sentir nos filósofos modernos, fixou certas possibilidades interpretativas, que nos foram transmitidas, como dados efetivos do problema do Ser, continuamente levantado através do tempo, e recebendo, em cada secção do tempo histórico, respostas adequadas. De tais possibilidades fez o pensamento metafísico a sua matéria específica. Arraigado à tradição, conservou-se às custas dela, repetindo sempre, de um mesmo ponto de vista, a questão do Ser em si — do Ser no sentido primordial da palavra — a primeira e mais importante para Aristóteles.

Não basta, contudo, para sairmos do círculo da tradição assim formado, o simples propósito teórico de renovar a questão do Ser. Sem as necessárias cautelas críticas, iria a pergunta comprometer-se com a história da ontologia, com o pensamento ontológico historicamente elaborado, em vez de levar-nos, tal como um "fio condutor", às "experiências originárias", que toda uma conceptualística encobriu e mascarou. Pretende, pois, a investigação heideggeriana tornar manifesta a origem dos conceitos ontológicos fundamentais, desencobrir o que a tradição neles encobriu, de tal modo que se possa constatar que tudo quanto nesses conceitos parece fundamental está, indireta e tacitamente, baseado em pressupostos. Foram esses pressupostos insinuantes que nos deram a pauta interpretativa da ontologia, falseando, na própria fonte histórica de onde emergiu, a indagação sobre o Ser.

Platão deteve-se no pressuposto das *ideias*, que se oferecem como o verdadeiro Ser, intemporal e imóvel aos olhos do espírito. Sacrificou o *tempo*, colocando-o à retaguarda do Ser, e neutralizando a um e a outro na imagem movente da eternidade, que procede do mundo estanque das Ideias, para acompanhar a descida da alma à multiplicidade da matéria, sujeita à forma e ao movimento. Aristóteles pressupõe um princípio de estabilidade e de mudança, a *substância*, unidade orgânica da matéria e da forma, por sua vez dependente de uma primeira forma como ato puro, também substância, da qual se origina o movimento, de que o tempo é a medida. O problema do Ser cingia-se, para ele, ao problema da substância. Tanto a essência platônica como a substância aristotélica são entes determinados que já incidem numa interpretação do Ser, depois modificada pela metafísica medieval escolástica, quando esta dividiu em dois reinos — *ens creatum* e *ens increatum* — a totalidade do existente.

Os conceitos delimitativos da ontologia clássica, antes enumerados, não constituem princípios propriamente ditos. Nem um deles é verdadeiro começo; nem um deles se apresenta como fundamento originário, no qual se esgote a intencionalidade da questão sobre o Ser. Pressupostos que são, puderam sustentar o edifício teológico-racionalista da filosofia tradicional e responder pelas determinações gerais da realidade, pelas categorias do pensamento metafísico — submetidas à crítica de Kant e dialeticamente ordenadas no sistema de Hegel. Mas deve-se a função que desempenharam à experiência ontológica que lhes serviu de suporte, e que Heidegger trata de reatualizar, descongelando os significados encobridores dos conceitos interpretativos a que ela mesma deu nascimento. É a reatualização da ontologia fundamental, mascarada nos pressupostos históricos, e que historicamente se tornaram conceitos efetivos, que a destruição propugnada por Heidegger tem por fim conseguir. Assim, como esclarece o filósofo, a destruição da história da ontologia nega a validade imediata do pensamento transportado pela História. Nega, portanto, a tradição, demolindo-a enquanto veículo interpretativo, que veio do passado ao presente. Mas "não quer sepultar o passado no Nada; ela tem um alvo positivo; sua função negativa é indireta e tácita". Ela visa a destroçar a vigência doutrinária, teórica, de todas as interpretações que bloquearam a possibilidade atual de se propor, com toda a amplitude necessária, a indagação sobre o Ser.

Não se pode deixar de reconhecer que o alvo maior próximo que a crítica heideggeriana atinge é a concepção de Hegel, segundo a qual todas as doutrinas filosóficas fazem parte, com igual direito, de uma mesma história do pensamento, história que desenvolve contradições e que as ultrapassa, tornando-se mais concreta e mais verdadeira em cada um dos seus momentos evolutivos. O que dessa história desemboca é a única verdade, a verdade de fato com que podemos contar, constituída por meio de um processo intemporal irrecorrível, cujas fases a filosofia recompõe. A pergunta ontológica, uma vez feita na antiguidade, por Parmênides ou por Aristóteles, recebeu de um e de outro as únicas respostas que poderia ter recebido, e logo foi superada no movimento dialético e evolutivo do espírito, ultimado de acordo com o caráter das épocas e as condições de cultura dos diversos povos. Não há, pois, do ponto de vista hegeliano, uma experiência originária a restituir-se. Considerando-se a preocupação com a totalidade que se faz sentir no sistema de Hegel, a busca de um verdadeiro começo seria uma demanda inconsequente. Só o sistema total, como "saber pensante", que se realiza no tempo, e que é o fim a que tende a filosofia, pode esclarecer o começo do pensamento e sua verdade. "Há um progresso na evolução, mas este progresso não se dirige ao infinito e retrocede a si mesmo", diz Hegel na *Introdução à história da filosofia*.

A destruição da ontologia, estabelecida logo na introdução de *Ser e tempo*, tem por objetivo *des-historizar* a ontologia, desfazer o círculo mágico que a história traçou em torno dela, e dentro do qual a pergunta relativa ao Ser jaz, ao lado de outras questões estanques, no cemitério das perplexidades do pensamento, das ideias passadas e residuais — solitários e vazios testemunhos da cultura, conservados e revividos pelos historiadores da filosofia.

No entanto, o encantamento do círculo da história constituída desfaz-se por obra de um outro círculo, que o próprio Heidegger traça, e que é um *círculo lógico*, muito significativo do ponto de vista das intenções de *Ser e tempo*. Destrói-se a história da ontologia com a antecipação da experiência originária, que se pretende formalmente alcançar praticando a destruição. O fim da destruição transforma-se em meio, ou antes, o seu fundamento é o que ela própria deveria fundamentar.

O ato de desmascarar os pressupostos, e o ato de superá-los em busca de um outro modo de pensamento, por intermédio dos quais, conforme assinalamos no começo, se processa a destruição levada a efeito por Heidegger, ocorrem ao mesmo tempo no circularismo da análise existencial. A forma de pensamento que se busca torna patente a existência dos pressupostos na ontologia; o desmascaramento deles desencobre essa mesma forma de pensamento.

Não é porém esse círculo o único em que Heidegger incorre. O método fenomenológico, aplicado pelo filósofo, desenvolve-se circularmente por uma série de antecipações e regressões, que mutuamente se esclarecem.

Assim, a interpretação a respeito do Ser é uma possibilidade do ente que a faz — o homem (*Dasein*, Ser-aí). Como sua possibilidade, a pergunta inclui um sentido que somente através desse ente, de sua existência, poderá ser aclarado. O objeto a respeito do qual se indaga depende, pois, do sujeito que interroga; mas, inversamente, está o sujeito determinado pelo objeto da pergunta. O homem não formularia a questão de todas as questões, a pergunta das perguntas, se a sua existência não estivesse numa certa relação com o Ser, se a sua existência não fosse pré-ocupação. Para que a direção da pergunta seja explicitada é necessário fazê-la por intermédio de um ente que, permitindo desenvolvê-la, dê-nos acesso ao pleno sentido que ela encerra. Ora, de todos os entes, é o homem aquele que tem o privilégio de servir, por efeito da pergunta que só dele nasce, de mediador ao sentido do Ser. Um novo círculo, portanto: a posição excepcional do *Dasein*, para traduzir a pergunta, resulta da própria pergunta que o excepcionaliza.

Já despontam, nessas distinções preliminares encadeadas, que figuram na Introdução de *Ser e tempo*, outros conceitos básicos da analítica existencial. Do caráter do Ser-aí (*Dasein*), como ente que põe em jogo, na indagação sobre o Ser, o seu próprio ser, chega-se ao conceito da *existência* (diferente de *existência* dos escolásticos), como possibilidade, conceito que só no Capítulo Primeiro da Primeira Secção da obra é desenvolvido. E é ainda em função desse caráter do *Dasein*, determinado pelo objetivo da pergunta fundamental, que se esboça, também na Introdução daquele tratado, a discriminação das modalidades do Ser — *coisas*, *objetos úteis*, *o homem* (*Dasein*) —, posteriormente abordada, de modo expresso, no Capítulo Terceiro da Primeira Secção.

O homem é o ser que existe compreendendo-se e compreendendo o Ser. Sua existência já é ontológica. Vê-se, dessa maneira, que a destruição da história da ontologia torna-se possível mediante o vislumbre dessa experiência ontológica preliminar, que a existência oferece, e graças à qual se poderá diluir a tradição obstrutiva das correntes e doutrinas filosóficas. Mas diluída a tradição, o pensamento ontológico dará a conhecer, através dos pressupostos que se consolidaram historicamente, a ontologia fundamental que eles encobriam. Não pode essa ontologia fundamental escapar à ambiguidade. E é paradoxal o resultado do caminho circular que a ela conduz.

Esclareçamos, primeiramente, qual o paradoxo. Quando Heidegger estuda, em *Ser e tempo*, a constituição existencial do *Dasein* (Capítulo Quinto da Primeira Secção), mostra-nos ele, explicitando tudo quanto na Introdução afirmara acerca do caráter ontológico da existência humana, que o *Dasein*, que forma com o mundo uma singular estrutura, tem como sua primeira possibilidade um *estado de ânimo* — a abertura afetiva que condiciona a imediata compreensão de si mesmo e do mundo, e à qual é inerente dada compreensão do Ser. Essa compreensão desenvolve-se numa *interpretação* das coisas, dos objetos, do mundo em torno, que é assim como um desenho inteligível das relações entre a existência humana e o Ser em geral.

Constata-se depois, acompanhando um pouco mais a análise de Heidegger, que essas categorias — o *encontrar-se existindo* (*Befindlichkeit*), a *compreensão* (*Verstehen*) e a *interpretação* (*Auslegung*) — que pareciam primitivas ou irredutíveis, derivam de um fenômeno ainda mais originário, a *pré-ocupação*, através da qual se descerra um segundo fenômeno, a *morte*, e um terceiro, o *tempo*, que finalmente aponta a direção em que a pergunta sobre o Ser adquire sentido. É a direção da temporalidade da existência.

Quer isso dizer, tão somente, que o homem existe compreendendo o Ser, mas que essa compreensão faz parte do movimento temporal de sua existência. Cada modo de compreendê-lo é um modo da existência humana, com a temporalidade que lhe é própria, e da qual o tempo histórico depende. Há por sob a história universal, em que Hegel se deteve, uma história pré-teórica, movimento da existência condicionando o movimento geral das ideias, e de que as possibilidades do pensamento dependem. A história da ontologia é, assim, do ponto de vista heideggeriano, precedida por uma ontologia da história. Culmina, pois, num paradoxo, a "destruição das destruições" de Heidegger. Destrói-se a história da ontologia, e constrói-se, no lugar das ruínas, a *ontologia da história*.

A ambiguidade da ontologia fundamental é inseparável desse paradoxo. Na *Carta sobre o Humanismo* (1947), que marcou uma nova etapa do seu pensamento, Heidegger escreveu, entre outras passagens surpreendentes, que a compreensão do Ser, concebida como categoria constitutiva do *Dasein*, não ocorreria se o Ser mesmo não tivesse antes acudido o homem com o socorro de sua verdade. Haverá sempre uma verdade preliminar que possibilita a compreensão dos entes e do mundo. Portanto, quando Platão concebeu a *essência*, Aristóteles a *substância*, os escolásticos a *quididade*, e nesses pressupostos encobriram o sentido do Ser em geral, a que a análise existencial aponta, estavam pensando à luz de uma compreensão dos entes, que a verdade prévia do Ser como que lhes impunha. Consequentemente, foi o Ser mesmo que lhes propiciou aqueles conceitos que se afastam da experiência ontológica originária; foi então do Ser que proveio o efeito encobridor desses conceitos, que não são fundamentos, mas pressupostos.

Na mesma Carta, ainda, escreve Heidegger, reinterpretando a situação existencial, tal como por ele fora concebida em *Ser e tempo*, que o homem encontra-se existindo a partir de possibilidades nas quais o Ser o projetou, projetando, através dele, a evidência originária, a iluminação compreensiva, por onde a sua verdade se insinua. Não é do homem que essa verdade emana, mas do Ser que o projeta e que por intermédio dele se manifesta. A existência humana como tal é o centro de uma contínua epifania, da *alétheia*, que ilumina e revela, que faz ver e compreender. Como nada escapa à verdade do Ser, não podem os pressupostos da ontologia tradicional, historicamente sedimentada, situar-se fora dessa verdade. O encobrimento que produziram foi também produzido pelo Ser. Revelaram-no ocultando-o, por efeito de uma anterior e não sabida revelação dele próprio.

Se assim é, a ontologia fundamental, que pretende desencobrir o Ser, está sujeita ao mesmo absolutismo deste. E nunca se poderá saber nem quando ele se oculta nem quando ele se revela. A ontologia fundamental é ambígua, porque ambíguo é o ser que se manifesta, encobrindo-se e descobrindo-se. Dessa ambiguidade, aceita pelo filósofo, há outros testemunhos na mesma *Carta sobre o Humanismo*. Não se diz aí que o Ser, a quem se interroga, é o mais próximo e o mais distante do homem? Não se afirma, igualmente, que ao homem é dado proteger a verdade do Ser, como um pastor o seu rebanho?

Até a noção de existência, que encontramos na *Carta sobre o Humanismo*, difere, sutilmente, da anterior, decalcada em *Ser e tempo*. Não se trata mais da existência, mas da *Ek-sistenz*, que é um sair de si mesmo, um projetar-se no tempo, verdadeira epifania, onde é difícil discernir o que vem do homem e o que vem do Ser, que no homem se manifesta. Tão intimamente se acham relacionados os dois termos, que só podemos compreender um deles em função do outro. O Ser a que o homem tem acesso, quando formula a indagação ontológica, é quem provoca a pergunta: o *Dasein* existe e pensa já por ele iluminado.

A questão da circularidade do pensamento, na investigação ontológica, perde, de encontro a essa indestrinçável ambiguidade, a sua relevância lógica. Caiu o pensamento, desde sempre, nas malhas secretas que o Ser lhe preparou. "Quando interrogamos pelo sentido do Ser", adiantava Heidegger no seu revolucionário tratado de 1927, "não pode haver nenhum *circulus in probando*, porque a resposta a essa pergunta não é uma fundamentação e sim a liberação de um fundo, que nos é mostrado." Desde esse momento, Heidegger substituíra o *provar* pelo *mostrar*, o *conhecimento* pela *visão*, a inteligibilidade dos conceitos pela evidência originária que, precedendo a verdade e a falsidade das proposições, não pode traduzir-se em princípios apodíticos. Difícil é afirmar que estamos aquém ou além da lógica. Mas isso não importa. Para Heidegger, a lógica está rodeada por um *logos* primevo, que a linguagem condensa e que os poetas reativam, liberando o mesmo fundo que à ontologia fundamental cabe mostrar, seja pela palavra, seja pelo silêncio. O silêncio, como ausência da linguagem, para expressar o sentido do Ser, é o momento da espera. Quando nada se pode dizer sobre ele, é que o Ser ainda não é. Sua manifestação é o Nada provisório. Sua ontologia verdadeira é a expectativa do que pode vir a ser. Nessas condições, a circularidade da destruição histórica da ontologia transforma-se numa exigência ontológica. O pensamento, oriundo da existência, que o Ser mobiliza, está dentro de um círculo, que não se pode ultrapassar. O *circulus in probando* é o círculo do Ser. Círculo ou esfera.

Não é uma simples coincidência que um poeta-filósofo, captando a intuição da esfericidade do Ser, que se encontra no vetusto poema de Parmênides, tenha fundido, na imagem da esfera, *o ser e o tempo*. "Em cada instante o Ser principia; em cada *aqui* rola a esfera *acolá*. O meio está em toda a parte. Recurvo é o caminho da eternidade." Essas palavras de Nietzsche, o poeta-filósofo a que nos referimos, valem por um resumo da ontologia fundamental de Heidegger.

Parte II

“*Es ist eine schöne Narretei, das Sprechen:*
damit tanzt der Mensch über alle Dinge.”

Nietzsche, *Also sprach Zarathustra*

O mundo imaginário de Clarice Lispector

A quatro obras de Clarice Lispector recorremos para o presente estudo: *Perto do coração selvagem* (2ª ed., Rio de Janeiro, Francisco Alves, 1963), *Laços de família* (1ª ed., Rio de Janeiro, Francisco Alves, 1960), *A maçã no escuro* (1ª ed., Rio de Janeiro, Francisco Alves, 1961) e *A paixão segundo G. H.* (1ª ed., Rio de Janeiro, Editora do Autor, 1964).

A náusea

O desenvolvimento de certos temas importantes da ficção de Clarice Lispector insere-se no contexto da filosofia da existência, formado por aquelas doutrinas que, muito embora diferindo nas suas conclusões, partem da mesma intuição kierkegaardiana do caráter pré-reflexivo, individual e dramático da *existência humana*, tratando de problemas como a *angústia*, o *nada*, o *fracasso*, a *linguagem*, a *comunicação das consciências*, alguns dos quais a filosofia tradicional ignorou ou deixou em segundo plano. Não se pretende afirmar, com isso, nem que a ficcionista vá buscar as situações típicas de seus personagens na filosofia existencial, nem que as intenções fundamentais de sua prosa só desse conjunto de doutrinas receba o impulso extra-artístico que as justifica e anima.

No entanto, é sempre possível encontrar, na literatura de ficção, principalmente na escala do romance, uma *concepção do mundo*, inerente à obra considerada em si mesma, concepção esta que deriva da atitude criadora do artista, configurando e interpretando a realidade. Qualquer que seja a posição filosófica da escritora, o certo é que a *concepção do mundo* de Clarice Lispector tem marcantes afinidades com a filosofia da existência, como no-lo revela, para darmos um só exemplo, dentro dos limites deste ensaio, a experiência da *náusea*, que aparece nos contos e romances da autora de *Laços de família*.

A *náusea*, que Sartre descreve em *A náusea*, é a forma emocional violenta da *angústia*, que arrebata o corpo, manifestando-se por uma reação orgânica definida. Quando nos sentimos existindo, em confronto solitário com a nossa própria existência, sem a familiaridade do cotidiano e a proteção das formas habituais da linguagem, quando percebemos ainda a irremediável contingência, ameaçada pelo Nada, dessa existência, é que estamos sob o domínio da angústia, sentimento específico e raro, que nos dá uma compreensão preliminar do Ser.

Foi esse o sentido que Heidegger emprestou à angústia, ao descrevê-la, em *Ser e tempo*, com a terminologia da analítica existencial. Mostra-nos o filósofo alemão o quanto tal sentimento, de alcance metafísico, difere do *medo*. Tem-se medo de algo definido, de um ser particular (intramundano); tem-se angústia sem saber de quê. É que o objeto desta é o *ser no mundo*, a existência humana instantaneamente revelada, numa penosa experiência de isolamento metafísico, como a que Pascal realizou e exprimiu. Isolamento essencial e paradoxal! Pode o homem, através da angústia, encontrar a sua realidade de ser existente; mas é para escapar da angústia que ele se refugia no cotidiano, onde, protegido por uma crosta de palavras, por interesses fugidios e limitados, que não o satisfazem completamente e apenas disfarçam o *cuidado* (*Sorge*) em que vive, passa a existir de modo público e impessoal.

Diferente do medo, o mal-estar da angústia provém da insegurança de nossa condição, que é, como possibilidade originária, puro *estar-aí* (*Dasein*). Abandonado, entregue a si mesmo, livre, o homem que se angustia vê diluir-se a firmeza do mundo. O que era familiar torna-se-lhe estranho, inóspito. Sua personalidade social recua. O círculo protetor da linguagem esvazia-se, deixando lugar para o silêncio.

A descrição mais minuciosa e esclarecedora que Sartre faz desse mesmo sentimento coincide, nos pontos essenciais, com a de Heidegger. Para o autor de *O ser e o nada*, que utiliza outras categorias interpretativas, a angústia traduz a liberdade da consciência, que contamina o ser em geral. Já Kierkegaard a ela se referia, chamando-a de vertigem da liberdade. É a vertigem da consciência, como ser precário, falho, não idêntico a si mesmo (Para si), oposto ao modo de ser das coisas (Em si), e que cria, devido à sua própria carência, através das possibilidades que projeta no mundo, o sentido da existência. Originária, a liberdade dimensiona o *Em si*, sob forma de "realidade"; mas o *Em si*, para o qual se volta a consciência e que de certa maneira a polariza, nem com ela coincide, nem pode determiná-la. Aspirar pelo Ser é para o homem, condenado à liberdade que a sua condição ontológica impõe, "*une passion inutile*".

A *angústia* nos desnuda, reduzindo-nos àquilo que somos: consciências indigentes, com a maldição e o privilégio que a liberdade nos dá. No extremo de nossas possibilidades, ao qual esse sentimento nos transporta, ela intensifica a grandeza e a miséria do homem. Da liberdade que engrandece, e que nos torna responsáveis de um modo absoluto, deriva a razão de nossa miséria. Vivemos, afinal, num mundo puramente humano, onde a consciência é a única realidade transcendente.

A ameaça da angústia é o risco inerente à liberdade reconhecida e assumida. Pois se é a liberdade a garantia do sentido da existência, a angústia, que implica o reconhecê-la e assumi-la totalmente, pode conduzir à vertigem de ser livre e responsável, ao vazio gerado pela impossibilidade de aplacarmos a inquietação, o cuidado e a preocupação com o futuro. Contudo, a angústia, que assinala a extrema lucidez a que chega a consciência em confronto consigo mesma e com os seres, jamais apaga o nexo entre consciência e sentido. A lucidez que ela dá é o discernimento *extático* do corte que há entre o nosso modo de ser e o ser das coisas. Desse ponto de vista, o sentimento de angústia é a consciência exacerbada, o paroxismo da liberdade. Devido à supremacia do *Para si*, que então se manifesta como o que é verdadeiramente real, o mundo material e o mundo social vacilam para o angustiado. Aflige-nos a falta de correspondência entre nós e as coisas, os nossos projetos e o mundo!

Na *náusea*, a supremacia do *Para si* desaparece, com o sacrifício do nexo entre consciência e sentido. A lucidez da angústia, que perdura, arrebatada pelo ser anônimo, a que se reduzem as coisas circundantes e o próprio corpo humano, exterioriza-se só para afirmar o Absurdo, de mistura com o medo e a repugnância que lhe inspira o espetáculo injustificável, gratuito, incontrolável, da existência em ato.

Roquentin, o protagonista de *A náusea*, de Jean-Paul Sartre, sofre o assédio do ser bruto, maciço, que se desembuça, com a violência de um assalto, da raiz de uma castanheira, no jardim de Bouville. O jardim, como território humano, lugar de contemplação amena, de repouso e ócio, é suplantado, de repente, por um formigamento da existência que, propagado de coisa a coisa, toma conta de todo o universo. O corpo de Roquentin cede a essa corrente impetuosa do ser, no meio da qual a sua consciência apenas consegue flutuar, a princípio impulsionada pelo medo, depois por um certo mal-estar físico, que se transforma na emoção ambígua, barroca, descrita como "êxtase horrível" e "deleite atroz", confinando com a repugnância e a cólera.

Como a angústia, a náusea não tem por objeto um ser determinado. Embora desencadeada pela contemplação de uma coisa em particular, a sua causa real é o mundo, a existência. Numa e noutra o cotidiano e o poder dos símbolos ficam neutralizados. Enquanto esses estados duram, as palavras perdem o mágico privilégio de unir-nos ao mundo. "*Les choses se sont delivrées de leurs noms*", diz Roquentin. As propriedades das coisas aparentam dissolver-se no fluxo da existência informe e avassalante.

O significado da náusea, mais transtornante do que a angústia, não é a simples descoberta da existência, como fato irredutível, absoluto. E, também, a descoberta de que esse fato é contingente, totalmente gratuito, reduzindo-se ao Absurdo, que nenhuma razão, nenhum fundamento podem eliminar. A consciência, embebida no Absurdo, descobre-se supérflua, irrelevante. Sua liberdade paralisada apenas esboça, como nas emoções violentas, uma recusa, uma reação de fuga, que então se manifesta pelo desejo de vomitar: náusea.

Esse aspecto físico da náusea existencial deriva de duas circunstâncias. Primeiro, a existência revelada apresenta-se *in concreto*. É algo latejante, animado, na matéria física e nos organismos vegetais e animais: suas qualidades não são apenas atributos da matéria, mas verdadeiras qualificações ontológicas (as raízes são massas monstruosas e moles etc.). Segundo, essa presença sensível, excessiva, saturante, do *Em si*, associada à capacidade de proliferação indefinida do orgânico, engurgita a consciência, forçando-a a experimentar-se não como consciência situada no corpo, mas como floração carnal, tão existente quanto a carne áspera da raiz que penetra na terra, quanto a carne mole da cobra que dorme ao sol.

A raiz da árvore, a cobra, o homem, participam da mesma contingência absurda e inumana, do mesmo crepitar da existência indefinida que, numa vitalidade indiferente aos nossos projetos, propaga-se de ser a ser. Violentada por aquilo que não pode compreender, paralisada em sua liberdade, não podendo negar e transcender essa revelação do Absurdo, a consciência decai. Enquanto dura a náusea, faz-se carne e organismo. Acumpliciando-se com a existência anônima, experimenta suprema repugnância pelo mundo. A náusea é o seu modo absurdo de repelir a fascinação do Absurdo, que torna o mundo insuportável e repelente ("*aveuglante indecence*").

A náusea, assim descrita, é o momento excepcional, privilegiado, por que passam os personagens de Clarice Lispector nas crises decisivas. Daremos três exemplos típicos.

Ana, personagem de "Amor", um dos contos de *Laços de família*, angustia-se ao ver um cego que masca chicles. Sua desagregação interior é profunda: cai-lhe do colo o saco de tricô das compras, o embrulho de ovos esparrama-se no chão. Esse momento de profunda crise já era esperado. A angústia cresce, a emoção agrava-se, toma conta do corpo de Ana, mulher quieta, de vida organizada. É um mal-estar (respiração opressa etc.) que surge do mundo para sujeitar a consciência ao descontrole do corpo.

> "O mundo se tornava de novo um mal-estar. Vários anos ruíam, as gemas amarelas escorriam. Expulsa de seus próprios dias, parecia-lhe que as pessoas na rua eram periclitantes, que se mantinham por um mínimo equilíbrio à tona da escuridão — e por um momento a falta de sentido deixava-as tão livres que elas não sabiam para onde ir. Perceber uma ausência de lei foi tão súbito que Ana agarrou-se ao banco da frente, como se pudesse cair do bonde, como se as coisas pudessem ser revertidas com a mesma calma com que não o eram" (*Laços de família*, p. 27).

No Jardim Botânico, onde Ana já transtornada entra, o ambiente colorido e ameno de um fim de tarde transforma-se, de súbito, num viveiro de agitadas existências. Bastou que visse um gato, cheio de secretos poderes. Logo principia por todos os lados o assédio das coisas, já estranhas, mobilizando forças secretas, que se derramam em ação indormida. Presenças sensíveis, outrora familiares, repentinamente estendem garras ocultas, destilam sumos, elaboram volumes e carnações. São os movimentos incontroláveis porém serenos da máquina do mundo, em pleno funcionamento. Sem descontinuidade, no giro da existência proliferante, que fascina e repugna, essa máquina fabrica a vida e a morte. "Ao mesmo tempo que imaginário — era um mundo de se comer com os dentes, um mundo de volumosas dálias e tulipas. Os troncos eram percorridos por parasitas folhudas, o abraço era macio, colado. Como a repulsa que precedesse uma entrega — era fascinante, a mulher tinha nojo, e era fascinante. As árvores estavam carregadas, o mundo era tão rico que apodrecia" (*Laços de família*, p. 29). Esse mundo carnoso, túrgido, era nauseante.

O segundo exemplo encontramos em Martim, de *A maçã no escuro*, o homem que se impõe a obrigação de não pensar, mas de ser. Um dos momentos decisivos de sua experiência de renovação, no caminho da conquista de si mesmo, é a descoberta e a tentativa de assimilação dos elementos sensíveis, brutos, penumbrosos, proliferantes e fortes da vida num curral de vacas. Nessa atmosfera de entranhas palpitantes, Martim encontra, sob forma de vida ativa, de matéria operante, que segue curso impassível, o sórdido, o fecal. Coisas afins se entremesclam em mistura hostil e repulsiva: matéria-prima com a sua própria luminosidade, energia com a sua auréola, agitação obscena com o seu hálito e a sua fragrância.

> "Por nojo, o homem que repentinamente se tornara de novo abstrato como uma unha quis recuar; enxugou com o dorso da mão a boca seca como um médico diante de sua primeira ferida. No limiar do estábulo no entanto ele pareceu reconhecer a luz mortiça que se exalava do focinho dos bichos. Aquele homem já vira esse vapor de luz evolando-se de esgotos em certas madrugadas frias. E vira essa luz se emanar de lixo quente. Vira-a também como uma auréola em torno do amor de dois cachorros; e seu próprio hálito era essa mesma luz" (*A maçã no escuro*, pp. 104-5).

No final desse romance, o herói, que fracassa no debate contra o passado que não conseguiu desfazer, conhece, de novo, o estado de náusea. Já é desta vez, porém, "aquele gosto suave como se tivesse atingido o outro lado da morte, aquele ponto mínimo que é o ponto vivo do viver, a veia no pulso". Gosto suave que produz em Martim uma esperança absurda, sem relações com o crime cometido muito antes, e com as pessoas que o rodeavam. Trata-se de uma "esperança impessoal", que redunda na própria negação da esperança. Próxima da quietude das coisas aceitas e vividas independentemente de confiança ou temor, do Bem ou do Mal, a expectativa quieta, silenciosa, que nada mais pede ao futuro e ao possível, recua para dentro de si mesma, tornando-se compreensão muda, ou entrega inevitável ao Ser. Essa compreensão última é antecipada em muitas outras passagens anteriores da narrativa, todas as vezes em que Martim, caindo em êxtase diante da vida impessoal da Natureza, vislumbra a conexão de sua existência com a de todo o universo, conexão a que a náusea emprestará um cunho de participação orgânica. São os momentos de "descortínio", assim chamados pela romancista os instantes de compreensão fechada, no alvoroço de um êxtase selvagem, sem entendimento explícito e sem palavra:

"Ali era o escuro ar de que vive uma coisa viva. E Martim estava bem cercado pelas coisas que ele entendia: as moscas desovavam. E o sentido daquilo era o sentido mais primeiro daquele homem: estava ali como se houvesse um plano que ele ignorava mas a que uma planta se agregava com a boca e a que ele próprio correspondia sentando-se muito evidentemente na pedra — sentar-se numa pedra estava se tornando sua atitude mais inteligível e mais ativa. E a coisa era de tal modo perfeita que até a perspectiva da distância se agregava àquele mundo sem Deus. Pois quando o homem erguia os olhos — as árvores distantes eram tão altas, tão altas como uma beleza: o homem grunhia aprovando. Quanto mais estúpido, mais em face das coisas ele estava" (*A maçã no escuro*, p. 91).

Em *A paixão segundo G. H.*, o desencadeante da náusea é uma barata que a personagem-narradora vê, no quarto da empregada, saindo de dentro de um banal guarda-roupa. Condensam-se, pouco a pouco, em torno desse inseto, sentimentos contraditórios que vão crescendo. A comum aversão das donas de casa por baratas, o simples nojo físico, o medo, e até o súbito interesse despertado pelo inseto caseiro, dão lugar a uma estranha coragem, misto de curiosidade e de impulso sádico-masoquista, com que G. H., fechando a porta do guarda-roupa sobre o corpo do animal, perpetra o ato decisivo. Um nojo mais violento revolve-lhe o estômago e seca-lhe a boca diante do espetáculo da barata trucidada. É que a mulher, então, começou verdadeiramente a ver pela primeira vez a sua vítima; e vendo-a, descobriu o ser que nela havia, a matéria organizada em cascas, antenas e olhos, matéria crua, viscosa, repelente, que escorreu, pastosa, do corpo esmagado. Mas, de imediato, através disso tudo que sentia, da náusea que a dominava, G. H. resvala para o êxtase: descobre, afinal, que ela e a barata participavam da mesma existência nua, ancestral, inumana, e possuíam a mesma identidade.

"Como chamar de outro modo aquilo horrível e cru, matéria-prima e plasma seco, que ali estava, enquanto eu recuava para dentro de mim em náusea seca, eu caindo séculos e séculos dentro de uma lama — era lama, e nem sequer lama já seca, mas lama ainda úmida e ainda viva, era uma lama onde se remexiam com lentidão insuportável as raízes da minha identidade" (*A paixão segundo G. H.*, p. 57).

Em "Amor", a náusea é a crise que suspende a vida cotidiana da personagem. A lembrança dos filhos, a presença do marido, ainda têm forças para reter Ana à beira do perigo de viver, que diante dela se abre como um abismo sem fundo. Em *A maçã no escuro*, o estado nauseante associa-se ao descortínio instintivo que coloca Martim no plano reificado e orgânico da Natureza. Mas já em *A paixão segundo G. H.*, o mesmo estado nauseante significa "desorganização" completa do ser social da enigmática personagem. Os sentimentos comuns (o sentimentário) não acodem, como no conto de "Laços de família", por nós referido, para reter G. H. à beira do abismo do Ser.

O aprofundamento da náusea, como revelação do Ser e via mística de união com a sua inexpressável realidade, é a nota marcante de *A paixão segundo G. H.* Narra-se aí uma experiência espiritual contraditória, em que o sacrifício e o sacrilégio se confundem, a redenção significando a anulação da personalidade e o amor a entrega do Eu a potências cósmicas indiferenciadas, não éticas, que têm um lado sombrio e diabólico, infernal, e outro luminoso e divino.

Já podemos discernir, nesse ponto, a modificação que a experiência sartriana da náusea sofreu na obra de Clarice Lispector. A partir dessa experiência, Jean-Paul Sartre conferiu aos seus personagens uma liberdade fundamental. Justamente porque a náusea revela o Absurdo, é preciso criar o sentido que a existência não possui. Esse sentido, que deriva única e exclusivamente da liberdade, e é sustentado pelos nossos atos, impõe-se apesar da *náusea* e contra o Absurdo.

Para Clarice Lispector a náusea apossa-se da liberdade e a destrói. É um estado excepcional e passageiro que, para a romancista, se transforma numa via de acesso à existência imemorial do Ser sem nome, que as relações sociais, a cultura e o pensamento apenas recobrem. Interessa-lhe o outro lado da náusea: o reverso da existência humana, ilimitado, caótico, originário.

"Escuta, diante da barata viva, a pior descoberta foi a de que o mundo não é humano, e de que não somos humanos." Essa revelação humilde e arrasadora de G. H. poderia ser uma réplica à conhecida afirmação sartriana de que nós vivemos num mundo essencialmente humano, "*où il n'y a que des hommes*".

Finalmente, é *A paixão segundo G. H.*, conforme mostraremos no capítulo seguinte, exclusivamente dedicado ao exame desse romance, o roteiro de uma experiência mística (sumamente heterodoxa, por certo), que se inicia pela náusea, culmina no êxtase do Absoluto idêntico ao Nada, terminando reticentemente pela desistência da compreensão e da linguagem — o que vem a ser uma forma de consagrar e divinizar o Silêncio.

A experiência mística de G. H.

Vimos anteriormente que na ficção de Clarice Lispector o estado de náusea atinge o máximo desenvolvimento em *A paixão segundo G. H.*, onde vai ter função espiritual marcante, o que por si só bastaria para comprovar o quanto esse estado adquire na obra de nossa romancista sentido muito diferente da experiência de Roquentin, o personagem de *A náusea*, de Jean-Paul Sartre.

Roquentin não adere ao absurdo da existência revelado pela náusea, nem se entrega ao ser indiferenciado, prolífico, repugnante e sedutor que o domina, provocando em sua consciência um misto de nojo, de repulsa, medo e lucidez. Esse momento de lucidez, que revela a contingência absoluta de tudo quanto existe — e que faz Roquentin perceber a presença do ser maciço e injustificável, que se manifesta em todas as coisas — resiste à repulsa e ao medo, não cedendo à mágica atração com que o Absurdo enleia o espírito. A náusea sartriana assinala o Absurdo e confirma o caráter fáctico da existência. Contudo, ela é somente a experiência-limite de nossas possibilidades. Não podemos furtar-nos a essa comoção. Mas não devemos tampouco sujeitar-nos ao seu império. Alertado por essa experiência, o homem compreende, afinal, que as relações inteligíveis que o conhecimento elabora, a ordem lógica dos conceitos, a fisionomia comum do universo e a banalidade do cotidiano, provêm de operações de sua consciência, que é a fonte originária do sentido e da razão. O mundo em que vivemos, cenário da ação ética, no qual estamos engajados e cuja responsabilidade carregamos, supera a realidade subterrânea revelada pela *náusea*.

Enquanto, pois, a humanização da náusea prevalece no pensamento e na criação literária de Jean-Paul Sartre, Clarice Lispector, que desde o seu primeiro romance, *Perto do coração selvagem*, vislumbra a ação de potências irracionais, cósmicas, por sob a capa dos sentimentos comuns e dos "laços de família", entrega a personagem de *A paixão segundo G. H.* ao completo domínio do ser amorfo e vivido que transparece no estado nauseante. A *náusea* que aquele romance descreve — despertada à vista de uma barata e intensificada quando a personagem vê a entranha pastosa do inseto, que esmagou num gesto de repulsa e ódio — libera em G. H. o impulso primitivo, mágico, de participação. O personagem não apenas vê, através da barata trucidada, o espetáculo da existência em ato, que une a sua vida particular à vida universal; sente-se impelida a transgredir os limites da sua individualidade para identificar-se, por efeito de uma força mágica e extra-humana, que atrai e repele, enoja e seduz, com essa vida universal. Tal identificação participante, objeto de experiência inefável, para a descrição da qual as palavras são insuficientes, resulta do aprofundamento da náusea. Levada ao extremo limite, a emoção existencial a que nos referimos abre para G. H. o caminho de acesso à realidade pura, sem princípio nem fim. É o caminho da experiência espiritual conflitante, que em muitos pontos se assemelha à união com o absoluto que os místicos visavam alcançar.

Os grandes místicos do Ocidente e do Oriente praticaram a ascese espiritual. É a purificação dos sentidos e da inteligência, que tem por fim tornar a alma receptiva à graça divina e pronta a ser habitada por Deus. Com o amortecimento das impressões sensíveis exteriores, mortificados os desejos, apaziguada a mente, o centro de interesse da vida espiritual desloca-se do Eu, individual e pessoal, para o núcleo secreto da alma, que se comunica com o Ser e que é partícipe de sua existência universal e ilimitada. Quem seguiu até o fim o caminho da ascese, seja o autor do *Bhagavad-Gita*, seja o sábio que escreveu os versos do Tao-Te-King, chame-se São João da Cruz, Teresa d'Ávila ou Mestre Eckardt, experimenta a perda de sua própria individualidade. É o momento do rapto da alma, do desprendimento do Eu. Descrito de diferentes modos pelas correntes místicas tradicionais, esse instante, que precede o êxtase, é aflitivo, cheio de hesitações, de dúvidas e de acerba angústia.

Não mais pertencendo a este mundo; já tendo rompido as principais amarras que o ligavam ao corpo, à inteligência e aos outros seres terrenos, o místico, ainda não completamente integrado ao mundo sobrenatural que começou a discernir, permanece na zona intermediária, neutra, que São João da Cruz chamou a *noite dos sentidos*, solitária e silenciosa, que tudo encobre e que transforma tudo em nada. No lugar do Eu, a noite dos sentidos, que se prolonga na da inteligência, instala o vazio da alma. E como as impressões exteriores foram neutralizadas, o vazio interior, resultante do apaziguamento dos sentidos, une-se ao de fora: os dois completam-se na primeira e aflitiva experiência de participação no Nada, que, segundo sugere *A subida do monte Carmelo*, de São João da Cruz, caracteriza essa etapa da experiência mística. Valorizada muito mais pela ascese hindu e chinesa do que pela cristã, a fase do deleite abismal é vivida por G. H.

Sem poder resistir à atração da existência, visível no corpo esmagado da barata e aí tornada alucinatória, sem forças para reprimir a identificação do seu Eu com o fluxo da existência comum a ela e ao inseto, G. H. atenderá ao apelo ancestral do Ser. É um apelo inumano, que intercepta qualquer socorro humano — amizade, amor ou piedade —, que desorganiza a pessoa no que ela tem de social, que confunde os sentimentos, e que, dissolvendo-lhes a relativa estabilidade, eliminando as diferenças éticas que os separam, destrói a própria Esperança. "Segura a minha mão, porque sinto que estou indo", diz G. H. ao seu interlocutor imaginário, a quem dedica o relato de sua experiência. "Estou de novo indo para a mais primária vida divina, estou indo para um inferno de vida crua. Não me deixes ver porque estou perto de ver o núcleo da vida — e, através da barata que mesmo agora revejo, através dessa amostra de calmo horror vivo, tenho medo de que nesse núcleo eu não saiba mais o que é esperança" (*A paixão segundo G. H.*, p. 60).

O abismo para onde salta G. H. é o próprio abismo da existência, que nada sustenta. Sua participação primeira é no ser indiferenciado, espécie de substância spinozista, sem atributos e sem modos, e no entanto dotada de viva atualidade, puro *élan*, matéria-prima aristotélica, desenfreada, em estado de fusão, suscetível de receber qualquer forma, embora não necessariamente sujeita a forma — maré, lama cosmogônica, caos anterior ao cosmo. "Eu chegara ao nada, e o nada era vivo e úmido" (*A paixão segundo G. H.*, p. 61).

Como no grande misticismo oriental e ocidental, a personagem G. H., encerrada nesse instante impossível de medir-se objetivamente, mergulhada na *noite dos sentidos*, passa por um momento de secura, de completa solidão. É que a identidade do Eu convencional foi trocada pela identidade real com a matéria da vida. Esse trânsito é sentido como desgaste, como perda irreparável da própria substância humana, que se abriu para conter a substância universal. Das profundezas em que mergulha a alma, o Bem e o Mal não oferecem mais sentido.

O humano, o ético, o amor e a esperança, tudo aquilo que G. H. denomina o *sentimentário*, esvai-se na sombria região do Nada.

Os místicos cristãos, estimulados pela Graça, procuravam ultrapassar esse estágio do deleite abismal. Uniam-se a Deus em outros degraus mais elevados da experiência ascética. É sinal dessa união o desaparecimento da secura interior, com a implantação do estado de beatitude. Chegavam, assim, ao acme da contemplação, onde se realiza, sob a forma de união transfiguradora (núpcias ou bodas espirituais), o encontro do humano com o divino.

As tradições bramânicas e taoístas, nesse particular mais afins com a ascese filiada à gnose, ao catarismo e às correntes heterodoxas da mística especulativa do cristianismo (séculos XIII e XIV), privilegiaram esse momento de quietude ou de passividade, no qual se detém G. H., face a face com a "bruta e crua glória da natureza", com "a vida primária", anterior ao humano, com a "realidade neutra", inexpressiva, insípida, que é aquele estado sem nome, existente antes da criação, do qual fala o Tao-Te-King. Vê-se que São João da Cruz, ao desprender-se do Eu, também conheceu essa vida primária, que nenhum limite possui, que não é suscetível de determinação. Mas para ele, isso não era tudo. A visão beatífica sobrepunha-se ao estado de vazio, e o êxtase culminava na visão do Deus pessoal e providencial, que assiste ao místico com o socorro de sua Graça e nele aviva a *charitas* — o amor a Deus e aos homens.

O ciclo da ascese mística de G. H., se é lícito empregar essa expressão, vai passar-se quase todo no plano da coisa em si, no qual o divino se apresenta, a princípio, como o informe, o caótico — "um inferno de vida crua" — anterior ao humano. Em vez do refrigério da visão beatífica, o que se manifesta para G. H. é um êxtase orgíaco, frenesi de magia negra, alegria de Sabath, que consiste na alegria de perder-se.

> "Eu entrara na orgia do sabath. Agora sei o que se faz no escuro das montanhas em noites de orgia. Eu sei! sei com horror: gozam-se as coisas. Frui-se a coisa de que são feitas as coisas — esta é a alegria crua da magia negra. Foi desse neutro que vivi — o neutro era o meu verdadeiro caldo de cultura. Eu ia avançando, e sentia a alegria do inferno" (*A paixão segundo G. H.*, p. 102).

Descobre G. H. — terrível descoberta — que o ser que nos atrai, ao reduzir-nos ao essencial, despoja-nos da "organização" ética, estética e social que acrescentamos ao mundo, tornando supérflua e irrelevante a ordem dos valores e a hierarquia dos sentimentos. A alegria infernal, sentida diante da coisa neutra e inexpressiva, a que se reduzem todas as coisas, "é o polo oposto ao polo do sentimento-humano-cristão" (*A paixão segundo G. H.*, p. 103).

A alegria infernal, que neutraliza o amor e a esperança, não é, porém, a última palavra da experiência de G. H. A própria vida, inumana ou pré-humana revelada, em cujo êxtase ela se abisma, está acima de todo entendimento. O frenesi que a subjuga é passageiro. Ao êxtase demoníaco segue-se *uma quietude compungida*, preparação à renúncia completa, sem a qual não se produzirá a perfeita identificação com o Ser. Mas, desta vez, o Ser vislumbrado abrange a vida e a transcende. Não sendo bom nem mau, belo ou feio, é simplesmente o real absoluto: o Nada, ainda silencioso, mas já luminoso.

> "Eu oferecera meu inferno ao Deus. E minha crueldade, meu amor, minha crueldade parara de súbito. E de súbito aquele mesmo deserto era o esboço ainda vago do que se chamou de paraíso. A umidade de um paraíso. Não outra coisa, mas aquele mesmo deserto. E eu estava surpreendida como se é surpreendido por uma luz que vem do nada" (*A paixão segundo G. H.*, p. 133).

No misticismo especulativo de Eckardt, a alma sabe, por um rápido instante, que a plenitude do Ser Divino, incomensurável, além de todos os atributos que se lhe possam conferir, e acima de qualquer determinação, é o abismo sem fundo (*Abgrund*). "Deus é, na sua divindade", diz Eckardt, "substância espiritual tão elementar que a respeito dele só se pode dizer que nada é". Esse é o conhecimento último a que chega o misticismo especulativo, associado à teologia negativa, antes de percorrer as etapas da união amorosa do Criador com a criatura. G. H. não tem outra palavra para exprimir a sua visão da existência de Deus senão o Nada.

> "E agora eu estava como diante Dele e não entendia — estava inutilmente de pé diante Dele, e era de novo diante do nada. A mim, como a todo o mundo, me fora dado

tudo, mas eu quisera mais: quisera saber desse tudo. E vendera a minha alma para saber. Mas agora eu entendia que não a vendera ao demônio, mas muito mais perigosamente: a Deus. Que me deixara ver. Pois Ele sabia que eu não saberia ver o que visse: a explicação de um enigma é a repetição do enigma. O que És? e a resposta é: És. O que existes? e a resposta é: o que existes. Eu tinha a capacidade da pergunta, mas não a de ouvir a resposta" (*A paixão segundo G. H.*, p. 135).

Mas quando entra em contato com a mais alta realidade, que é também a mais rudimentar, o êxtase de G. H. aponta-lhe o caminho de retorno ao humano, regresso lento e gradual à experiência comum, ao gosto das coisas dimensionadas pelo cotidiano. É todo um processo de reconquista do humano através do inumano, em benefício do qual G. H. submete-se à provação suprema: sacrificará a sua própria consciência, praticando a imolação total do Eu. E o faz ao comungar o corpo da vida — a neutra matéria comum a todos os seres, representada pela matéria pastosa da barata esmagada. É isso que G. H. confessa, quase no fim do seu relato. Ela tentara alcançar a redenção por uma espécie de sacrilégio, paródia da Comunhão. "É que a redenção deveria ser na própria coisa. E a redenção na própria coisa seria eu botar na boca a massa branca da barata" (*A paixão segundo G. H.*, p. 164).

A paixão de G. H. culmina nesse ato de gustação totêmica. A personagem de Clarice Lispector encontrou as raízes de sua identidade no corpo de um inseto cuja contemplação, desencadeando a náusea, franqueou-lhe o acesso à existência divina. G. H. é, ao mesmo tempo, vítima e oficiante desse estranho holocausto.

Em *A paixão segundo G. H.*, narrativa essencialmente dramática, não só pelo que possui de trágico, mas por se desenvolver em tom de apelo, de súplica, de confidência a um personagem oculto — a quem G. H. sente necessidade de relatar o que consigo ocorreu — enfatiza-se a tendência de Clarice Lispector para a meditação e mesmo para a especulação, já poderosamente afirmada em *A maçã no escuro*. A imaginação poética da romancista, que a intenção especulativa revigora, apropria-se de algumas intuições fundamentais, historicamente consagradas, do pensamento místico-religioso. São essas intuições que reaparecem, aqui e ali, perfeitamente assimiladas à sua experiência criadora, trazendo a marca pessoal que a escritora lhes imprimiu.

Quando G. H., dirigindo-se a Deus, exclama "eu não sou Tu, mas *mim és Tu*", ela está muito perto da fórmula "*Tat tuam asi*" (isso és tu), na qual a doutrina *advaita* do hinduísmo sintetiza a ideia da unidade substancial de todos os seres. O substrato da existência humana individual (*Atman*) é idêntico ao substrato dos outros seres, pois tudo quanto existe, existe como manifestação de uma única substância universal (Brahma). "Eu não sou Tu, mas mim és Tu", exclama G. H. O Eu é aqui a parte exterior, aparente da alma, cujas raízes mais profundas (o *mim*, a identidade essencial, o *id* dos psicanalistas) mergulham no Espírito Eterno (Tu, a Divindade).

Numa outra reflexão a respeito de suas relações com Deus, G. H. diz assim:

> "Quanto mais precisarmos, mais Deus existe. Quanto mais pudermos, mais Deus teremos. Ele deixa. (Ele não nasceu para nós, nem nós nascemos para Ele, nós e Ele somos ao mesmo tempo). Ele está ininterruptamente ocupado em ser, assim como todas as coisas estão sendo, mas Ele não impede que a gente se junte a Ele e, com Ele, fique ocupado em ser, numa intertroca tão fluida e constante — como a de viver" (*A paixão segundo G. H.*, pp. 151-2).

Como não reconhecer, nessa passagem, um eco daquele pensamento do *Mundaka Upanishad*: o homem e Deus são dois pássaros pousados na mesma árvore e que no entanto se ignoram? Essa contemporaneidade do homem e do ser divino, que implica na independência e na cooperação de ambos para um fim que não sabemos, é uma ideia de G. H.

Para ela o homem e Deus, lado a lado, como os dois pássaros dos *Upanishads*, estão ocupados em ser. Mas o nosso modo de realizar essa ocupação é carência. Nós necessitamos ser porque ainda não somos. "(A nostalgia não é do Deus que nos falta, é a nostalgia de nós mesmos que não somos bastante; sentimos falta de nossa grandeza impossível — minha atualidade inalcançável é o meu paraíso perdido)" (*A paixão segundo G. H.*, p. 151).

Mais outros pontos de contato com as fontes do pensamento místico poderão ser assinaladas: a concepção do estado de graça, existindo permanentemente, e da esperança, não como expectativa, mas como a certeza de que já participamos da vida divina.

Limitamo-nos a destacar mais duas convergências essenciais. A primeira diz respeito à ideia vetusta, externada pelos pré-socráticos, adotada pelos místicos especulativos dos séculos XIII e XIV e que, já às vésperas do Renascimento, foi esposada por Nicolau de Cusa: Deus como união de todos os contrastes, superação das contradições da existência. "Deus é o que existe e todos os contraditórios são dentro do Deus, e por isso não O contradizem" (*A paixão segundo G. H.*, p. 161).

A segunda consiste no amor do *neutro* — da coisa a que se reduzem todas as coisas. A riqueza do universo, a variedade de suas formas, dos *qualia* sensíveis, que passam, na experiência de G. H., por um processo de depuração, paralelo ao despojamento do Eu e à final renúncia da individualidade egoística, resumem-se ao neutro, ao inexpressivo — "um pedaço opaco de coisa" — tal como resultaria daquele discernimento superior do sábio, recomendado pelo *Bhagavad-Gita*, capaz de ver que todas as coisas são iguais.

Parece-nos que o conteúdo místico da experiência da personagem, aqui resumida em linhas gerais, é fundamental para compreendermos as intenções da romancista. Precisamos levar em conta esse dado para não corrermos o risco de aplicar à narrativa critérios inadequados, um dos quais seria, por exemplo, exigir que ela obedecesse a um padrão de clareza ou de expressividade direta. Se o objeto de *A paixão segundo G. H.* é, como vimos, uma experiência não objetiva, se a romancista recriou imaginariamente a visão mística do encontro da consciência com a realidade última, o romance dessa visão terá que ser, num certo sentido, obscuro. A linguagem de Clarice Lispector, porém, não é nada obscura. Obscura é a experiência de que ela trata. Sob esse aspecto, que analisaremos oportunamente, a atitude de G. H., abdicando do entendimento claro para ir ao encontro do que é impossível compreender, lança a linguagem numa espécie de jogo decisivo com a realidade, que mais reforça o sentido místico do romance de Clarice Lispector. Foi para esse jogo que São João da Cruz escreveu as regras contidas nos versos famosos:

> "*Para venir a lo que no sabes,*
> *Has de ir por donde no sabes,*
> *Para venir a lo que no gustas,*

Has de ir por donde no gustas,
Para venir a lo que no posees,
Has de ir por donde no posees,
Para venir a lo que no eres,
Has de ir por donde no eres."

O silêncio, desistência da compreensão e da linguagem, é o termo final da aventura espiritual de G. H., que principia pela náusea e culmina no êxtase do Absoluto, indiscernível do Nada. Mas essa aventura, não o esqueçamos, é a *via crucis* de uma paixão.

No título que adotou, *A paixão segundo G. H.*, Clarice Lispector sintetiza, por uma translação parodística (Paixão segundo São Mateus, segundo São João etc.), o sentido místico da Paixão dessa mulher comum, a quem cabe qualquer nome delimitado pelas iniciais G. H., submetida ao sacrifício de sua identidade pessoal na ara da existência transformada em Calvário. Nenhuma paixão humana limitada, cingindo-se a coisa ou pessoa, pode medir a incomensurável de G. H. A paixão que a consome é o desejo de ser: "*passion inutile*", como diria Sartre, a qual está na origem de todos os desejos e de todas as inquietações passionais, sem excetuar o amor do Absoluto, que a inquietação mística exprime.

A estrutura dos personagens

A originalidade com que se apresenta, na obra de Clarice Lispector, a intuição do sentido ontológico da existência humana, que é o fulcro das correntes existenciais, transparece no esquematismo e na tipificação com que a romancista estrutura os seus personagens.

É difícil classificar essas figuras de Clarice Lispector, que não cabem na galeria dos tipos psicológicos. Pense-se na Joana, de *Perto do coração selvagem*, no Martim de *A maçã no escuro*. São personagens esquemáticos, cujos traços individuais apenas emolduram a inquietação que os consome e que se sobrepõe à identidade pessoal de cada um deles.

Joana não é apenas uma jovem inquieta. Ela é a própria imagem dessa inquietação humana, que Vitória, de *A maçã no escuro*, tenta represar, por meio da atividade prática, dos afazeres cotidianos, pondo um freio às forças interiores da existência. Joana descobre essas forças, a cujo domínio Vitória se esquiva, e a que Martim está completamente entregue. Esses três personagens acham-se absorvidos por sentimentos profundos e quase incontroláveis, que os nivelam como pessoas, e que lhes emprestam, em correspondência com o meio geográfico, social e histórico, vago e indefinido, onde se situam, uma fisionomia esquemática.

A ambiência nos romances da autora compõe-se, em geral, de dados abstratos quanto a espaço e tempo. Aparecem, em *Perto do coração selvagem*, ruas que podem ser as de qualquer cidade. A viagem de Joana, no final do livro, é um sair de qualquer parte para um lugar indefinido, que não se sabe onde fica. Os meios citadinos ou rurais, antes de serem ambientes determinados, com fisionomia precisa, são circunscrições do Espaço. Até os lugares expressamente designados, como o Jardim Botânico em "Amor", ou o Zoológico em "O búfalo", apresentam-se como partes permutáveis de uma cena vasta e ilimitada, a Natureza em si, ou a realidade compacta das coisas, que coincidem com o mundo, em que o homem se situa e localiza a sua existência.

No universo da romancista, o ambiente é Espaço e o Espaço, meio de inserção da existência. As paisagens naturais e urbanas, que não adquirem importância por si mesmas, mas pela maior ou menor carga de coisas que encerram, são situações equivalentes. Traduzem aspectos parciais de uma só situação global. Exteriorizam, integralmente, em cada caso, o *ser no mundo* da existência humana. Daí a inevitável abstração de particularidades locais, de dados sociais, e, por fim, dos elementos objetivos da realidade.

Consideremos *A maçã no escuro*. É flagrante, a começar por Martim, que não tem inserção social definida, o esquematismo dos personagens desse romance. O passado de Martim, vago, diluído, é mais um produto da imaginação dele, que tudo criou, do que de sua memória, que transforma a lembrança do crime cometido. Assim como Joana, de *Perto do coração selvagem*, é a inquietação que desperta e se afirma, Martim é a inquietação como desejo de apropriar-se da existência autêntica, como desejo de ser. Contenta-se, às vezes, a narradora, em qualificá-lo com o termo genérico *Homem*. Refere-se a Vitória, dona da Fazenda, onde o fugitivo encontra abrigo e trabalho, tratando-a de *a mulher*. Os personagens cabem, pois, dentro de esquemas que lhes ocultam a identidade pessoal.

Verifica-se, paralelamente, uma abstratificação dos dados referentes ao espaço geográfico e nacional. Assim, o personagem de *A maçã no escuro* começa sua fuga num hotel, para depois atravessar léguas e léguas de deserto. "O Homem estava no coração do Brasil" — é a única referência regional precisa. No mais, quanto aos outros lugares por onde ele passa, encontramos indicações meramente tópicas — Vila Baixa, Montanha, Fazenda etc. O importante é que esse homem, que "estava no coração do Brasil", acha-se, antes de mais nada, no centro da Natureza, em face das coisas.

Compare-se a situação de Martim com a de G. H., no último romance da escritora. A personagem deste assombroso relato, que é *A paixão segundo G. H.*, movimenta-se num apartamento de grande cidade. Do quarto de empregada, onde vai eclodir a sua paixão, ela vê, como espectro da cidade, os telhados de outros edifícios. Mas o que ela realmente vê é o mundo circundante: "Além das gargantas rochosas, entre os cimentos dos edifícios, vi a favela sobre o morro e vi uma cabra lentamente subindo pelo morro. Mais além estendem-se os planaltos da Ásia Menor" (*A paixão segundo G. H.*, p. 105).

Trata-se da verdadeira ampliação onírica do mundo. O quarto

de G. H. está dentro do edifício, o edifício na cidade, a cidade no país, o país no continente, o continente no universo, o universo etc. Os lugares são pontos que só existem em relação a outros pontos, e todos formam imagens permutantes, que representam uma totalidade indivisa, vasta e indefinida. "Eu já havia conhecido anteriormente o sentimento de lugar", confessa G. H. "Quando era criança, inesperadamente tinha consciência de estar deitada numa cama que se achava na cidade que se achava na Terra que se achava no Mundo. Assim como em criança, tive então a noção precisa de que estava inteiramente sozinha numa casa, e que a casa era alta e solta no ar, e que esta casa tinha baratas invisíveis" (*A paixão segundo G. H.*, p. 50).

Quando o êxtase começa, G. H. faz uma referência local e cronológica à situação, que lembra aquela outra de *A maçã no escuro*, situando Martim no coração do Brasil: "Nada se ouve. No resto da casa a sombra está toda inchada. A superficialidade madura. São onze horas da manhã no Brasil. É agora. Trata-se exatamente de agora" (*A paixão segundo G. H.*, p. 80).

As referências locais, tanto em *A maçã no escuro* como em *A paixão segundo G. H.*, abrangem posições no espaço, que são partes do Espaço originário e idêntico, como situação primitiva do ser humano, *locus situs* de onde a existência brota. Assim o homem, na novelística de Clarice Lispector, qualquer que seja a inserção que se lhe dê numa determinada ambiência, doméstica ou social, está primeiramente situado como *ser no mundo*. Lá está, por sob todas as situações particulares, a situação originária do homem, do homem que existe perante si mesmo e perante outras existências. Nesse sentido, é sempre o mesmo homem, o mesmo Ser-aí (*Dasein*), descobrindo a sua solidão e o seu abandono em meio às coisas, com que vamos deparar nos personagens de Clarice Lispector. Disso resulta a impressão de que todas as figuras humanas criadas pela romancista são sempre iguais. Os seus personagens resumem-se num só personagem.

Essa impressão não é falsa. Até certo ponto Martim, Joana, Ana e G. H. se confundem. Em cada um deles é a existência, como fonte substancial de todos os conflitos interpessoais, que se apresenta, infiltrando-se no cotidiano, produzindo a retração da personalidade social e que, desgastando a crosta protetora de sentimentos e atitudes criados pelo hábito e pela cultura, transcende os nexos objetivos, social e historicamente estabelecidos, para impor-se como força dominante, primitiva e caótica.

Sem constituírem verdadeiros tipos, na acepção psicológica do termo, o esquema imaginativo a que estão sujeitos os personagens de Clarice Lispector, e do qual resulta a seleção dos traços que os caracterizam, tipifica neles a própria existência, com tudo o que esta encerra de subjetivo e transcendente, de individual e universal, de transitório e permanente, de consciente e inconsciente — aliança de contradições que se resolvem em cuidado, angústia, náusea, sentimento da Morte e do Absurdo. Por outro lado, essa dimensão das figuras de Clarice Lispector ultrapassa a medida psicológica do caráter, distanciando-se da sondagem dos sentimentos e paixões, da análise das múltiplas e complexas motivações de atitudes, que fizeram do romance moderno, como arte por excelência do processo da vida individual, no espaço e no tempo, um instrumento habilitado a explorar o fluxo dos estados de consciência.

O processo da vida individual, presente nos romances de Clarice Lispector, não se esgota nos conflitos psicológicos, naquilo que se poderia chamar, de acordo com Lukács, a dimensão biográfica do romance. A história dos personagens enquanto indivíduos é, para Clarice Lispector, um meio de acesso à dimensão recôndita, secreta, da existência, que já possui significado ontológico. Vemos o que é pessoal e subjetivo em cada indivíduo refletir uma realidade profunda, impessoal e transcendente. Parodiando André Gide, podemos afirmar que o que interessa a Clarice Lispector não são os indivíduos em si, mas a paixão que os domina, a inquietação que os conduz, a existência que os subjuga.

Devido ao predomínio do sentimento da existência, a estrutura dos personagens da romancista completa-se com outro traço curioso, que podemos agora distinguir: a incapacidade para viverem espontânea ou ingenuamente. Entre o sentimento imediato e a vivência, entre sentir e pensar, há sempre uma distância que a reflexão preenche, seja diretamente, através do monólogo interior, seja indiretamente, por meio de interferências da narradora, que sutilmente assume o ponto de vista das suas figuras, narrando em forma de monólogo ou monologando em forma de narrativa, nunca de todo impessoal.

Os seres humanos que povoam o mundo imaginário de Clarice Lispector estão constantemente refletindo acerca do que sentem. Essa reflexão, como já sucede em *Perto do coração selvagem*, indo além da análise dos estados de consciência imediatamente experimentados, é uma interrogação sobre a experiência, uma indagação viva sobre o sentido dos atos, que acompanham o fluxo e o refluxo da vida interior.

Joana, a heroína do primeiro romance, interroga-se sobre a sua vida e o sentido da vida em geral. A especulação por ela feita, provocada e reclamada pela própria existência, aparece como força impulsionadora, que continua o movimento da vida, revelando as suas possibilidades latentes e assumindo o risco de concretizá-las. Em Joana, o poder de refletir e a inquietude que a domina originam-se da mesma fonte: "Por que recusar acontecimentos? Ter muito ao mesmo tempo, sentir de várias maneiras, reconhecer a vida em diversas fontes... Quem poderia impedir a alguém de viver largamente?" (*Perto do coração selvagem*, p. 123). O amor não basta a Joana. Sua inquietação é maior do que a sua capacidade de amar. Desdobrando-se num ser passivo, feminino, toda entrega, e num outro, raivoso e noturno, ela interpela as obscuras potências que a impulsionam:

> "Fez-se muitas perguntas, mas nunca pôde se responder: parava para sentir. Como nasceu um triângulo? antes em ideia? ou esta veio depois de executada a forma? um triângulo nasceria fatalmente? as coisas eram ricas. — Desejaria deter seu tempo na pergunta. Mas o amor a invadia. Triângulo, círculo, linhas retas... harmônico e misterioso como um harpejo. Onde se guarda a música enquanto não soa? — indagava-se. E rendida respondia: que façam harpa de meus nervos quando eu morrer" (*Perto do coração selvagem*, p. 152).

Reflexivos, distanciados de si mesmos, de ânimo especulativo, os seres criados por Clarice Lispector não coincidem com os sentimentos e paixões que experimentam. Consequentemente a essa posição de alheamento reflexivo, eles assistem, muitas vezes, como espectadores, à constante metamorfose de seus estados afetivos. O que é agora amor, no instante seguinte pode tornar-se ódio. No fundo, a raiva de Joana é amor que se ignora. "Amor tão forte que só esgotava sua paixão na força do ódio. Agora sou uma víbora sozinha", diz a personagem. Outras vezes, como em *A maçã no escuro*, onde a metamorfose dos sentimentos é uma constante, a angústia converte-se em alegria, o medo em aceitação. Ermelinda, que vai ao encontro de Martim, não porque o ame, mas porque deseja amá-lo, colhe, no momento da entrega amorosa, a desilusão e o desamor. E mais não será preciso dizer acerca desse tema, quando se sabe que a alegria difícil de Martim nasce da mistura de sentimentos opostos: tristeza, angústia, ferocidade.

Se isso acontece, se a vida interior é um desfile de ilusionista, é porque o Eu dos indivíduos nada tem de substancial. Nos romances de Clarice Lispector o Eu, reduto da personalidade, que é a exteriorização do ser psíquico, o Eu, como base da identidade pessoal dos indivíduos, cai por terra. Desfeita num momento e refeita noutro, desagregando-se sempre, e sempre ameaçada, a identidade pessoal parece mais um ideal a atingir, um produto da imaginação, uma meta a alcançar, do que um dado real. Ela não é uma realidade possuída, e sim um projeto, uma possibilidade a cumprir-se. Martim, por exemplo, buscando a sua verdadeira identidade, quer alcançar o âmago de si mesmo. Mas esse si mesmo não existe: a cada tentativa de Martim, cumpre-se uma possibilidade de ser, que não é definitiva e que o remete a uma nova experiência. Ninguém é ninguém. Cada qual empenhado no fingimento de ser, que a memória estimula e a imaginação conduz, busca a si mesmo para encontrar-se. E o que o homem encontra, afinal, é quem ele quer ser e não quem ele é.

Uma das descobertas fundamentais de Martim, no processo de seu mergulho interior, é que "Um dia, depois que nascemos, nós nos inventamos". A mesma sabedoria de Vitória, afirmando que "uma pessoa não é ela mesma, uma pessoa é outra". Da sôfrega busca de *A maçã no escuro*, resta a certeza de que a identidade real ultrapassa os indivíduos e pertence à existência que os engloba. Portanto, o ser de um pressupõe o ser dos outros como fundamento. É o que Martim compreende tardiamente: "Fui até onde pude. Mas como é que não compreendi que aquilo que não alcanço em mim... já são os outros?" (*A maçã no escuro*, p. 348).

A existência absurda

Nos personagens de Clarice Lispector, o Eu ameaçado, contestado, fica em suspenso e deixa-nos entrever a existência pura, contingente, irredutível ao controle da vontade e ao entendimento. É essa existência absurda, ameaçadora e estranha, revelando-se nos indivíduos e a despeito deles, o único fundo permanente de encontro ao qual as figuras criadas pela romancista se destacam e de onde retiram a densidade humana que as caracteriza.

Mas os personagens que povoam os romances e contos de Clarice Lispector nada têm de espectral ou fantasmagórico. Movidos pelo desejo de ser, fonte profunda de onde brotam os seus desejos mundanos, desnudados em sua existência individual, o que neles transparece e se afirma é uma inquietação insondável. Participando da impulsividade do orgânico e das aspirações de caráter espiritual, essa inquietação, que corresponde à necessidade de ser, é mantida e desenvolvida pelo sentimento da existência, no qual todos os outros sentimentos desembocam.

Associado à angústia e à náusea, o sentimento da existência, na obra de Clarice Lispector, que implica o conhecimento imediato, intuitivo, por visão direta, de cada ser — dos indivíduos, dos objetos, de todas as coisas — manifesta-se, primeiramente, como intuição da própria subjetividade. Os limites da subjetividade não são porém os limites da existência. O *acosmismo* de Kierkegaard, limitando a realidade do ser humano à subjetividade, é inadequado para compreendermos o que se contém na experiência de ser e de existir, transmitida pela criação da romancista.

A subjetividade é apenas um momento privilegiado dessa experiência que, na obra de Clarice Lispector, possui extensão universal e caráter cósmico. Isso quer dizer que a existência humana, individualmente considerada, torna-se aí apenas um aspecto ou um modo determinado da existência universal, que se manifesta em todas as coisas e até nos mais humildes objetos.

A existência universal, cósmica, nivela tudo quanto existe. Não há, no mundo de Clarice Lispector, senão uma hierarquia provisória. As grandezas são aparentes; tudo existe por demais. Mesmo o que é pequeno, insignificante ou vil, oculta um enorme poder de existir. As coisas apresentam fisionomia dupla: a comum, exterior, produto do hábito, e a interna, grande e profunda, da qual a primeira se torna símbolo. "Para se ter uma visão", pensa Joana, em *Perto do coração selvagem*, "a coisa não precisava ser triste ou alegre ou se manifestar. Bastava existir, de preferência parada e silenciosa, para nela se sentir a marca. Por Deus, a marca da existência... Mas isso não deveria ser buscado uma vez que tudo que existia forçosamente existia... É que a visão consistia em surpreender o símbolo das coisas nas próprias coisas" (p. 38).

As coisas, que não se esgotam como símbolos, são o que há de mais vivo, de mais afirmativo. Uma a uma, cada qual com a sua individualidade, o seu peso, a sua consistência, a sua presença compacta, todas se apresentam ao homem com uma força alucinatória, que pressiona a consciência, fascinando-a de modo irresistível. Sofre a consciência, por um lado, o assédio das coisas; mas, por outro, a elas se encontra ligada. Quanto mais consegue vê-las, tanto mais o homem aprofunda o conhecimento que de si próprio tem. Defrontando-as é que ele se sente existir, como ser solitário, jogado no mundo.

O que Martim vê, em *A maçã no escuro*, antes de chegar à Fazenda, é a existência irredutível, inexplicável, das coisas que não precisam de nós para existirem tal como existem.

> "O mundo era grande. Nesse mundo a verdura crescia sem sentido e pássaros famélicos voavam como num domingo. A árvore que ele viu era de pé. Na beleza do silêncio, a árvore. Foi assim que o homem profundamente viu. Olhou face a face a minúcia com que a beleza da árvore era inútil. Trezentas mil folhas tremiam na árvore tranquila. O ar tinha tanta graça excedente que o homem desviou os olhos. No duro chão empinavam-se os arbustos. E as pedras. Era o que lhe restara. Aquele homem ali em pé não percebia que lei comandava o vento áspero e o faiscar silencioso das pedras. Mas ter deposto as armas de homem entregava-o sem defesa à harmonia imensa do descampa-

> do. Também ele puro, harmonioso, e também ele sem sentido" (*A maçã no escuro*, pp. 51-2).

Conglomeradas ou separadas, inteiras ou em estado de resíduo — rochas e deserto, sal e mar, plantas, galinhas, bois, esterco, ovo, barata etc. — as coisas vivem de uma vida própria, assediando a consciência. O prestígio delas é completo. Plenas, ricas, inesgotáveis, nada têm de acidental. As qualidades sensíveis que possuem irradiam-se como ondas incessantes. Luminosidade, aspereza, odores, sabores, não são puros *qualia* sensíveis; são qualidades do ser, essências materiais, determinações específicas. Em *A maçã no escuro*, Martim sente "o cheiro de vacas amanhecidas"; defronta-se no curral "com uma atmosfera de entranhas", de cheiro cru, odor de "matéria-prima desperdiçada". O curral mesmo é um lugar "quente e bom que pulsava como uma veia grossa". Nas recordações de Vitória, a Natureza reverbera com a sensação do vago amor que o Homem descobre, sem poder encontrar a palavra adequada para exprimi-lo:

> "E agora que conhecia a oscilação de um amor humano, nunca estivera tão perto dela. As ervas tremiam-na... A água faiscava-a. [...] Por que então não dizia a palavra? O sol estava parado. A água ofuscava. Martim diante dela. Por que não a dizia? É que tudo estava tão perfeito que ele sobrava. O duro vidro da água olhava-o e ele olhava. E tudo tão reverberado e imóvel, tão completo em si mesmo, que o homem não molhou o rosto, não ousou tocar na água e interromper com um gesto a grande estática. Tudo rebentava de silêncio" (*A maçã no escuro*, pp. 184-5).

As qualidades do mundo, vivas, diversificadas, contêm um sentido ontológico. É que as coisas, com os aspectos sensíveis que as constituem, assinalam, em conjunto, a glória da Natureza. E dessa glória participam mesmo aquelas marcas penumbrosas, sórdidas, desagradáveis, violentas do ser, cuja percepção provoca a náusea ou apenas a atitude contemplativa extática.

A Natureza não é nem grave nem luxuriante. A glória que a coroa, halo mágico circundando cada coisa, e que concilia luz e sombra, claridade e treva, é o puro fato de ser, a existência mesma. Isso nos faz pensar nas afinidades existentes entre o modo de ser das coisas no mundo de Clarice Lispector e a natureza maciça, compacta, do *Em si* sartriano, idêntico a si mesmo, como o Ser esférico de Parmênides.

À visão das qualidades, como elementos primitivos das coisas, sobrepõe-se outra, terrivelmente lúcida e demoníaca, porque penetrante, que despe as coisas dessas mesmas qualidades que as individualizam para alcançar-lhes a vida secreta. Desta vez não se trata mais de ver apenas o que está individualizado na matéria por uma dada forma. A visão se dirige para captar as múltiplas formas contidas na forma, que a escritora desagrega, dissocia, em primorosas descrições, feitas com agudeza fenomenológica, como as que vamos encontrar em "Uma galinha" e "O búfalo". É o início de uma experiência ontológica, de descortínio do próprio Ser, experiência que se aprofunda, em diferentes níveis expressivos.

Tem excepcional importância, na concretização dessa experiência, o encontro do homem com a natureza orgânica, especialmente com os animais. Dir-se-ia que os bichos que a escritora descreve têm o ser à flor da pele, que eles nos comunicam mais rapidamente do que podem fazer as outras coisas, a presença da existência primitiva, universal, que o cotidiano, o hábito e as relações sociais mantêm represada. Através deles é que essa vida sempre ativa se infiltra no cotidiano, intensificando os nexos insuperáveis que nos ligam ao "terror primitivo", ao vital e ao orgânico, nexos que a sociedade, a cultura e a história, em testemunho da impossibilidade da completa humanização de nossa natureza, não podem jamais desfazer.

Os bichos constituem, na obra de Clarice Lispector, uma simbologia do Ser. Cachorros e vacas, bois e pássaros, mas sobretudo galinhas, que aparecem inúmeras vezes nos contos e romances da autora, são os símbolos palpáveis, sensíveis, dessa realidade primordial. A galinha, completamente subjugada pelo homem, vulnerável — não podendo manter a independência total, que o búfalo, mesmo cativo, ainda guarda e que o cachorro disfarça na entrega dócil que faz de si mesmo —, simboliza o reduto mais frágil da animalidade livre, naturalmente violenta. Ela indica o represamento da existência ameaçadora, ancestral e inumana, capaz de provocar náusea.

Basta considerarmos estas particularidades do tratamento literário que determinados animais recebem na novelística de Clarice Lispector, para vermos logo o quanto essa abordagem está condicionada por uma compreensão definida da existência e do Ser. As relações obsessivas dos personagens de Clarice Lispector com animais, a acuidade visual com que os animais são descritos, o caráter alucinatório que acompanha a aparição da barata em *A paixão segundo G. H.*, poderiam levar-nos a estabelecer uma analogia improcedente com os exemplares zoológicos e zoomórficos de Kafka. As diferenças, porém, são muito grandes, como passamos a mostrar.

No mundo de Kafka, é no âmbito das relações cotidianas, sempre mantidas, que ocorrem as aberrações (a *metamorfose* de Gregório Samsa), os descaminhos (a má sorte de Karl, em América), a completa alienação da liberdade (*O processo*), a loucura da esperança (*O castelo*), tudo isso formando a trama do Absurdo que, tal uma rede invisível, estende-se sobre a realidade, dificultando a ação e distorcendo o pensamento dos homens. Não se pode negar que o inseto em que se incorpora Gregório Samsa, a toupeira gigante, e outros exemplares zoomórficos, incluídos, com razão, por Jorge Luis Borges, em sua *Zoologia fantástica*, constituem verdadeiras alegorias da condição humana. A natureza animal que aí se revela é uma espécie de negativo dessa condição, uma imagem sombria e subterrânea do que somos.

Na ficção de Clarice Lispector, o cotidiano é, a partir de certo momento, completamente desagregado. Além disso, os animais da escritora não compõem uma zoologia fantástica. A presença da animalidade é intensificada: a galinha, o búfalo, a barata, adquirem relevância ontológica.

Os animais usufruem, no mundo de Clarice Lispector, uma posição sob muitos aspectos análoga àquela que, na *Oitava elegia de Duíno*, Rainer Maria Rilke lhes atribuiu. Eles veem o *aberto* — o grande espaço que inclui todos os espaços — e participam da realidade. São mais seguros e mais vivos do que nós e, mais do que os humanos, possuem a existência e o Ser. Enquanto os homens, desgarrados do Ser, têm um destino a fazer, os animais permanecem no seio da realidade que os engendrou. São fios inseparáveis da trama que o Absoluto tece. Rainer Maria Rilke escreveu na oitava Elegia: "Oh! santidade das pequenas criaturas que sempre permanecem no ventre que as gerou". Em *A paixão segundo G. H.*, encontramos esta confissão da personagem: "Uma barata é maior que eu porque sua vida se entrega tanto a Ele que ela vem do infinito e passa para o infinito sem perceber, ela nunca se descontinua" (p. 127).

A visão da existência, que se detém nas coisas, que penetra nos animais, vai ainda mais longe. Ela desce até à raiz das coisas, radiografando, como em *A paixão segundo G. H.*, o núcleo originário a todas comum e em todas igual — a *coisa das coisas*. Não sendo propriamente substância infinita, à maneira de Spinoza, nem tampouco matéria-prima aristotélica, a coisa das coisas é uma espécie de *vis ativa*, misto de pneuma — sopro físico atuante — e de existência em ato, contingente, injustificável, absurda, diante da qual se extasia a consciência nauseada. Todas as coisas do mundo resumem-se num só núcleo, neutro, inexpressivo. A glória da natureza esplende sobre esse abismo sem fundo. É o que G. H. descortina num dos passos de sua tremenda paixão:

> "O segredo mais remoto do mundo, opaco mas me cegando com a irradiação de sua existência simples, ali faiscando em glória que me doía nos olhos. Dentro do escrínio, o segredo:
>
> Um pedaço de coisa.
>
> Um pedaço de ferro, uma antena de barata, uma caliça de parede.
>
> Minha exaustão se prostrava aos pés do pedaço de coisa, adorando infernalmente. O segredo da força era a força, o segredo do amor era o amor — a joia do mundo é um pedaço opaco de coisa" (*A paixão segundo G. H.*, pp. 137-8).

Essa visão última, estonteante, que provoca no espírito a tensão máxima da angústia e do silêncio, atravessa o corpo aparente das coisas para atingir a existência universal em sua nudez. Que é que pode ter sentido quando se chega a esse ponto extremo da experiência? É então que o Absurdo irrompe, como forma do Absoluto. Camus escreveu, em *Le Mythe de Sisyphe*, que a falta de sentido da existência revela-se naqueles "lugares desertos e sem água onde o pensamento alcança os seus limites". Foi a esse extremo limite que a escritora chegou em *A paixão segundo G. H.* E aí chegando, parece ter ela dado um salto para o lado oposto à expressão e à linguagem. Parece haver optado pelo silêncio. Seria verdadeira a opção se prevalecesse, para a literatura, o aforismo de Wittgenstein: é melhor silenciar acerca do que não pode ser expressado.

Veremos, pois, a seguir, como é que se apresenta em Clarice Lispector o problema da linguagem e da expressão, intimamente ligado, conforme demonstramos neste capítulo, à temática da existência.

Linguagem e silêncio

É em *A paixão segundo G. H.* que Clarice Lispector leva ao extremo o jogo da linguagem iniciado em *Perto do coração selvagem*, e já plenamente desenvolvido em *A maçã no escuro*. Não empregamos aqui a palavra jogo, e a expressão *jogo da linguagem* no sentido comum, em geral depreciativo, que é o que prevalece quando nos referimos a "jogo de palavras", "jogo verbal" etc. A literatura, e de modo especial a poesia, comportam uma qualificação lúdica. São atividades criadoras, desinteressadas, cujos produtos gozam de existência estética, aparente, dentro do mundo imaginário projetado na expressão verbal. Se as *Cartas* de Schiller tivessem sido objeto de meditação por parte dos críticos, não lhes causaria estranheza, como tem a muitos causado, o falar-se no jogo da linguagem, que está na base da poesia propriamente dita e da literatura enquanto ficção.

Schiller mostrou, precisamente, que o jogo estético une a sensibilidade com a inteligência. Derivando da mais alta espécie de liberdade, que é a liberdade criadora, esse jogo desprende-nos da realidade para introduzir-nos numa nova dimensão, objeto dos juízos de gosto estético para o qual a tradição filosófica, oriunda dos gregos, reservou o nome de *Belo*.

A moderna filosofia da linguagem veio acrescentar à concepção schilleriana um aspecto ontológico, que ela efetivamente não tinha. É que o jogo estético, que suspende ou neutraliza, por meio da imaginação, a experiência imediata das coisas, dá acesso a novas possibilidades, a possíveis modos de ser que, jamais coincidindo com um aspecto determinado da realidade ou da existência humana, revelam-nos o mundo em sua complexidade e profundeza. Quando consumado através da linguagem, como criação literária, o jogo estético pode tornar-se diálogo com o Ser. Nesse sentido é que Heidegger vê a poesia de Hölderlin como ação verbal reveladora do mundo.

Em suas *Investigações filosóficas*, Wittgenstein fala-nos em "jogos de linguagem". São esses jogos processos linguísticos, mobilizados pelas diferentes atitudes que assumimos, nomeando as coisas e usando as palavras de conformidade com as regras que estabelecemos. Numa obra literária, para que o jogo da linguagem tenha a propriedade reveladora, de alcance ontológico, assinalada por Heidegger, é necessário que a linguagem, sobre ser o material da ficção, *constitua também, de certo modo, o seu objeto*. Isto é o que sucede nos romances de Clarice Lispector. Já no primeiro deles se observa uma relação essencial entre a ação narrada e o jogo da linguagem, como situação problemática dos personagens que andam à busca de comunicação e de expressão. Assim, a linguagem, tematizada na obra de Clarice Lispector, envolve o próprio objeto da narrativa, abrangendo o problema da existência, como problema da expressão e da comunicação.

Desde *Perto do coração selvagem* vemos definir-se uma união íntima entre a existência e a linguagem, na perspectiva de duas questões que se entrelaçam: a identidade pessoal e o Ser.

Uma parte do que somos, o Eu individual, sintetizando atitudes, sentimentos e pensamentos, é formado pelos conceitos que constituem a nossa herança cultural, socialmente transmitida, e aos quais corresponde um modo peculiar de expressão, que se consubstancia nas formas da língua que falamos, nas palavras-chave, nos clichês verbais utilizados para o entendimento cotidiano e para a satisfação das necessidades práticas. As palavras nada têm de problemático quando é essa parte da personalidade — a fímbria da consciência, como diria Bergson, ou a existência *inautêntica*, de Heidegger, mergulhada no anonimato coletivo — que está em jogo. Tudo se passa como se houvesse uma harmonia preestabelecida entre pensamento e coisa, como se, desde que o homem é homem, palavras e realidade, elementos da mesma natureza, concordantes e até idênticos, tivessem crescido junto. Desse ponto de vista, ao dizer que estamos tristes, o sentimento de que se trata estaria contido por inteiro na palavra *tristeza*. É quanto basta ao entendimento comum para atender às relações banais do cotidiano, colocadas ao nível médio da comunicação, necessária à convivência social e ao modo de existência coletiva, pública, em que cada indivíduo é uma unidade indiferenciada, equivalente a outros indivíduos (o domínio do "*man*", do "*on*", do "se" ou da "gente"). Mas se os indivíduos tornam-se pessoas e, premidos pela grande inquietação que aguilhoa os personagens de Clarice Lispector, tentam sair do inautêntico para iniciar a busca de si mesmos, a língua se transforma numa barreira oposta à comunicação. As palavras, como sente e expressa a jovem de *Perto do coração selvagem*, tornam-se ilusórias, generalizando o que é individual, abstraindo os aspectos concretos da experiência subjetiva.

A traição vai ainda mais longe. À medida que falamos de nós mesmos, procurando expressar-nos, as palavras, dizendo de mais ou de menos, formam uma casca verbal, que circunda com seus significados o âmago da personalidade, acabando por se converter numa imagem provisória, porém inevitável, do nosso próprio ser. Não conseguimos exprimir tudo o que somos e adquirimos um ser aparente mediante aquilo que conseguimos exprimir. "É curioso como não sei dizer quem sou", pensa Joana. "Quer dizer, sei-o bem, mas não posso dizer. Sobretudo tenho medo de dizer, porque no momento em que tento falar não só não exprimo o que sinto como o que sinto se transforma lentamente no que eu digo. Ou pelo menos o que me faz agir não é o que eu sinto mas o que eu digo" (*Perto do coração selvagem*, p. 17).

Essa metamorfose do ser real no ser da expressão não é, contudo, uma anomalia da linguagem. Ela traduz o fenômeno originário da *fala* (*die Rede*, segundo Heidegger), simultâneo ao fato do homem, como Ser-aí (*Dasein*), encontrar-se existindo no mundo em permanente diálogo consigo mesmo e com os outros. Esse encontro já significa um distanciamento (transcendência, em linguagem filosófica) da realidade pura, dos dados brutos, das coisas tais como seriam anteriormente ao advento do homem. Se coincidíssemos com as coisas, se vivêssemos integrados à Natureza, faltar-nos-ia o confronto com os objetos, que são captados mediante conceitos, não haveria a separação entre as consciências, que a comunicação tenta preencher através da linguagem verbal ou não verbal. Desse modo, a ambiguidade da linguagem verbal decorre da própria dialética da existência. A oposição entre existência e pensamento, focalizada por Kierkegaard, equivale à oposição entre existência e linguagem.

Pode essa tensão, quando intensificada, levada às suas últimas consequências, tornar-se representativa dos problemas metafísicos inerentes à condição humana. É o que ocorre nos romances de Clarice Lispector. A inquietação que neles tortura os indivíduos é o desejo de ser, completa e autenticamente — o desejo de superar a aparência, conquistando algo assim como um estado definitivo, realização das possibilidades em nós latentes. Aspiração contraditória! Realizar essas possibilidades é dar-lhes forma e, consequentemente, expressá-las. Não nos contentamos em viver; precisamos saber o que somos, necessitamos compreendê-lo e dizer, mesmo em silêncio, para nós mesmos, aquilo em que nos vamos tornando. Alcançamos expressões parciais da existência indefinida, imagens sucessivas do nosso ser, que aparecem num momento para desfazer-se em outro. A realidade alcançada agora mostra-se depois como aparência — a única aparência possível no instante em que a engendramos e que outro instante revogará.

O ser que conquistamos não é, pois, aquele para o qual o nosso desejo tende, mas aquele que a expressão capta e constrói, e que é, de qualquer modo, uma realidade provisória, mutável, substituível, que oferecemos aos outros e a nós mesmos. Daí a relativa falência da expressão, afetando a comunicação entre os homens. Não nos comunicamos plenamente de ser para ser, segundo o ideal da reciprocidade das consciências. Cada qual está se construindo, cada qual está fabricando, com o auxílio de palavras velhas ou novas, a ideia de si mesmo.

Tal é o problema de Martim, em *A maçã no escuro*. O seu esforço para ser, confundindo-se com a necessidade de expressar-se, exterioriza-se como embate travado na linguagem e contra a linguagem. Ele quer desvencilhar-se do estado social, quer encontrar aquela parte de si mesmo, que é anterior ao mundo das palavras. A luta de Martim com e contra as palavras continua a de Joana, em *Perto do coração selvagem*, e resume, ao nível da linguagem, o sentido que os problemas existenciais da expressão e da comunicação têm na prosa de Clarice Lispector.

As tentativas de Joana para escavar, por baixo da muralha da expressão verbal, uma saída para a realidade pré-linguística, ainda são frágeis, inconsistentes e vagas. Apenas denunciam uma ambição romântica, externada com vigor expressionista. O enfoque existencial, em *Perto do coração selvagem*, não é bastante nítido, e esbate-se de encontro ao anseio poético de libertação moral e social. Diante da moça inquieta, as palavras constituem-se em obstáculos, separando-a do mundo verdadeiro. Sua prisão é a linguagem:

> "Presa, presa. Onde está a imaginação? Ando sobre trilhos invisíveis. Prisão, liberdade. São essas as palavras que me ocorrem. No entanto não são as verdadeiras, úni-

cas e insubstituíveis, sinto-o. Liberdade é pouco. O que desejo ainda não tem nome" (*Perto do coração selvagem*, p. 61).

Colocadas entre ela e a realidade, as palavras são "seixos rolando no rio [...]". Criança ainda, Joana já se encontrava presa no mundo das palavras. Adulta, quer inventar uma realidade nova, instantânea, nascendo de palavras também novas, por ela inventadas. Uma delas é *lalande*, palavra que a moça ensina ao misterioso e solitário amante para quem ela se havia tornado um refúgio:

> "Ela contara-lhe certa vez que em pequena podia brincar uma tarde inteira com uma palavra. Ele pedia-lhe então para inventar novas. Nunca ela o queria tanto como nesses momentos. — Diga de novo o que é Lalande, implorou a Joana. — É como lágrimas de anjo. Sabe o que é lágrimas de anjo? Uma espécie de narcisinho, qualquer brisa inclina ele de um lado para outro. Lalande é também mar de madrugada, quando nenhum olhar ainda viu a praia, quando o sol não nasceu. Toda a vez que eu disser: Lalande, você deve sentir a viração fresca e salgada do mar, deve andar ao longo da praia ainda escurecida, devagar, nu. Em breve você sentirá Lalande" (*Perto do coração selvagem*, p. 150).

Joana sente, no entanto, que nessa prisão verbal nunca se está sozinho; as coisas só se aproximam de nós quando as nomeamos e, portanto, quando as prendemos no âmbito da linguagem, que já constitui o mundo humano. Toda fortaleza, toda segurança a conquistar na existência livre que ela projeta para o futuro, parecem depender da elaboração de palavras fluentes, de palavras-vida, que tenham a força originária e mítica do Verbo.

Em *A maçã no escuro*, o desligamento com a sociedade assinala, para Martim, o começo da experiência que deverá levá-lo ao fundo de si mesmo. Rompendo com a sociedade, ele rompeu igualmente com o mundo das palavras. E foi mais longe. Aderiu ao silêncio, procurou identificar-se com a quietude, a placidez, a firmeza das coisas naturais: pássaros, rochas, deserto. Suprimindo os vocábulos que qualificam de criminosa a ação que cometera, ele vê desaparecer o próprio mundo e, juntamente com este, o seu passado. Viverá no instante, no agora, esforçando-se para viver no presente, na sensação pura, com o fim de eliminar até mesmo o pensamento, inseparável das palavras. Eis o programa de Martim:

> "Aquele homem rejeitara a linguagem dos outros e não tinha sequer começo de linguagem própria. E no entanto, oco, mudo, rejubilava-se. [...]
>
> E de tal modo, com perverso gosto, o homem se sentia agora longe da linguagem dos outros que, por um atrevimento que lhe veio da segurança, tentou usá-la de novo. E estranhou-a, como um homem que escovando sóbrio os dentes não reconhece o bêbedo da noite anterior. Assim, ao remexer agora com fascínio ainda cauteloso na linguagem morta, ele tentou por pura experiência, dar o título antigamente tão familiar de 'crime' a essa coisa tão sem nome que lhe sucedera.
>
> Mas 'crime'? A palavra ressoou vazia no descampado, e também a voz da palavra não era sua. Então, finalmente convencido de que não seria capturado pela linguagem antiga, ele experimentou ir um pouco mais longe: sentira por acaso horror depois de seu crime? O homem apalpou com minúcia sua memória. Horror? e no entanto era o que a linguagem esperaria dele" (*A maçã no escuro*, p. 36).

A investida do pensamento não tarda em consumar-se. Placidamente instalado no seio da Natureza, exercendo tarefas rudes, na Fazenda, em comunhão com pássaros, plantas e bois, sente ele, um dia, a necessidade de expressar-se, de criar uma modalidade de fala, para dizer a si mesmo em que se havia tornado e aquilo que descortinava nos momentos de contemplação estática: "Sua obscura tarefa seria facilitada se ele se concedesse o uso das palavras já criadas" (*A maçã no escuro*, p. 144). Começa, então, após haver destruído, com o seu ser social, a linguagem antiga, a tarefa de fabricar-se uma linguagem nova. Martim só poderia verdadeiramente ser, só poderia encontrar-se, se uma expressão adequada ao seu novo ser, e à altura da realidade que descortinava, fosse captada.

O episódio durante o qual Martim, tomando um pedaço de papel, experimenta dizer o que pensa, por meio de vocábulos sem vinculação com a sua personalidade passada — vocábulos sugeridos pelo instante e correspondendo a uma captação imediata da realidade — é muito elucidativo para a ordem das questões que examinamos nestas páginas.

O personagem havia recuado ao mundo pré-verbal; divisara a existência das coisas em sua nudez, a existência universal que precede o pensamento e seus símbolos, que é anterior às relações sociais e à cultura, que antecede os nexos da vida cotidiana e é estranha à ação prática e utilitária. Mas como transmitir a visão dessa realidade vazia, imagem do Nada? A palavra, a única palavra que veio à mente de Martim, tão abstrata quanto a palavra "Ser", foi a palavra *aquilo*.

> "E então Martim ficou contente como um artista: a palavra 'aquilo' continha em si tudo o que ele não conseguira dizer!
>
> Escreveu então: 'Número 2: como ligar 'aquilo' que eu souber com o estado social'.
>
> Porque foi isso o que ele escreveu. Perdida a prática de pensar, e perdido o vocabulário, não conseguiu outra expressão para significar o que queria dizer senão esta: 'estado social', que lhe pareceu muito boa e clara, e que tinha um pequeno toque erudito que Martim sempre ambicionara" (*A maçã no escuro*, pp. 196-7).

O paradoxo do personagem, votando-se ao silêncio e saindo do silêncio para a negação da linguagem, cujas entranhas ficam reduzidas a uma palavra essencial e a poucos vocábulos acessórios, que significam *tudo* e *nada* ao mesmo tempo, é a culminância da oposição entre o pensamento e a existência, entre ser e dizer, oposição que Kierkegaard formulou da seguinte maneira: "Ocorre com a existência o mesmo que acontece com o movimento: é muito difícil compreendê-los. Se eu penso neles, termino por suprimi-los e então verdadeiramente eles não são pensáveis. Assim pareceria correto dizer que há alguma coisa que não se deixa pensar: a existência" (post-scriptum às *Migalhas filosóficas*).

Para o homem de *A maçã no escuro*, que fracassa na tentativa de ser (ele reconhece, afinal, que ao querer ser definitivamente havia apenas inventado uma identidade que realmente não possuía) a tensão assinalada por Kierkegaard resolve-se numa adesão ao que as palavras jamais podem exprimir. O "aquilo" encontrado, que substitui todas as palavras, coloca a linguagem em ponto morto. A nossa compreensão das coisas "é feita através das palavras perdidas e das palavras sem sentido [...]" (*A maçã no escuro*, p. 291).

Estamos diante do fracasso existencial, correlato ao fracasso da linguagem. Esses dois aspectos fundamentais de *A maçã no escuro* reaparecem, sob uma nova luz, em *A paixão segundo G. H.* Na verdade, os dois fracassos, o da existência e o da linguagem, intimamente associados, iluminam a dialética interna do mundo imaginário de Clarice Lispector e a estrutura estilística que lhe corresponde.

É necessário advertir ao leitor que estamos usando, aqui, o termo *fracasso* no sentido filosófico, de acordo com a conotação que lhe emprestam as concepções existenciais. Os personagens a que nos referimos, Martim ou G. H., não são, como se costuma dizer, fracassados da vida. Fracassam como todo ser humano fracassa, incapaz que é de atingir pelo conhecimento, pela ação ou pelo coração, a plenitude a que aspiram. A romancista fracassa com a linguagem, isto é, com a experiência levada ao seu último limite, à sua extrema consequência, do confronto decisivo entre realidade e expressão.

O fracasso existencial dos personagens só se concretiza quando eles, como no caso de Martim, aceitam, finalmente, a impossibilidade de alcançar a plenitude. Consequentemente, aderem ao Absurdo, aceitando as contradições da existência. Do mesmo modo, o fracasso da linguagem, que se evidencia nos romances de Clarice Lispector, principalmente no último, *A paixão segundo G. H.*, é uma forma de dirigir a linguagem para além dela mesma, isto é, para o inexpressado, o absoluto, o abismo do ser primordial. Para empregarmos as expressões de Karl Jaspers, Clarice Lispector faz da negação da linguagem uma *cifra* silenciosa da transcendência, uma revelação do Ser.

Do estilo de Clarice Lispector pode-se dizer, com mais razão, aquilo que, certa vez, Sartre afirmou a propósito da obra literária de Albert Camus: um estilo dominado pela "assombração do silêncio". De fato, a romancista, ora neutralizando os significados abstratos das palavras, ora utilizando-os na sua máxima concretude, pela repetição obsessiva de verbos e substantivos, emprega um processo que denominaremos técnica de desgaste, como se, em vez de escrever, ela *desescrevesse*, conseguindo um efeito mágico de refluxo da linguagem, que deixa à mostra o "aquilo", o inexpressado. Tal efeito é semelhante àquele halo de estranheza que se pode obter repetindo vezes sem conta uma palavra banal qualquer: casa, monte, quietude etc. Limitamo-nos a dar algumas indicações a respeito, abordando apenas incidentalmente um tópico deveras importante, que merece mais amplas e profundas investigações estilísticas: "Então ela viu: o cego mascava chicles... Um homem cego mascava chicles" ("Amor", *in Laços de família*). "Que é que havia nas suas vísceras que fazia dela um ser? A galinha é um ser" ("Uma galinha", *in Laços de família*). "O que existia era alguém que arrisca tudo; pois embaixo do nada e do nada e do nada, estamos nós que, por algum motivo, não podemos perder" (*A maçã no escuro*, p. 170). "Essa coisa cujo nome desconheço, era essa coisa que, olhando a barata, eu já estava conseguindo chamar sem nome. Era-me nojento o contato com essa coisa sem qualidades nem atributos, era repugnante a coisa viva que não tem nome, nem gosto, nem cheiro" (*A paixão segundo G. H.*, p. 86).

O jogo da linguagem, a que nos referimos no início, segue, precisamente, em Clarice Lispector, uma direção oposta ao de Guimarães Rosa. Guimarães Rosa, ao contrário de Clarice Lispector, apresenta um *estilo de acréscimo*: palavras novas, riqueza semântica, exploração dos veios arcaicos da língua, invenção de modalidades sintáticas etc. Assim o exigem a diversidade humana, a pletora do mundo, a generosidade da Natureza, a exaltação da realidade sensível no romancista de *Grande sertão: veredas*. Místico também, como Clarice Lispector, Guimarães Rosa alcança a transcendência através da afirmação do mundo, com todas as suas pompas, com todas as suas contradições, religiosas, metafísicas e éticas. A realidade, no contexto da obra de Guimarães Rosa, é um vir a ser contínuo, e Deus, o manso impulso que, passando pelo homem, no homem se renova.

Em Clarice Lispector, a transcendência assemelha-se mais a uma trans-descendência. É uma espécie de mergulho nas potências obscuras da vida, através da negação do mundo, das relações humanas, da ética. Na sua visão da realidade, o Ser e o Nada se identificam. A mensagem de G. H., no fim de seu calvário, compreendendo que a existência em si é não-humana, e que toda linguagem tem no silêncio a sua origem e seu fim, é, no que diz respeito à caracterização do mundo imaginário de Lispector, verdadeiramente exemplar.

Clarice Lispector expôs-se, no seu *A paixão segundo G. H.*, ao risco de optar pelo silêncio. Lançou um desafio supremo a si mesma: jogou com a linguagem para captar o mundo pré-linguístico. E teve que admitir, no final, o fracasso de seu empreendimento. Mas foi um fracasso significativo, que acarretou para a autora a mais surpreendente vitória. Essa vitória, registrada nas últimas páginas do relato de G. H., traduz o reconhecimento da miséria e do esplendor da linguagem, de sua falência e de sua essencialidade.

> "A realidade é a matéria-prima, a linguagem é o modo como vou buscá-la — e como não acho. Mas é do buscar e não achar que nasce o que eu não conhecia, e que instantaneamente reconheço. A linguagem é o meu esforço humano. Por destino tenho que ir buscar e por destino volto com as mãos vazias. Mas — volto com o indizível. O indizível só me poderá ser dado através do fracasso de minha linguagem. Só quando falha a construção, é que obtenho o que ela não conseguiu" (*A paixão segundo G. H.*, p. 178).

Wittgenstein escrevia, no fecho de seu *Tractatus logico-philosophicus*, que devemos silenciar a respeito daquilo sobre o qual nada se pode dizer. Clarice Lispector rompe com esse dever de silêncio. O fracasso de sua linguagem, revertido em triunfo, redunda numa réplica espontânea ao filósofo. Podemos formular assim a réplica que ela deu: "É preciso falar daquilo que nos obriga ao silêncio". Resume-se nessa resposta o sentido existencial de sua criação literária.

Guimarães Rosa

O amor na obra de Guimarães Rosa

O tema do amor ocupa, na obra essencialmente poética de Guimarães Rosa, uma posição privilegiada.[1] Em *Grande sertão: veredas*, onde aparece entrelaçado com o problema da existência do Demônio e da natureza do Mal, atinge extrema complexidade e envolve diversos aspectos que compõem toda uma ideia erótica da vida.

O jagunço Riobaldo, de *Grande sertão: veredas*, conhece três espécies diferentes de amor: o enlevo por Otacília, moça encontrada na Fazenda Santa Catarina, a flamejante e dúbia paixão pelo amigo Diadorim, e a recordação voluptuosa de Nhorinhá, prostituta, filha daquela Ana Duzuza, versada em artes mágicas. São três amores, três paixões qualitativamente diversas, que chegam por vezes a interpenetrar-se.

Otacília, "forte como a paz", é apenas uma lembrança, imagem ideal colhida, de passagem, num pedaço de sertão, e que sobre a alma do jagunço exerce um efeito purificador, levando-o a sonhar com uma vida outra, fora das andanças de guerrear e pelejar. Diadorim infunde-lhe uma paixão equívoca, vizinha do estado de confusão e encantamento atribuído ao Maligno ou ao poder do Destino: "Aquela mandante amizade [fala Riobaldo, referindo-se ao Reinaldo, Diadorim]. Eu não pensava em adiação nenhuma, de pior propósito. Mas eu gostava dele, dia mais dia, mais gostava. Diga o senhor: como um feitiço? Isso. Feito coisa-feita".[2] Feitiço, artes e partes do Demo, astúcias do Maligno, que provêm menos de uma potência estranha, exterior ao homem, do que dos excessos, das "demasias do coração". O encantamento por Diadorim, que perdura durante o périplo da busca do traidor Hermógenes, assassino de Joca Ramires e encarnação do Dia-

[1] Nossa análise abrange os livros abaixo relacionados, com as respectivas cifras de citação: *Grande sertão: veredas* — *GS* (Rio de Janeiro, 1ª ed., José Olympio, 1956); *Corpo de baile* — *CB* (Rio de Janeiro, 2ª ed., José Olympio, 1960); *Primeiras estórias* — *PE* (Rio de Janeiro, 1ª ed., José Olympio, 1962).

[2] *GS*, pp. 146-7.

bo, só desaparece quando, no final do romance, ao ser liquidado o autor da felonia, o amigo de tão finas feições, morto em combate, revela-se tal qual era, mulher-moça, que vivera travestida de homem, e cuja sedução emanava de seu ambíguo modo de ser: "Ela era [confessa Riobaldo em sobressalto]. Tal que assim se desencantava, num encanto tão terrível; e levantei mão para me benzer — mas com ela tapei foi um soluçar, e enxuguei as lágrimas maiores".[3] Muito diferente desse estado de encantamento, de sedução diabólica, é o amor por Nhorinhá, simples e natural, que nasceu de um abraço voluptuoso e foi crescendo na memória de Riobaldo, em torno da recordação do prazer sensível que ela lhe proporcionara, até converter-se numa forte paixão, secretamente cultivada e estranhamente parecida com o sentimento mais puro, quase desencarnado e beatífico que a imagem etérea de Otacília nele produzia.[4]

A relação entre essas três espécies de amor, diferentes formas ou estágios de um mesmo impulso erótico, que é primitivo e caótico em Diadorim, sensual em Nhorinhá e espiritual em Otacília, traduz um escalonamento semelhante ao da dialética ascensional, transmitida por Diotima a Sócrates em *O banquete*, de Platão: *eros*, geração na beleza, desejo de imortalidade, eleva-se, gradualmente, do sensível ao inteligível, do corpo à alma, da carne ao espírito, num perene esforço de sublimação, que parte do mais baixo para atingir o mais alto, e que, em sua escalada, não elimina os estágios inferiores de que se serviu, porque só por intermédio deles pode atingir o alvo superior para onde se dirige.[5]

Procuraremos mostrar, neste estudo, que a tematização do amor, na obra de Guimarães Rosa, repousa principalmente nessa ideia mestra do platonismo, colocada, porém, numa perspectiva mística heterodoxa, que se harmoniza com a tradição hermética e alquímica, fonte de toda uma rica simbologia amorosa, que exprime, em linguagem mítico-poética, situada no extremo limite do profano com o sagrado,

[3] *GS*, p. 585.

[4] *GS*, pp. 35, 99, 173, 189, 371.

[5] Platão, *O banquete*, tradução de Léon Robin, Paris, Pléiade, 1950. Antes da revelação de Diotima, Aristófanes, em seu discurso, refere-se à fase primitiva da indistinção caótica de Eros: o terceiro gênero da espécie humana, o andrógino, que incluía as duas naturezas, masculina e feminina. V. 189 e a 190b.

a conversão do amor humano em amor divino, do erótico em místico. Tal seria a síntese da visão erótica da vida entranhada na criação literária de Guimarães Rosa.

I

Do contato carnal com Nhorinhá, Riobaldo guarda, a princípio, uma imagem toda sensual e voluptuosa. "Recebeu meu carinho no cetim do pelo — alegria que foi, feito casamento esponsal."[6] A Otacília, o valente Tatarana, depois Urutu Branco, dedica pensamentos enlevados, como se, através da rememoração, às belezas do corpo dela se acrescentasse, imediatamente, um encanto suprassensível, oriundo de uma outra beleza, mais elevada e mais pura. "Minha Otacília, fina de recanto, em seu realce de mocidade, mimo de alecrim, a firme presença."[7] Para conquistar essa outra beleza, para alçar-se até aquela imagem de paz, que se assemelha aos remansos do Urucuia, e que dorme em sua alma como secreta reminiscência, de quando em quando despertada, Riobaldo deverá pagar tributo à sensualidade de Nhorinhá — sensualidade que não o detém, e que lhe serve de escala, de via de acesso em direção a Otacília.[8]

[6] *GS*, p. 35. "Nhorinhá, gosto bom ficado em meus olhos e minha boca", *GS*, p. 100.

[7] *GS*, p. 189. "Otacília sendo forte como a paz, feito aqueles largos remansos do Urucúia, mas que é rio de braveza. Ele está sempre longe. Sozinho. Ouvindo uma violinha tocar, o senhor se lembra dele. Uma musiquinha até que não podia ser mais dançada — só o debulhadinho de purezas, de virar-virar..." (*GS*, pp. 307-8). "Minha noiva Otacília, tão distante — o belo branco rosto dela aos poucos formava nata, dos escuros..." (*GS*, p. 519).

[8] A "firme presença" de Otacília, na memória de Riobaldo, é um equivalente da inspiração e da fortaleza que os cavaleiros andantes encontravam cultuando as suas senhoras e damas, às quais dedicavam a valia de seus feitos. Pois não é o geralista Riobaldo o Amadis de Gaula dos sertões, e Otacília uma transposição de Oriana para a ardência dos Gerais? O paralelo entre o personagem central de *Grande sertão: veredas* e os heróis dos romances de cavalaria já foi estabelecido por mais de um ensaísta. Ver M. Cavalcanti Proença ("Trilhas no *Grande sertão*", *in Augusto dos Anjos e outros ensaios*, Rio de Janeiro, José Olympio, 1959) e Antonio Candido ("O sertão e o mundo", *in Diálogo*, nº 8, São Paulo, 1957).

Mas — repare-se — nos desfios das recordações do jagunço, as duas imagens, embora sem perder os atributos que lhes pertencem, vão, pouco a pouco, se interpenetrando, uma produzindo a lembrança da outra, e, nesse intercâmbio, enriquecem-se mutuamente. Uma mesma flor branca, que parecia um lírio — a "Casa-comigo" dos namorados — evoca essas figuras femininas tão díspares.

> "Indaguei o nome da flor. — '*Casa-comigo...*' Otacília baixinho me atendeu. [...] Consoante, outras, as mulheres livres, dadas, respondem: '*Dorme-comigo...*' Assim era que devia de haver de ter de me dizer aquela linda moça Nhorinhá, filha de Ana Duzuza, nos Gerais confins; e que também gostou de mim e eu dela gostei."[9]

Dama inspiradora de Riobaldo, consoladora e mediadora em seu espírito de uma outra vida — *vita nuova* — cheia de calma e paz, apenas vislumbrada, Otacília misto de princesa e castelã,[10] dona de territórios imaginários, perdura na alma como objeto ideal, fonte de permanente anelo e constante aspiração, como símbolo do termo onde finda a busca amorosa e o destino se completa. Na menina pálida e distante do Paracatu com quem sonhava o vaqueiro Lélio, de "A estória de Lélio Lina", repete-se o mesmo símbolo do amor que, sem saber, busca a sua forma completa, a sua realização integral, através de amores passageiros. E o que Mãe-Lina, a sábia velhinha, compreende, ao dizer a Lélio, em tom de conselho: "O amor tenteia de vereda em vereda, de serra em serra... Sabe que: o amor, mesmo, é a espécie rara de se achar".[11]

Tenteando de vereda em vereda, de serra em serra, *eros*, em sua perene atividade, impulsiva e sôfrega, mal se detém numa forma, logo

[9] *GS*, p. 189.

[10] "Mesmo com a minha vontade toda de paz e descanso, eu estava trazido ali, no extrato, no meio daquela diversidade, despropósitos, com a morte da banda da mão esquerda e da banda da mão direita, com a morte nova em minha frente, eu senhor de certeza nenhuma. Sem Otacília, minha noiva, que era para ser dona de tantos territórios agrícolas e adadas pastagens, com tantas vertentes e veredas, formosura dos buritizais." (*GS*, p. 349).

[11] "A estória de Lélio e Lina", *CB*, p. 234.

abre as asas e prepara-se para voar na direção de outra. Não elimina porém os objetos em que pousa, não suprime as escalas de sua trajetória. O amor carnal conserva-se no espiritual. Essas duas manifestações, embora qualitativamente distintas, e de diferente altura na escalada do impulso erótico, interpenetram-se, harmonizam-se como as imagens antagônicas de Otacília e Nhorinhá, alcançando o difícil equilíbrio que resulta da superação de uma pela outra. O espírito não suprime a carne, abolindo-a, isto sim, no sentido dialético, em que abolir, sinônimo de superar, é abolir o inferior conservando-o no superior, completar o incompleto, passar de um estado de carência a um estado de plenitude. A harmonia final das tensões opostas, dos contrários aparentemente inconciliáveis que se repudiam, mas que geram, pela sua oposição recíproca, uma forma superior e mais completa, é a dominante da erótica de Guimarães Rosa. Nela o amor espiritual é o esplendor, a refulgência do amor físico, aquilo em que a sensualidade se transforma, quando se deixa conduzir pela força impessoal e universal de *eros*.

Tendo-se em mente essa ideia, que sumariza as relações entre as diferentes espécies de amor, vê-se que certos detalhes da fabulação na novelística de Guimarães Rosa, que poderiam ser levados à conta de notações pitorescas, de pormenores, configuram valores indissociáveis da concepção erótica do romancista. Assim, vale assinalar que, tanto em *Grande sertão: veredas* como em *Corpo de baile*, sobressai o caráter não pecaminoso das relações sexuais, por um lado e, por outro, a ausência de degradação e de malícia nas prostitutas, que nem sempre são figuras secundárias, circunstanciais.[12]

A união dos sexos é boda, "casamento esponsal", momento de celebração, descoberta, iniciação. O prazer sexual, que nada tem de obscuro ou de pecaminoso, marca um começo, o início de uma trajetória. Nesse sentido, a erótica de Guimarães Rosa toca-se com a de David Herbert Lawrence. Para ambos o amor é trânsito, passagem, e as energias primárias do sexo, que lhe dão origem e que o mantêm, ainda subsistem em seus estágios mais elevados.

[12] Ver, a esse respeito, duas sugestivas observações de Luís Costa Lima, em "A expressão orgânica de um escritor moderno", estudo sobre Guimarães Rosa: "O sexo e seu impulso aparece como uma prazenteira necessidade, um imperativo que se fez ao homem... As prostitutas são criaturas normais, quanto eu ou você.", *in Diálogo*, nº 8, p. 81.

O romancista de *A serpente emplumada* escreveu num de seus ensaios: "*Love is not a goal; it is only a travelling*".[13] O Grandc Sertão de Guimarães Rosa, espaço mítico onde se desencadeia a luta entre o Bem e o Mal, inseparável das marchas e contramarchas do amor, recebe um nome definitivo: *travessia*. Lawrence vê no sexo uma espécie de fogo, que aquece, atrai e refulge, como flama, na beleza dos corpos.[14] Nas mulheres que amam e se fazem amar, esse fogo se conserva sem jamais apagar-se de todo. Quando ele falta, desaparece não só a beleza física: o coração esfria e cessa a força do espírito. Rosalina, personagem de Guimarães Rosa, velha que não deixara de ser jovem, sabe disso e segreda a Lélio: "Escuta: mulher que não é fêmea nos fogos do corpo, essa é que não floresce de alma nos olhos e é seca no coração".[15]

Paradoxalmente, o amor carnal é e não é tudo. É tudo, se for o começo de uma transformação, o início de uma aprendizagem, o termo inicial de um processo que, de intersubjetivo, entre seres que se amam solitariamente, confinados à dialogação do corpo e da alma, em sua primeira fase, acaba se tornando cósmico, interessando ao universo inteiro. Nesse processo, a prostituta, que ganha um relevo excepcional na fabulação de Guimarães Rosa, tem papel saliente. Ela é sempre a fêmea que tem fogos no corpo, pronta a transmitir, generosamente, o impulso vital que fervilha em seu ser. As amáveis, acolhedoras, alegres, festivas e dadivosas prostitutas de "A estória de Lélio e Lina", Tomásia e Conceição, "as tias", que moram na fazenda de Seu Senclér, desempenham a sua função com a dignidade de um rito agrário extinto e servem os fregueses, vaqueiros e empregados da Fazenda, com a mestria de quem exerce uma arte, com o entusiasmo de quem prati-

[13] Esse pensamento de Lawrence completa-se assim: "*Likewise death is not a goal; it is a travelling as under into elemental chaos. And from the elemental chaos all is cast forth again into creation*". "Love", *in Selected Essays*, Londres, Penguin Books, 1954, pp. 24-30.

[14] "*For it always communicate a sense of warmth, of glow. And when the glow becomes a pure shine, then we feel the sense of beauty.*" — "*A good-looking woman becomes lovely when the fire of sex rouses pure and fine in her and flickers through her face and touches the fire in me.*" — "Sex versus Loveliness", *in Selected Essays*, *op. cit.*

[15] "A Estória de Lélio e Lina", *CB*, p. 200.

ca um ato vital, inesgotável, refratário ao enfado e à rotina. "As 'tias', a Conceição e a Tomázia, se consentiam à farta, por prazer de artes."[16] Nada há de pecaminoso nelas, como nada de sombrio perpassa no ato sexual, que o romancista valoriza: assim, a noite de amores de Soropita, ao chegar de viagem, com Doralda, sua mulher, ex-meretriz em Montes Claros, e que oferece ao marido, na alcova familiar, os encantos estudados da cortesã, de profissional do amor.[17]

No entanto, o amor carnal nada é se perde as suas ligações com o todo, com o processo cósmico do qual faz parte, se não é a primeira etapa de uma trajetória ascensional e expansiva, que integra o prazer físico ao dinamismo da alma e converte o desejo sexual, sem extingui-lo, em anelo de identificação com o objeto amado. Em Doralda se operara uma metamorfose.[18] Do amor anônimo, que a todos distribuía, indistintamente, como deusa telúrica, Mãe Terra, Eva carnal, ela ascendeu ao amor-paixão individualizado, romântico, no qual o anelo amoroso se singulariza, concentrando-se numa só pessoa, na beleza de um único corpo, súmula de todos os corpos belos.

Quando porém a metamorfose não ocorre, o ato sexual repetido, acrescentando prazer a prazer e insatisfação a insatisfação, detém o movimento ascensional do amor. É o caso de Jini, a ardente mulatinha, que consegue aprisionar os ardores juvenis de Lélio na estreiteza de uma volúpia opaca, sem horizontes, sem possibilidade de ultrapassar os limites de monotonia imposta pelo prazer recorrente. "Não via [Lélio] o mingo amor, não sentia que ele mesmo fosse para ela [Jini] uma pessoa, mas só uma coisa apreciada no momento, um pé de pau de que ela carecesse."[19]

Na sua função cósmica, a *copulatio* constitui um símbolo de renovação, o prenúncio da aurora, da primavera. É o surto da vida, a eterna boda das coisas e dos seres, apagando a velhice e vencendo a morte. Em "Luas-de-mel", de *Primeiras estórias*,[20] o fogo do sexo que

[16] *Idem*, *CB*, p. 183.

[17] "Dão-Lalalão", *CB*.

[18] "Dela, dele, da vida que separados tinham levado, nisso não tocavam nem a solto fio — o sapo, na muda, come a pele velha", "Dão-Lalalão", *CB*, p. 302.

[19] "A estória de Lélio e Lina", *CB*, p. 203.

[20] *PE*, pp. 106-13.

inflama o jovem casal fugido, transmite-se ao velho fazendeiro que lhes dá acolhida, nele reacendendo o antigo amor arrefecido pela sua companheira de muitos anos, Sá Maria Andreza. O Noivo e a Noiva dessa estória, bem novos, juntam-se ao marido e à mulher, os donos da Fazenda, bem velhos, como a Aurora depois da Noite. "O Noivo se retirou, com a Noiva; e mais uns, que com mais sono, já estando soprando nas palhas. [...] Eu, feliz [reflete o fazendeiro], olhei minha Sa-Maria Andreza; fogo de amor, verbigrácia. Mão na mão, eu lhe dizendo — na outra o rifle empunhado: 'Vamos dormir abraçados...' As coisas que estão para a aurora, são antes à noite confiadas."[21]

Entre as duas luas de mel que se comunicam, uma nascendo da outra, uma gerando a outra, *eros* cumpre o seu ciclo cósmico, unindo o princípio e o fim, o primeiro e o último termo de uma trajetória, o amor carnal ao espiritual, as bodas dos corpos às núpcias da alma.

Essa trajetória erótica, que pode ser interpretada no sentido ascendente, conforme vimos, ajusta-se, também, ao simbolismo da *transubstanciação* alquímica. O platonismo de Guimarães Rosa é inseparável da tradição hermético-alquímica.

II

O conspecto da Alquimia, na sua dimensão mística, tão representativa da ideia do amor, que se impôs com o neoplatonismo, conquistou, nos fins de Idade Média, e manteve, até o século XVI, uma posição em meio às correntes místicas.[22]

Esse aspecto místico está patente no caráter ascético de que se revestiam as operações de mistura ou de combinações praticadas pelos alquimistas. Duas nomenclaturas se entrelaçam na Alquimia: uma real, que nomeia os corpos segundo suas propriedades conhecidas e as reações que se produzem entre eles, por mistura ou combinação; outra figurada, mediante a qual as substâncias adquirem valor simbólico e, juntamente com as operações de que participam, representam

[21] "Luas-de-mel", *PE*, p. 111.

[22] "Substancialmente — informa Cirlot — era um processo simbólico destinado a obter o ouro, como símbolo da iluminação e da salvação." *Diccionario de símbolos*, Barcelona, Luis Miracle, 1958, p. 78.

diferentes estados, paixões ou transformações da alma.[23] Paralelamente ao processo químico ou, seria melhor dizer, pré-químico, instaura-se um processo simbólico, de ascese dos sentidos, do desejo, sobretudo carnal, de purificação do corpo e da alma, indo até o despojamento místico, à autorrenúncia e à expectativa de salvação.

Atente-se para o fato de que o simbolismo alquímico interpreta a parte mística não como aditamento alegórico, sugerido pela analogia dos movimentos anímicos com as reações substanciais, como o sentido oculto e verdadeiro dessas reações. Ele pressupõe um parentesco entre a alma e a matéria, uma afinidade do homem com o universo.[24] Herdeira da tradição neoplatônica e hermético-mística, a Alquimia, que é também *gnose*, não se contenta em expressar essa afinidade, mas procura traduzir operativamente as correspondências do interno com o externo, do superior com o inferior, do macrocosmo com o microcosmo — correspondências que o famoso documento alquímico, a *Tábua Smaradigna*, estabelece de modo sibilino, ao dizer, lembrando o conteúdo de um fragmento de Heráclito, que tudo o que está em cima também está embaixo.[25]

Ora, é precisamente através desse princípio que podemos perceber a orientação predominante do misticismo alquímico. O superior — as regiões celestes ou o domínio do espírito — está contido, de modo latente, no inferior e material — a terra, os metais, os corpos. Entre essas esferas que se correspondem, há uma correlação necessá-

[23] Esses estados, conforme as fases decorrentes das operações, eram a calcinação, a putrefação, a solução, a destilação, a conjunção e a sublimação. Ver Cirlot, *Diccionario de símbolos*, Barcelona, Luis Miracle, 1958.

[24] "A alquimia simbólica — registra Sherwood Taylor — com efeito, pressupõe que as mudanças na matéria por ela simbolizadas são análogas às mudanças nos seres vivos e essencialmente no homem. Isso decorre da compreensão da Natureza em termos de vida." Sherwood Taylor, *Los alquimistas*, México, Fondo de Cultura, 1957.

[25] *Tábua Smaradigna*: documento básico da tradição hermético-alquimista, atribuído à autoria de Hermes Trimegisto e que por ele teria sido gravado numa esmeralda. A versão integral do preceito citado é: "É verdade, sem mentira, certo e muito verdadeiro. O que está embaixo é como o que está em cima, o que está em cima é como o que está embaixo, para cumprir os milagres de uma coisa única". Compare-se com Heráclito, fragmento nº 60: "Um só e mesmo caminho para cima e para baixo".

ria, formulada em termos que não se ajustam inteiramente ao esquematismo platônico da participação, segundo o qual o mundo sensível, inferior, que está embaixo, existe na medida em que reflete as formas arquetípicas, as essências do mundo inteligível superior — *uper ouranos topos* — que estão no alto. Nas relações recíprocas do inferior com o superior, este não somente é participado, como também antecipado por aquele. Como poderiam as essências, idênticas, intemporais e unitárias, refletir-se nas coisas, se já não preexistissem nelas? Os dois mundos separados de Platão, circunscrições topológicas opostas, direções diferentes de um mesmo universo ou macrocosmo indiviso, residem no homem, ser microcósmico, que na sua parte física e anímica abrange o inferior e que está em comunicação com o superior, através de sua parte noética ou espiritual.

Espelha-se na Alquimia, em meio a uma pletora de símbolos, a súmula do pensamento antigo sobre a condição dúplice da alma, contraposta à unidade do ser. A alma, dizia Aristóteles, é de certa maneira tudo. Mas já Plotino a considera como hipóstase mediadora, que se eleva aos páramos da Inteligência e desce à multiplicidade da matéria sensível, contendo um reflexo, ainda que esmaecido, daquela Unidade primeira, onde tudo teve origem e para onde o homem anseia retornar, captando-a nesta vida, por meio da contemplação extática. Una também em sua essência, transcendente e impessoal, ligada ao corpo pela mesma necessidade interna que forçou a Unidade a irradiar-se em emanações escalonadas que constituem o Todo universal, ela busca incessantemente restaurar a sua integridade, recuperar a sua perfeição originária. Essa vontade de restituição manifesta-se no *élan* amoroso e na ascese mística, duas vias de retorno que se equivalem, pois o homem tenta vencer, por meio delas, a *alteridade*, identificando-se com outrem no amor ou com a divindade, na culminância do êxtase.

A Alquimia exprime simbolicamente a recuperação da alma, como um processo de espiritualização, que passa por etapas sucessivas e depende de determinadas operações, as quais têm por fim reunir o que foi separado, fundir as partes dispersas da unidade primordial que se fracionou, ultrapassar a *diviso elementorum*. Possuindo um sentido erótico e místico, o que a particulariza é que ela visa formar o espiritual por uma ativação da matéria, e alcançar o superior por meio de uma explicitação das potencialidades contidas no inferior, sem quebra do princípio da unidade subjacente de todas as coisas.

Desse modo, a liberação da alma, como volta a si mesma, não resulta jamais de um rompimento com o sensível, do desprezo votado ao corpo e às ligações da carne, mas de um trabalho lento e progressivo de transubstanciação do material, do físico, do carnal, que se vai fazendo graças ao dinamismo de um mesmo impulso gerador, de um mesmo *élan* atuante no homem e na Natureza, que reside nos elementos baixos, obscuros e humildes do micro e do macrocosmo. Podemos identificar esse impulso, que se purifica e se eleva à espiritualidade, mediante a combinação dos princípios contrários — o masculino e o feminino — com o *élan* amoroso, *eros*, em sua existência universal e cósmica, objeto ancestral de meditação e do culto órficos.[26] A pedra filosofal, obra máxima dos alquimistas, que deveria ser obtida pela síntese dos contrários, representada como boda de sentido físico e espiritual, simboliza o momento em que a alma recupera a sua identidade e se transfigura a si mesma, espiritualizando-se juntamente com a Natureza.[27]

É nesse contexto da visão alquímica que se integram a transubstanciação do carnal no espiritual e a relevância do sexo como energia primária que se transforma em espírito, aspectos inerentes à concepção erótica da vida de Guimarães Rosa, delineada no capítulo anterior. Nela cabe a imagem do *eros* completo, em sua função cósmica, que passa pelo cadinho do sexo, nutre-se dos arroubos do prazer sensível, alastra-se pela Natureza inteira, até consumi-la no fogo ardente do

[26] "Não se estranhará que a ideia de união mística tenha desempenhado um papel tão importante na alquimia se se considera que a expressão tão frequentemente empregada para designá-la, *conjuctio*, refere-se ao que chamamos hoje combinação química e que aquilo que une os corpos toma atualmente o nome de afinidade. Mas antigamente utilizavam-se diversas denominações, todas expressando relações humanas e particularmente eróticas, como *nuptiae*, *matrimonium*, e *conjuglum*, *amicitti*, *atractio e adularatio*. Correspondentemente, caracterizavam-se os corpos que deviam unir-se como *agens* e *patiens*, como *vir* ou *masculus* e como *femina*, *mulier*..." C. G. Jung, *La psicología de la transferencia. Esclarecida por medio de una serie de imágenes de la alquimia*, Buenos Aires, Paidós, 1954.

[27] Também chamada *rebis*, *lapis*, *hermaphroditus*, representa o ser para cujo engendramento se realiza a obra alquímica. Segundo Jung, o simbolismo da pedra filosofal traduz a ansiada união de *anima* com *animus*, que são o feminino e o masculino.

espírito que purifica todas as coisas.[28] A tessitura simbólica da Alquimia torna-se patente nos elementos metafóricos que expressam as intenções místicas de uma narrativa como "Substância",[29] e que imprimem ao ritmo e à estrutura de sua prosa um caráter essencialmente poético.

Em "Substância" o fazendeiro Sionésio deslumbra-se com a beleza de Maria Exita, que para ele trabalhava, quebrando o polvilho nas lajes de uma pedreira. Nasce daí o amor, e vai crescendo, silenciosamente, numa linguagem muda e contemplativa, que os une intimamente quase que por efeito da dupla visão de um pelo outro.[30] No momento em que Sionésio aceita Maria Exita, após se dissolverem suas hesitações, a mútua compreensão de ambos funde-os tão completamente, que o amor apalavrado, mais do que um compromisso, é um ato nupcial que os transfigura e que através deles se transmite às coisas circundantes. A Natureza se transforma em paisagem, envolvendo os amantes e sendo envolvida por eles. O encontro do amor, a sua descoberta e consumação, partilhados pelo mundo, fazem translúcidos os corpos dos que se amam e a realidade física. A enxertia simbólica das imagens empregadas, para descrever esse instante, em harmonia com os elementos naturais do cenário, que é uma pedreira, de onde se extrai o polvilho, provém da *pedra filosofal*, como arquétipo da transfiguração da alma e do cosmo, redimidos de suas impurezas e imperfeições. O *alvor*, o brilho solar da ambiência, o polvilho, a brancura das pedras como que se desmaterializam, recebendo um significado mítico-poético. "Ele veio para junto. Estendeu também as mãos para o polvilho — solar e estranho: o ato de quebrá-lo era gos-

[28] Eros, assim concebido, *élan* que reside na alma e nas coisas — "a força produtora de toda força", a que se refere a Tábua Smaradigna, invocando o Uno. "Seu poder não tem limites sobre a terra." "Ele sobe da Terra ao Céu, e em seguida volta a descer à Terra, e recolhe a força das coisas superiores e inferiores."

[29] "Substância", *PE*, p. 151.

[30] "Demorara para ir vê-la. Só no pino do meio-dia-de um sol do qual o passarinho fugiu. Ela estava em frente da mesa de pedra; àquela hora, sentada no banquinho rasteiro, esperava que trouxessem outros pesados, duros blocos de polvilho" (*PE*, p. 152). "Sua beleza, donde vinha? Sua própria, tão firme pessoa? A imensidão do olhar — doçuras. Se um sorriso; artes como de um descer de anjos. Sionésio nem entendia. Somente era bom, a saber feliz, apesar dos ásperos" (*PE*, p. 153).

toso, parecia um brinquedo de menino." O polvilho, "coisa sem fim", tem a refulgência esplêndida em que se transubstancia o brilho físico elementar subsistente. É a alvura com a qual os alquimistas simbolizam o estado de purificação:[31]

> "Sionésio e Maria Exita — a meios olhos, perante o refulgir, o todo branco. Acontecia o não-fato, o não-tempo, silêncio em sua imaginação. Só o um-e-outra, um em-si-juntos, o viver em ponto sem parar, coraçãomente: pensamento, pensamor. Alvor. Avançavam, parados, dentro da luz, como se fosse no dia de Todos os Pássaros".[32]

Como dissemos no capítulo anterior, o verdadeiro amor começa de baixo. E o que nos ensina a reflexão de Riobaldo acerca de Nhorinhá: "Ah, a mangaba boa só se colhe já caída no chão, de baixo".[33] O amor não voa onde quer; para voar é preciso que antes rasteje, e se ponha em contato com as variadas solicitações do mundo sensível, onde o impulso sexual recebe das coisas, e sobretudo dos corpos belos, a força de que necessita para elevar-se.

Há, sem dúvida, afinidades entre a ideia do amor que predomina na elaboração literária de Guimarães Rosa e o conceito respectivo que se exprime da *Divina comédia* e no *Banquete*, de Dante, súmulas do ideal cristão, sistematizado pela teologia escolástica já vitoriosa no século XIII. Esse parentesco decorre da fonte comum de origem platônica. Tanto em Guimarães Rosa como em Dante, o amor, desejo que se faz anelo, possui uma dimensão cósmica universal. Força atrativa, irradia-se do objeto amado, o qual imanta os seres, seduz as almas e cativa-as em sua substância.

O homem reúne todos os amores, afirma Dante em *Il convitto*.[34]

[31] "O alvo (*albedo*, *dealbatio*) é comparável com o *rotus solis* (saída do sol). É a luz que surge depois das trevas, a iluminação depois do escurecimento." Vê-se aí a plurivalência simbólica da pedra filosofal, que se relaciona também com o mito solar. A transformação alquímica era também denominada *nuptiae solis et luna*. Vide Jung, *La psicología de la transferencia*, *op. cit.*, p.142.

[32] *Idem*, p. 156.

[33] *GS*, p. 35.

[34] *El convívio* (*Il convitto*), Buenos Aires, Espasa, 1948, p. 87.

O sertanejo viajor, Riobaldo, expressa, a seu modo, a mesma verdade, ao mencionar o fundo idêntico de seus amores diversos: "Ah, a flor do amor tem muitos nomes. [...] Confusa é a vida da gente; como esse rio meu Urucúia vai se levar ao mar".[35] Por outro lado, em fortalecimento das afinidades entre o poeta da *Divina comédia* e o criador de *Grande sertão: veredas*, lembremos a figura de Otacília, semelhante a uma Beatriz consoladora, cuja lembrança sossegada guia Riobaldo nas passagens sombrias de sua grande aventura e nele faz nascer a expectativa de um fim plenificador de seus desejos, estado de felicidade quieta, como fecho venturoso de uma sequência de erros e enganos, de casuais descaminhos, que finalmente se retificam, e deixam entrever o caminho que se insinua através deles. Extraviando-se em "selva escura", o florentino, sem o saber, está buscando Beatriz, e é Beatriz quem o conduzirá, pelas mãos de Virgílio, ao Paraíso da vida espiritual.[36]

Paralelamente, invoquemos o vaqueiro da estória "Sequência", que saindo à procura de uma vaca extraviada, descobre, de repente, ao entrar no pátio da fazenda, para onde se encaminhara a fugitiva, qual era o verdadeiro objeto da sua busca: o amor da moça que se debruçava no alpendre da casa. O animal — "rês fujã" — que abandona os pastos, atravessa um rio, e percorre os atalhos, tem a sua razão oculta.[37] Apenas um elo mediador, a vaca é signo de objeto amado.

> "Ela se desescondia dele. Inesperavam-se? O moço compreendeu-se. Aquilo mudava o acontecido. Da vaca, ele a ela diria: — 'É sua'. Suas duas almas se transformavam? E tudo à sazão do ser. No mundo nem há parvoíces: o mel do maravilhoso, vindo a tais horas de estórias, o anel dos

[35] *GS*, p. 189.

[36] Ver *Divina comédia*, Inferno, Canto II; Purgatório, Canto XXX e ss.

[37] "Seguia, certa; por amor, não por acaso." "Fazia parte de um gado, transportado, de boiadeiros, gado de coração ativo" (*PE*, p. 65). "Já o rapaz se anorteava. Só via o horizonte e sim. Sabia o de uma vaquinha fugida: que, de alma, marca o rumo e faz atalhos — querençosa" (*PE*, p. 66). "— A vaca? — e apertava o encalço — à boa espora, à rédea larga. Mas a vaca era uma malícia, precipitava-se o logro" (*PE*, p. 68).

maravilhados. Amavam-se. E a vaca-vitória, em seus ondes, por seus passos."[38]

Não obstante tais afinidades entre Dante e Guimarães Rosa, há, na maneira de conceber a natureza do amor, uma diferença fundamental que os separa. É quanto à perspectiva religiosa. Na *Divina comédia*, o *eros* platônico alça-se, por intermédio da Graça, ao plano da redenção e da vida sobrenatural, transformando-se em *ágape*.[39] A alma amorosa desprende-se dos liames terrenos, rompe com o sensível e, custodiada pela Providência, que Beatriz representa, como encarnação poética de Maria, eleva-se aos céus. O amor espiritual nasce somente depois que morre o amor carnal, sem que um se conserve no outro. Em Guimarães Rosa, o amor carnal gera o espiritual e nele se transforma. Por isso, o seu misticismo, platônico quanto à essência, segue uma linha erótica, que ladeia a teologia cristã, tem o encanto secreto e a sedução da heresia contida na ideia do amor como princípio em atividade no mundo e no homem, como força ascendente e descendente, sexo e espírito, que se desenvolve segundo uma dialética imanente.

Essa ideia vetusta, presente nos cultos órficos, na prostituição sagrada e nas práticas purificatórias dos maniqueus, absorvida pela tradição hermético-mística e pela Alquimia, inspirou o erotismo místico dos trovadores[40] e se consubstanciou nas figuras exemplares de Tristão e Isolda — amantes perfeitos, que uniram, num só amor, a sensualidade e a ternura romântica, a volúpia e a espiritualidade.[41]

[38] *PE*, p. 69.

[39] Amor cristão a Deus e ao próximo, oposto a Eros, desejo sem fim. Vide Dénis de Rougemont, *L'Amour et l'Occident* (1939), pp. 43-52. "*Eros c'est le désir total, c'est l'aspiration lumineuse, l'élan religieux porté à sa plus haute puissance, à l'extrême exigence de pureté qui est l'extrême exigence d'Unité.*" Ágape introduz um novo símbolo do amor, não mais a paixão infinita, porém o casamento de Cristo com a Igreja.

[40] Dénis de Rougemont, no ensaio antes citado, afirmou que, após o triunfo do Cristianismo, *eros* renasceu na cortesia, na idealização do amor praticado pelos trovadores. Admite a influência dos cátaros, herdeiros dos maniqueus, sobre o ideário da poesia trovadoresca. Ver *op. cit.*, p. 59 em diante.

[41] Na lenda de Tristão e Isolda, narrada por Béroul e Thomas, os amantes, que percorrem os estágios da escala erótica, "*Connaissent tour à tour la sensualité*

III

Ao lado de admiráveis figuras de mulher, como Otacília, Doralda e Nhorinhá, avulta, na tipologia literária de Guimarães Rosa, uma curiosa estirpe de personagens, preludiada por Miguilim e Dito, de "Campo geral",[42] e à qual pertencem infantes de extrema perspicácia e aguda sensibilidade, muitas vezes dotados de poderes extraordinários, quando não possuem origem oculta ou vaga identidade.

Na primeira das *Primeiras estórias*, "As margens da alegria", aparece um menino, que Menino se chama, dotado de uma sabedoria infusa, que se vai manifestando, passo a passo, por degraus de iniciação, estágios de uma aprendizagem (o menino viaja), a começar de cima para baixo, da quietude dos ares durante uma viagem de avião, onde nada altera a proximidade da alma, satisfeita consigo mesma, às primeiras desilusões da vida terrena no lugar onde se erguerá a grande Cidade. No alto, "as coisas vinham docemente de repente, seguindo harmonia prévia, benfazeja, em movimentos concordantes";[43] lá embaixo, espaço para a cidade em construção, a discórdia, a desarmonia irrompem. A beleza do peru, avistado pelo menino, no centro do terreiro, é só um instante de deslumbramento. Tanta imponência — "ríspida grandeza tonitruante", "colorida empáfia" — não dura senão um átimo. O belo e imperial peru cai sob a faca da cozinha, sacrificado à trivial ocorrência do dia de anos do doutor. Então o menino descobre que "entre o contentamento e a desilusão, na balança infidelíssima, quase nada medeia". Descobre também algo hostil, que escapa à sua compreensão, e que lhe traz a presença do mal e da crueldade. Pois outro peru, de nenhuma beleza, bicava a cabeça da vítima imponente da véspera. "O menino não entendia. A mata, as mais ne-

la plus âpre, la plus exigente (à laquelle ils reviennent toujours), la tendresse inquiète et vigilante, l'union idéale des âmes que ni le temps, ni la distance, ne peuvent amoindrir. La passion s'épure, l'impérieux désir charnel se transforme ainsi en une affection idéale qui, devenue finalement le sentiment dominant de l'être, n'envahit pas seulement l'âme entière, mais soumet aussi le corps à sa volonté. Le dualisme de la chair et de l'âme disparait au profit de cette dernière". Süheyla Bayrav, *Symbolisme médieval* (Béroul, Marie, Chrétien), Paris, PUF, 1957, p. 51.

42 "Campo geral", *CB*.

43 "As margens da alegria", *PE*, p. 3.

gras árvores, eram um montão demais; o mundo."[44] Ao menino aturde, por um momento, a negrura em que o mundo parece mergulhar. Mas já do outro lado da tristeza e da ferocidade, no reverso da mesma vida que enegrecera, esplende a luzinha verde do primeiro vaga-lume — devolução da claridade, da alegria triunfante, recuperação da beleza superando a fealdade, mas a ela unida, como a luz às trevas e o contentamento ao pesar.

Em *Grande sertão: veredas*, Riobaldo, o jagunço, reclama uma justa separação entre o bem e o mal: que esses opostos se excluíssem e que de um deles nada permanecesse no outro. "Ao que — concluía ele vendo que pedia o impossível — este mundo é muito misturado".[45] No menino os opostos se conciliam, e deles, por uma espécie de transubstanciação alquímica da alma, ao cabo da qual a vida se renova, ganhando inéditos esplendores, nasce a harmonia superlativa de que falava Heráclito. O Menino é uma criança qualquer a brincar com o seu macaquinho e é uma espécie de criança mítica, através de quem tudo se ordena, tudo se corresponde, tudo se completa.

Em "Os cimos", última estória do volume, a iniciação se completa. É a segunda viagem. Mais sábio, passando por uma provação (afastaram-no da mãe enferma, que ficara na outra cidade), o Menino assume o que há de passageiro, de efêmero, de contrastante, na existência. Plana acima do mundo, acima do tempo, vendo-os fluírem juntos, qual rio em crescimento, onde vogam, de companhia, coisas boas e coisas más, coisas que ainda não se completaram, e outras que "a gente sabia que elas já estavam caminhando, para se acabar, roídas pelas horas, desmanchadas...".[46] A unidade de tudo, a bondade natural das coisas, no sentido que lhes deu Plotino, revela-se-lhe no trabalho matinal de um pássaro — o tucano — que visita a árvore fronteira à casa, em horário certo, conseguindo afugentar a mágoa que ele sentia pela mãe enferma, distante. O sol, o dia, a luz, se unificam

[44] *Idem*, p. 7.

[45] "Que isso foi o que sempre me invocou, o senhor sabe: eu careço de que o bom seja bom e o ruim ruim, que dum lado esteja o preto e do outro o branco, que o feio fique bem apartado do bonito e a alegria longe da tristeza! Quero-os todos pastos demarcados... Como é que posso com este mundo? A vida é ingrata no macio de si; mas transtraz a esperança mesmo do meio do fel do desespero. Ao que, este mundo é muito misturado..." *GS*, p. 220.

[46] "Os cimos", *PE*, p. 171.

no pássaro. É impossível separar, tão grande é o poder poético da linguagem ajustada à visão mística do mundo, o voo do tucano do despontar do dia, e a aurora se funde com a emoção do menino, com as saudades do lar materno e com a renovação que nele se opera ao saber que a mãe estava curada. O final dessa narrativa-poema é uma glorificação das coisas e dos seres, um acesso repentino à plenitude do mundo, um êxtase, um rapto da alma.

> "E era o inesquecível de-repente, de que podia traspassar-se, e a calma, inclusa. Durou um nem-nada, como a palha se desfaz, e, no comum, na gente não cabe: paisagem, e tudo, fora das molduras. Como se ele estivesse com a Mãe, sã, salva, sorridente, e todos, e o Macaquinho com uma bonita gravata verde — no alpendre do terreirinho das altas árvores... e no jeep aos bons solavancos... e em toda-a-parte... no mesmo instante só... o primeiro ponto do dia... donde assistiam, em tempo-sobre-tempo, ao sol no renascer e ao voo, ainda muito mais vivo, entoante e existente — parado que não se acabava — do tucano, que vem comer frutinhas na dourada copa, nos altos vales da aurora, ali junto de casa."[47]

Em *Grande sertão: veredas*, é Diadorim menino quem introduz Riobaldo no mundo maravilhoso e áspero do sertão, que o Rio simboliza.[48] Menino diferente, tem a estatura de um ser mítico, fabuloso, que parecia igualar-se ao próprio Rio em sua força e em seus segredos. Possui o conhecimento das coisas e mostra a Riobaldo a beleza das flores e dos pássaros.

> "Foi o menino quem me mostrou. E chamou minha atenção para o mato da beira, em pé, paredão, feito à régua regulado. — 'As flores...' — ele prezou. No alto, eram muitas flores, subitamente vermelhas, de olho-de-boi e de

[47] *PE*, pp. 175-6.

[48] "O menino tinha me dado a mão para descer o barranco. Era uma mão bonita, macia e quente, agora eu estava vergonhoso, perturbado. O vacilo da canoa me dava um aumentante receio. [...] Saiba o senhor, o de-Janeiro é de águas claras. E é rio cheio de bichos cágados." (*GS*, p. 104).

outras trepadeiras, e as roxas, do mucunã, que é um feijão bravo [...] Um pássaro cantou. Nhambú? E periquitos, bandos, passavam voando por cima de nós. Não me esqueci de nada, o senhor vê. Aquele menino, como eu ia poder deslembrar? [...] Ele o menino, era dessemelhante, já disse, não dava minúcia de pessoa outra nenhuma. Comparável um suave de ser, mas asseado e forte — assim se fosse um cheiro bom sem cheiro nenhum sensível — o senhor represente. [...] Se via que estava apreciando o ar do tempo, calado e sabido, e tudo nele era segurança em si."[49]

Diadorim, ambíguo, menino que é também menina, desperta a alma de Riobaldo, infunde-lhe o desassossego, toque de Eros, que mais tarde, nos longes do sertão, se converterá em amor.

Na estória de "Nenhum, nenhuma", vamos encontrar um terceiro personagem menino. Esse novo exemplar prende-se a uma vaga reminiscência de um passado longínquo, ao desejo de romper a obscuridade, de clarear o que há de enigmático no começo de ser individual, quando impressões indeléveis gravam-se na memória, formando uma primeira versão das coisas vividas, que o tempo dilui e afunda na irrealidade. A infância, aqui, é mais do que a etapa inicial da vida; é também uma tentativa de retorno à origem. O menino encontra-se numa casa de fazenda, descrita nebulosamente — mansão estranha em lugar incerto, em "indescoberto rumo". E tenta recordar-se, despertar reminiscências; lembra-se de lembrar uma infância ignota, mais longínqua, princípio em que se agita a "porção escura de nós mesmos". "Se eu conseguir recordar, ganharei calma, se conseguisse religar-se: adivinhar o verdadeiro e real, já havido. Infância é coisa, coisa?"[50]

O Menino de "Nenhum, nenhuma" vive em companhia de um Moço, de uma Moça e de um homem triste. Num dos quartos da casa está uma "velhinha velhíssima" da qual a Moça não pode separar-se. E o espectro da morte interposto entre ela e o Moço que a ama. O menino compreende o amor, que deverá perpetuar-se na memória dos

[49] *GS*, pp. 104-5. Vide também o vaqueiro legendário, Menino, que consegue amansar o boi indomável, na estória contada por seu Camilo. "Uma estória de amor (festa de Manuelzão)." *CB*, p. 84.

[50] "Nenhum, nenhuma", *PE*, p. 56.

namorados, e também a Morte, que só aparentemente se opõe ao amor. Ele é a frágil união dos extremos que deveriam tocar-se. "Atordoado, o Menino, tornado quase incônscio, como se não fosse ninguém, ou se todos uma pessoa só, uma só vida fossem: ele, a Moça, o Moço, o Homem velho e a Nenha, velhinha — em quem trouxe os olhos".[51]

Só o Menino consegue vislumbrar a unidade, conciliar os opostos, apagar as diferenças transitórias. Nhenha, na sua extrema velhice, regride ao estado de infância. O fim assinala um novo começo. Da morte sai a vida, como na dialética da geração recíproca dos contrários. Ele não esquece o que os pais já esqueceram; detém a sabedoria que eles perderam, jazente na memória. Ao voltar da casa estranha, entrevista em sonho ou reminiscência, na companhia do Moço apaixonado, que obteve o amor da Moça somente para efeito de recordá-lo, volta como se fosse uma alma desgarrada do cortejo dos espíritos puros da alegoria platônica de Fedro, que não tivesse de todo perdido suas asas. Encontra o Pai e a Mãe, e os desconhece: "Vocês já esqueceram de tudo o que, algum dia, sabiam!..." De súbito sente-se entre estranhos, entre corpos divididos, prisioneiros do tempo, já embotados para sentir o apelo uníssono de Eros e Tanatos. "Porque eu desconheci meus Pais — eram-me tão estranhos; jamais poderia verdadeiramente conhecê-los, eu; eu?".[52] O menino sente-se outro, um estrangeiro também, que pertence a si mesmo e ao mundo ilimitado, não preso a uma topologia terrestre, mas viajor que percorre estações de passagem —, descido à terra por descuido ou desígnio insondável. Destino semelhante é o do rapaz enigmático, de "Um moço muito branco", que veio não se sabe de onde, aparecendo na Comarca do Serro Frio após um terremoto que se deu na noite de novembro de 1872, em Minas Gerais. Comparável a um anjo, o Moço cândido e distante, que em todos acende confiança e afeição repentinas, impõe-se como ser superior em relação ao qual "nós todos, comuns, temos os semblantes duros e o aspecto de má fadiga constante". Depois de operar prodígios, o Moço desaparece. "Com a primeira luz do sol, o moço se fora, tidas asas".[53]

Pelos seus dons divinatórios e encantatórios, a esquisita Nhinhinha, de "A menina de lá", pode ser filiada à estirpe de que estamos

[51] *Idem, ibidem.*

[52] *Idem*, p. 57.

[53] "Um moço muito branco", *PE*, p. 104.

tratando. Quieta, de olhar vago, de palavras poucas e extravagantes, desligada deste mundo, contemplativa, meio imbecil, fala com as estrelas, o vento, o sabiá, em resumidas frases, sempre reticente. Adivinhou o seu dia de morrer, pediu "um caixãozinho cor-de-rosa, com enfeites verdes", como se pedisse um brinquedo. Nhinhinha era milagreira, dessa capacidade a família guardava silêncio, prevenindo escândalos da vizinhança. "O que ela queria, que falava, súbito acontecia. Só que queria muito pouco, e sempre as coisas levianas e descuidosas, o que não põe nem quita."[54]

Esses personagens — o Menino, a Menina, o Jovem — dados a encantamento e sortilégios, munidos de dons extraordinários, e que podem ter das coisas uma visão mais completa do que a comum, pertencem a uma só família mítica. A infância ou a juventude é neles um estado de receptividade, de sabedoria inata, e tem duplo sentido: por um lado, remoto e nebuloso passado, que se confunde, com as origens, e, por outro, prenúncio de um novo ser, ainda em esboço, que advirá do que é humano e terrenal. Sob o primeiro aspecto, essa infância simboliza a alma que nasceu da Unidade primordial que, por isso, ainda participa da indistinção caótica, anterior à separação dos elementos e ao conflito dos princípios opostos do mundo sensível. É, por esse lado, potência obscura, indefinida, cuja natureza oscila entre o divino e o diabólico. Mas se assim é em seu aspecto noturno, ancestral, o símbolo da infância, desentranhável dos personagens a que nos reportamos, exprime, em sua face luminosa, a ideia de um novo nascimento, da reintegração da alma dividida, a qual deverá recuperar a sua unidade congênita e ingressar num estado de plena harmonia consigo mesma, harmonia que superará os contrários — o masculino e o feminino — que a dividem no estágio terreno de sua peregrinação.

O infante de Guimarães Rosa, pelos seus atributos míticos, pelo seu caráter peregrino, abrange simbolicamente esses dois nascimentos. Por isso é que a estirpe do Menino, com seus muitos avatares, da Menina encantada e do Rapaz alado, é espécie representativa de um padrão mitológico, de uma essência arquetípica, inserta nas formas religiosas arcanas, e que tem servido de conduto à imaginação poética: a Criança Primordial.

A Criança Primordial ou Criança Divina ocupa, segundo Jung,

[54] "A menina de lá", *PE*, p. 22.

um campo mitológico versátil.[55] Apesar de corresponder a certas formas significativas, arquetípicas, as suas manifestações fenomênicas variam: menina algumas vezes, menino de ouro outras e, ainda, jovem, efebo alado, semelhante à representação pictórica do divino Eros, tal como o rapaz da estória "Um moço muito branco", que se retira desse mundo movido só pela força de suas próprias asas renascentes. Natureza proteica, ambivalente quanto ao sexo, é, mitologicamente, idêntico ao *andrógino*. E é devido a essa identidade que se constitui em teofania primitiva, uma vez que a androginia caracteriza a divindade nas religiões arcaicas.[56] Como explica Eliade, a androginia divina, fenômeno religioso complexo, "é uma fórmula arcaica e universal para exprimir a totalidade, a coincidência dos contrários", *coincidentia oppositorum*.[57] Liga-se ao mito da origem divina da alma e de seu final retorno à Unidade da qual foi desapossada.

O andrógino, a que se refere Platão em *O banquete*, é a espécie primitiva da humanidade, que se teria dividido em dois seres incompletos que se buscam, movidos pela força original de Eros, cada qual ativado por um princípio complementar do outro. Da união deles resultaria a *coincidentia oppositorum*.

A Criança Primordial ou Divina pertence, pois, a um domínio que é comum à simbologia erótica e mística, porque representa a final restituição do homem à divindade ou, numa interpretação mais condizente com o ensino das correntes ocultistas, que admitem a androginia, da final conversão do humano ao divino.[58]

[55] Essas formas são também peculiares à simbologia onírica. Vide Jung, *La psicología de la transferencia*, pp. 45-6.

[56] "Encontramos traços de androginia (diz Eliade) tanto nos deuses — como Atis, Adonis, Dioniso — quanto nas deusas, como Cibele. E se compreende por que: a vida jorra de uma plenitude, de uma totalidade." Mircea Eliade, *Mythes, rêves et mystères*, Paris, Gallimard, 1957, p. 234.

[57] "Mais do que uma situação de plenitude e de autarquia sexual, a androginia simboliza a projeção de um estado primordial, não condicionado. É por essa razão que a androginia não é limitada aos seres supremos." *Idem*, p. 233. São andróginos os gigantes cósmicos, e Adão é considerado *hermaphroditus*.

[58] Nesse sentido é que Jorge de Sena assinala a presença do mito da Divina Criança, andrógina, na obra de Fernando Pessoa, manifestada por três figuras que compõem um verdadeiro ciclo: Menino Jesus, Antínoo, Dom Sebastião. O Menino Jesus, no oitavo poema de "O guardador de rebanhos", é, para Alberto Caeiro,

O andrógino, desse modo, comporta os mesmos aspectos retrospectivos e prospectivos do infante mítico, da Criança Divina, que Guimarães Rosa recriou poeticamente com seus Meninos sábios e extremamente sensíveis — um dos quais devassa o passado imemorial, chegando ao domínio fugidio das reminiscências —, como seu jovem alado, prenúncio de um novo ser, tal como aquele que, na operação alquímica, destinada a produzir a pedra filosofal, resultaria da conjunção dos opostos, encarnando a própria natureza da alma purificada.[59] Reminiscência de um estado originário que foi perdido, a Criança Divina é também a superior excelência de um estado ideal a conquistar.[60] Além dessa ambivalência no tempo, ela possui o caráter ambíguo das teofanias primitivas, peculiar à dialética do sagrado, do *numinoso*.[61] Seduz e fascina, aterroriza e inquieta. Força ambígua, seus efeitos ora são benéficos ora maléficos, podendo ser fonte do Bem ou causa do Mal. Possui um polo luminoso, amável e propício, e outro sombrio, repelente e hostil — um polo divino e um polo demoníaco, reversível, pois que o diabo fascina e Deus é, por vezes, sombrio e tortuoso.[62]

"a Eterna Criança, o deus que faltava". Jorge de Sena, "Nietzsche, Pessoa e outras coisas mais", *in O poeta é um fingidor*, Lisboa, Ática, 1961, pp. 41 e 59 (nota 47).

59 A Teosofia encara o hermafroditismo dos deuses e heróis como a plenitude de um estado espiritual efetivo do qual a humanidade foi desapossada. A perda da androginia significa a perda da espiritualidade. H. P. Blavatsky, *La doctrina secreta*, Buenos Aires, Kier, vol. 364, s/d. Esse ensinamento deita raízes na tradição neoplatônica e hermética. Para a Teosofia, o centro, o interior daquilo que comumente se chama alma, é a própria divindade (Espírito, Atmã). "Para nós — sentenciava Blavatsky — o homem interior é o único Deus que podemos conhecer." *La clave de la teosofía*, Buenos Aires, Saros, s/d, p. 60. A conquista da essência íntegra da alma é o momento da identificação do homem com o princípio divino que nele reside e que é o seu verdadeiro, antigo e novo ser, origem e fim do humano.

60 O andrógino inclui simbolicamente esses dois aspectos, retrospectivo e prospectivo. Enraíza-se no "remoto passado platônico" e projeta-se no futuro. Cirlot, *Diccionario de símbolos*, Barcelona, Luis Miracle, 1958, p. 83. Igualmente Jung, em sua *Psicología de la transferencia*, p. 80: "É o homem redondo, isto é, perfeito dos tempos primigêneos e últimos, princípio e fim do homem".

61 Roger Caillois, *L'Homme et le sacré*, Paris, Gallimard, 1950, p. 43.

62 Dessa polarização é que nos fala Roger Caillois. O polo demoníaco sintetiza os aspectos "terríveis e perigosos" do sagrado, mas que são atraentes, ten-

Diadorim, ser andrógino, é, ao mesmo tempo, divino e diabólico. É ele quem, ainda menino, ensina Riobaldo a ver a beleza que vai pelo mundo.[63] Mas no instante em que ilumina a alma do companheiro, marca-lhe sombriamente o destino. Na amizade com Diadorim-menino estaria a antecipação daquele pacto com o demônio, que Riobaldo se decidiu a firmar. Pois na infância já se emaranham fios de incerta origem, que tecem a vida de um homem, em seu direito e avesso.[64]

Diadorim é um outro modo de amor, incomparável com o de Otacília e Nhorinhá — amor que tinha um quê de paradisíaco, de idílico,[65] e algo de ameaçador, escondendo o encanto noturno e proibido de uma felicidade enganosa, que se enfumaçou, em meio ao sangue das guerras de vingança, como se evaporam as simulações do Maligno.[66] Nele o divino e o diabólico são permutáveis e simbolizam dois

tadores. "O diabo, por exemplo, não é só aquele que castiga cruelmente os condenados ao inferno; é também aquele cuja voz tentadora oferece ao anacoreta as doçuras dos bens da terra." Roger Caillois, *L'Homme et le sacré*, Paris, Gallimard, 1950, p. 43.

63 "O Reinaldo [nome ajagunçado de Diadorim] mesmo chamou minha atenção. O comum: essas garças, enfileirantes, de toda brancura; o jaburu; o pato-verde, o pato-preto, topetudo; marrequinhos dançantes; martim-pescador; mergulhão; e até uns urubus, com aquele triste preto que mancha. Mas, melhor de todos — conforme o Reinaldo disse — o que é o passarim mais bonito e engraçadinho de rio-abaixo e rio-acima: o que se chama o manuelzinho-da-croa. Até aquela ocasião, eu nunca tinha ouvido dizer de se parar apreciando, por prazer de enfeite, a vida mera deles pássaros, em seu começar e descomeçar dos voos e pousação." (*GS*, p. 143).

64 "Mal que em minha vida aprontei, foi numa certa meninice em sonhos — tudo corre e chega tão ligeiro —; será que se há lume de responsabilidades? Se sonha; já se fez..." (*GS*, p. 26).

65 "Os afetos. Doçura do olhar dele me transformou para os olhos de velhice de minha mãe. Então, eu vi as cores do mundo. Como no tempo em que tudo era falante, ai, sei. De manhã, o rio alto branco, de neblim; e o ouricurí retorce as palmas. Só um bom tocado de viola é que podia remir a vivez de tudo aquilo" (*GS*, p. 148). "Era, era que eu gostava dele. Gostava dele quando eu fechava os olhos. Um bem-querer que vinha do ar do meu nariz e do sonho de minhas noites." (*GS*, p. 149).

66 "Então — o senhor me perguntará — (indaga Riobaldo, referindo-se à sua paixão por Diadorim) — o que era aquilo? Ah, lei ladra, o poder da vida. Direitinho declaro o que, durando todo tempo, sempre mais, às vezes menos, co-

momentos da aventura que se realiza no homem — o momento ancestral, do velho ser humano dividido, que permanece presa das forças elementares, materiais e sensíveis, e o momento por vir, que lentamente se prepara, da transformação do humano em divino, e em relação ao qual a vida constitui uma iniciação e uma aprendizagem.[67]

O problema da existência de Deus e do Demônio e o das relações entre o Bem e o Mal, plano de fundo de *Grande sertão: veredas*, pode ser enquadrado nessa perspectiva que nos foi possível traçar, arrimados à simbologia erótica e mística da obra de Guimarães Rosa. É a perspectiva alquímica da transubstanciação do humano em divino, uma vez libertado aquele centro incomovível da alma, partícipe da Unidade. Em abono dessa conclusão, nada melhor do que as últimas reflexões de Riobaldo, terminando o relato da epopeia do sertão. "Nonada. O diabo não há! É o que eu digo, se for... Existe é homem humano. Travessia." Ao dizer que o que existe é homem humano, Riobaldo não somente estaria dando ênfase ao seu pensamento, por essa feliz redundância poética, mas talvez lhe passasse no espírito a suspeita de que o humano contém só um dos lados da natureza do homem, e que a vida é uma tentativa de travessia — para o outro lado, divino.

IV

Diadorim, que pertence à família do infante mítico, representa a fase caótica, ambígua de *eros*. Mas *eros* é extremamente versátil e suas encarnações são múltiplas. A galeria dos tipos femininos criados por Guimarães Rosa estaria incompleta, se não colocássemos ao lado

migo se passou. Aquela mandante amizade. Eu não pensava em adiação nenhuma, de pior propósito. Mas eu gostava dele, dia mais dia, mais gostava. Diga o senhor: como um feitiço? Isso. Feito coisa-feita" (*GS*, pp. 146-7). "Gostava de Diadorim, dum jeito condenado; nem pensava mais que gostava, mas aí sabia que já gostava em sempre" (*GS*, p. 94).

[67] "Explico ao senhor: o diabo vige dentro do homem, os crespos do homem — ou é o homem arruinado, ou o homem dos avessos. Solto, por si, cidadão, é que não tem diabo nenhum. Nenhum! — é o que digo." (*GS*, p. 12). "Deus é paciência..." (*GS*, p. 19). "Que Deus existe sim, devagarinho depressa. Ele existe — mas quase só por intermédio da ação das pessoas: de bons e maus. Coisas imensas no mundo. O grande sertão é a forte arma. Deus é um gatilho."

de Nhorinhá, Jini, Doralda e Otacília, a figura ímpar dessa velhinha extremamente sábia, Dona Rosalina, de "A estória de Lélio e Lina",[68] velha-moça, que é muito mais do que o símbolo da eterna fluência da vida, renascendo das cinzas da velhice. Pois se trata da última encarnação de *eros*, culminância de sua trajetória, limite extremo de suas metamorfoses.

A singularidade de Dona Rosalina, quanto ao físico, reside no apelo resguardado, que nela não se extinguiu, da juventude, ainda viva no "aceso rideiro dos olhos" e nos gestos, por onde se traduz "uma vontade medida de movimentos". "Velhinha como-uma-flor. O rastro de alguma beleza que ainda se podia vislumbrar." Logo entre ela e o vaqueiro Lélio, jovem de "coração lavradio e pastoso",[69] se estabelece firme entendimento recíproco, como se de há muito se conhecessem e apenas estivessem renovando antigo laço de amizade ou amor. Ele é, para Dona Rosalina, desde o primeiro instante, "Meu Mocinho". Em torno dela reinava uma quietude, um sossego remansoso que nada podia perturbar, a modo de atmosfera familiar que nos protege. "Tão à vontade, Lélio achava estúrdio que o conhecimento dela tivesse sido só daquela mesma hora, parecia poder puxar lembrança comprida." Encontrou-a por acaso, numa volta do caminho: "E, vai, a solto, sem espera, seu coração se resumiu; vestida de claro, ali perto, de costas para ele uma moça se curvava, por pegar alguma coisa no chão. Uma mocinha".

Assim a velhinha aparece, vez primeira, como mocinha, e só essa pura visão, que logo se desfaria, toca a alma de Lélio, levando-o a um estado de súbito encantamento: "Era um estado — sem surpresa, sem repente — durou como um rio vai passando". Como se estivesse passando por um transe, Lélio é arrebatado pela repentina visão. "A gente pode levar um bote de paz, transpassado de tranquilo por um tiro de raio." Findo o êxtase, a mocinha desaparece. Surpreso, Lélio distingue a vera forma da pessoa que recolhia gravetos no mato: "Mas: era uma velhinha! Uma velha... Uma senhora". De pronto ele se esquece da esquisita sensação que o dominara. Mas ao carregar os gravetos que ela tinha juntado, ouve-lhe a voz, e lembra-se da velhi-

[68] *CB*, pp. 153-238.

[69] "[...] rapaz moço, boa cara e comum jeito, sem semelho de barba nenhum, ar de novidade [...]" (*CB*, p. 153).

nha lendária, fraca e desamparada do conto infantil, na qual Nossa Senhora se disfarça para experimentar a caridade dos passantes. "Porque aquela voz acordava nele a ideia — próprio ele fosse o rapazinho da estória: que encontrava uma velhinha na estrada e ajudava-a a pôr o atilho de lenha às costas, e nem sabia quem ela era, nem que tinha poderes...".

O encontro de Lélio e Lina tem, assim, um contorno folclórico e mágico. Dona Rosalina (Mãe Lina ou simplesmente Lina) é, de fato, dona de muitos poderes, os quais se manifestam menos por efeitos visíveis do que pela generosidade maternal que ela irradia. "Às vezes, olhando para aqueles olhos, homem destremia da banzeira da vida, se livrava de qualquer arrocho e ria de si mesmo um pouco, respirando mais." Maternal, ela se doa a Lélio e dele recebe filial dedicação: "Assim Dona Rosalina tinha gostado dele como mãe gosta de um filho: orvalho de resflor, valia que não se mede nem se pede — se recebe".

De seu passado, a velhinha fala, sem aversão ou desmedida saudade. Havia amado muito, no mundo; e em sua velhice não renega a mulher cortejada que tinha sido.[70] O tempo de amor que se fora, lhe pertencia, integrado em uma outra espécie de vida e de amor. "Já fui mesmo rosa [dizia ela]. Não pude ser mais tempo. Ninguém pode... Estou na desflor. Mas estas mãos já foram muito beijadas. De seda... Depois fui vendo que o tempo mudava, não estive querendo ser como a coruja — de tardinha não se voa...".

Dessa experiência evocativa de Dona Rosalina sobressai o seu grande conhecimento do amor — do amor realizado que ela podia rever, como quem recapitula as fases de uma trajetória. Poderia ter amado Lélio. Noutra vertente do tempo a singular amizade que tem por ele seria ligação amorosa. "Agora é que você vem vindo, diz-lhe Dona Rosalina, e eu já vou-m'bora. A gente contraverte. Direito e avesso... Ou fui eu que nasci demais cedo ou você nasceu tarde demais. Deus pune só por meio de pesadelo. Quem sabe foi mesmo por um castigo?"...

Na verdade, Dona Rosalina dá ao seu Mocinho uma forma de amor mais completa, mais ampla, que sumariza os seus passados amores, e que tem o poder de sublimar o impulso amoroso do vaqueiro,

[70] "Gostei de muitos homens... Nunca eu queria que nenhum deles sofresse... Ah, como eu sabia..." (*CB*, p. 203).

disperso em paixões várias, a ela confidenciadas. "O amor tenteia de vereda em vereda, de serra em serra. Sabe que: o amor, mesmo, é a espécie rara de se achar." Lina oferece-lhe a espécie rara e ardentemente buscada por ele nas mulheres que amava.[71] O fogo do sexo, que nela ardera, se transformava na chama de uma beleza reminiscente e se tornava "em vida ensinada", capaz de infundir no vaqueiro amoroso "outro poder inteiro de se viver". *Eros* converte-se, em Dona Rosalina, naquela fruição de si mesmo — no amor do amor que inspirava os trovadores e que os místicos conhecem.[72] Por isso é que ela não sente o coração envelhecer: "Um dia você ainda vai ver, meu Mocinho: coração não envelhece, só vai ficando estorvado... Como o ipê: volta a flor antes da folha".

Ela é a vitalidade do amor consumada em sabedoria, a experiência erótica transformada em experiência contemplativa.[73] Eis a razão por que a sua velhice física exprime uma nova juventude, e por que, na aparência de anciã se escondia a mocinha, que Lélio vislumbrou numa curva do caminho.

Na figura dessa velha jovem ressurge uma antiga imagem da literatura universal, frequentemente utilizada pelos escritores da Alta e da Baixa Idade Média.[74] Então, a dupla "anciã e menina" se ajus-

[71] Lélio, tal como Riobaldo, experimenta diferentes espécies de amor. Tem a sua Otacília na mocinha de Paracatu, imagem ideal, angélica, mas obsessiva e alienante — um "madrastio", como diz a velhinha em sua profunda sabedoria das coisas do amor (*CB*, p. 200). Também ama Jini, mulata cor de violeta, que é sensualidade pura, o extremo oposto de Sinhá Linda do Paracatu (*CB*, p. 171). E há duas outras, Manuela e Mariinha, namoradas românticas (*CB*, pp. 193 e 232), além do amor incomum de Dona Rosalina (*CB*, p. 191).

[72] Esse amor seria também o de Tristão e Isolda. "*Ce qu'ils aiment, c'est l'amour, c'est le fait même d'aimer*" — observa Dénis de Rougemont, *L'amour et l'occident*, p. 27.

[73] A sabedoria de Rosalina é sentenciosa, de caráter popular, folclórico mesmo. Mas tem as profundezas da sabedoria mística: "Carregar peso leve é que cansa homem..." (*CB*, p. 189). "Homem é criatura de diversos lados, desparelha" (*CB*, p. 192). "[...] mulher que não é fêmea nos fogos do corpo, essa é que não floresce de alma nos olhos e é seca no coração..." (*CB*, p. 200). "Tudo está certo, meu Mocinho. Tudo vale é no fim" (*CB*, p. 204). "Ruindade é pressa, meu Mocinho. Pressa de qualquer coisa..." (*CB*, p. 221). "[...] Tira-se leite é onde há pasto".

[74] Ernst Robert Curtius, *Literatura europeia e Idade Média latina*, Rio de Janeiro, Instituto Nacional do Livro, 1957, pp. 106-10.

tava à experiência de uma época de transição em que o velho e o novo se achavam confundidos. No século II d. C., o símbolo da Igreja é uma anciã rejuvenescente. Boécio, mais tarde, representa a Filosofia como respeitável matrona, cheia de vitalidade, embora muito velha, quando essa imagem já tinha decaído em chão retórico. Ela constituiu porém um arquétipo, arraigado no inconsciente, podendo renascer com o vigor de verdadeiro mito.

Na escala da simbologia amorosa em que devemos situá-la, a Rosalina de Guimarães Rosa, na qual renasce a imagem arquetípica da velha-jovem, que tem simbolizado a espiritualidade da Religião e a inteligência da Filosofia, merece o lugar de *Sofia*, *Sapientia*, última etapa da cultura de *Eros*.[75]

Expressão do eterno feminino, Sofia, que não é objeto de amor carnal como Eva, nem de amor-paixão como Helena, aproxima-se da função religiosa preenchida por Beatriz ou por Maria. Ela representa a divina sabedoria.[76] Mas como vimos que a tradição mais condizente com o erotismo místico de Guimarães Rosa é a que deflui do platonismo e se insere na sabedoria alquímica, e que esse erotismo místico nos leva à ideia da imanência da divindade no homem, não podemos interpretar Sofia no sentido de sabedoria celestial, supraterrena, e sim como aquela que esplende da própria alma convertida em si mesma, nos movimentos de retorno ao núcleo do seu verdadeiro ser.

No final da estória, Lélio e Lina seguem juntos, em demanda do lugar por nome Peixe Manso. Essa viagem, travessia do sertão, é como que a boda mística em que termina o idílio do rapaz com a velha-jovem. Em Rosalina, rosa mística, floração tardia de *eros* — o sexo se cristalizara, e a seiva do *élan* amoroso se convertera em anelo da divindade.

[75] Jung, *La psicología de la transferencia*, p. 36.

[76] "Sofia é a quarta etapa da cultura de *eros*." A primeira é biológica e é representada por Eva como esposa-mãe que deve ser fecundada. A segunda refere-se a um *eros* predominantemente sexual, mas num nível estético e romântico, em que a mulher já possui alguns valores individuais. A terceira etapa (representada por Maria, infinitamente distante de Helena ou Margarida, símbolo da segunda) sublima o *eros* na devoção religiosa, espiritualizando-o... A quarta etapa, por fim, ilustra algo que ultrapassa a terceira etapa, a qual se diria insuperável: é a *Sapiência*. Ver Jung, *op. cit.*, p. 36.

A viagem

Através do motivo da *viagem*, que está presente em quase toda a sua obra, de *Sagarana* a *Primeiras estórias*, Guimarães Rosa liga-se às grandes expressões do "romance de espaço" — ao *D. Quixote* de Cervantes e ao *Ulisses* de Joyce, para só falarmos dos extremos dessa espécie, em que a narração dos acontecimentos e peripécias se apresenta como a primeira camada da criação romanesca, intermediária da descoberta do mundo natural e humano.

No *D. Quixote*, as andanças do Cavaleiro da Triste Figura e de Sancho Pança, tanto quanto as histórias avulsas narradas no curso da história principal, são os múltiplos atalhos do mundo, exemplarmente contido no espaço manchego. É nesse espaço que proezas, outrora sustentadas pelo ingênuo heroísmo dos romances de cavalaria, desviam-se para o cômico e o grotesco, e revelam, ironicamente, a incompatibilidade entre o prosaísmo do cotidiano e a ação grandiosa e nobre, objeto de *mimese*, na antiga epopeia. Do espaço de Dublin, onde esse prosaísmo já domina, e que é percorrido em toda a extensão de seus nexos históricos, culturais, econômicos e sociais, sai outro espaço, universal e cósmico, em que a cidade se transforma num ponto de inserção da vida humana, descrita globalmente, como viagem através de labirintos. A rota de D. Quixote, profusa de aventuras, e a de Dedalus Bloom, cheia de incidentes corriqueiros, que tomam a forma de única aventura humana possível, equivalem a processos de abertura do espaço, concomitantes ao desvendamento do mundo.

Nesse sentido, o *sertão* de Guimarães Rosa coloca-se no mesmo plano da Mancha de Cervantes e da Dublin de Joyce. É o espaço que se abre em viagem, e que a viagem converte em mundo. Sem limites fixos, lugar que abrange todos os lugares, o *sertão* congrega o perto e o longe, o que a vista alcança e o que só a imaginação pode ver.

"Sertão: quem sabe dele é urubu, gavião, gaivota, esses pássaros." É o lugar "onde os pastos carecem de fecho", mas é, também "onde o pensamento da gente se forma mais forte do que o poder do lugar": a vida solta, com seus perigos, que ainda não se aprendeu a viver, algo indefinível, vazio algumas vezes, outras cheio de forças violentas que se desencadeiam, da parte de Deus ou do Demo. "Sertanejos, mire veja: o sertão é uma espera enorme." Espera e demanda que se fazem no escuro, ao longo de sucessivas travessias e encruzilhadas, de viagem ligada a viagem, num périplo sem fim, como o de Riobaldo em *Grande sertão: veredas*. Através de perigos que se multiplicam, de atos de amor e ódio, de veredas que penetram a profusão das formas naturais — águas e terras, animais e vegetais — Riobaldo percorre os espaços que formam o espaço do mundo ilimitado. Ora encaminhando, ora desencaminhando, as veredas, divergentes em seu curso, convergem todas no movimento da viagem redonda, que as unifica e lhes dá sentido.

Existir e viajar se confundem. A existência de Riobaldo totaliza-se como viagem finda, que precisa ser relatada para que se perceba o seu sentido. Unem-se, nessa viagem, sob a forma de relato, os diferentes fios do Bem e do Mal, que compõem o emaranhado da existência. Vivendo de momento a momento, de lugar a lugar, sem a compreensão da linha temporal e sinuosa que liga todos os momentos e todos os lugares da existência, só percebemos saídas e entradas, idas e vindas. Mas a viagem redonda, a travessia das coisas — que é vivência e descoberta do mundo e de nós mesmos, nessa aprendizagem da vida, em que o próprio viver consiste —, a viagem-travessia que se transvive na lembrança, constitui o saldo imponderável das ações, que a memória e a imaginação juntas recriam. "Viver — não é? — é muito perigoso. Porque ainda não se sabe. Por que aprender a viver é que é o viver mesmo." E diz Riobaldo ainda: "Eu atravesso as coisas — e no meio da travessia não vejo — só estava era entretido na ideia dos lugares de saída e de chegada. Assaz o senhor sabe: a gente quer passar um rio a nado, e passa; mas vai dar na outra banda e num ponto muito mais em baixo, bem diverso do que em primeiro se pensou. Viver nem não é muito perigoso?" Só no final da narrativa, quando Riobaldo consegue fixar o perfil completo de sua existência relembrada, é que a travessia se apresenta nitidamente: "O que existe é homem humano. Travessia".

O motivo da viagem, que assim transparece na estrutura, na temática e nas intenções morais, filosóficas e religiosas de *Grande sertão: veredas*, já está latente na forma dos sucessos, conflitos, acontecimentos trágicos ou cômicos, que servem de matéria às novelas de *Sagarana*. Misto de acaso e necessidade, a ação dos personagens de

Sagarana segue, em geral, de maneira ostensiva ou encoberta, a linha itinerante de caminhos que se apartam e se entrecruzam, para se unirem depois, produzindo, pela convergência de causas mínimas, imprevisíveis, circunstanciais, um efeito único, que parece pré-ordenado por uma *razão* (*logos*) exterior aos atos humanos. As coisas e os animais participam do encadeamento secreto de causas, que imprime um cunho de necessidade a *sucessos casuais*, e que faz da necessidade um produto singular da multiplicação de acasos.

Bastaria citarmos, como ilustração disso, "O burrinho pedrez" onde a Providência delega, no curso de uma viagem, ao manso e imprestável burrinho Sete de Ouros, a função de salvar da enchente, que intercepta o caminho de volta da tropa, dois dentre os vaqueiros que conduziram uma boiada à estação de embarque. É no ciclo da viagem que o destino se modifica e a ação da Providência se manifesta. À custa de inúmeras circunstâncias, as causas tecem e retecem os seus efeitos, agindo sempre através de movimentos de ida e volta. São encontros e desencontros, são equívocos aparentes, que um recuo no espaço e no tempo transforma em certeza, ou em certezas que a distância neutraliza. Assim, Lalino Salatiel, de "A volta do marido pródigo", que no desejo de ver outras paragens abandona a mulher, recupera-a, por meio de artimanhas, ao regressar da grande cidade. Essas tretas produzem efeitos que, embora cômicos, resultam de um mecanismo de ações e circunstâncias, análogo ao que gerou, em "O burrinho pedrez", o trágico final antes mencionado.

A viagem coincide, às vezes, com a solução próxima de um conflito moral e espiritual. Augusto Matraga retorna à vida, seguindo a trajetória incerta e indiferente de sua montaria — de novo, um burrinho que o leva ao reencontro com seu Joãozinho Bem-Bem, graças ao qual, cumprindo o seu fadário, a conversão esperada se realiza.

As linhas do Fado, que no processo da viagem se desenrolam, mais flexíveis do que o *fatum* da tragédia grega, também podem cruzar-se devido à intervenção inopinada e casual de terceiros. Exterio riza-se novamente, por intermédio desses agentes interpostos, o influxo daquela razão ou Providência, muito próxima, pelo que tem de impessoal e objetiva, da *pronoia* dos estoicos. Temos, ainda em *Sagarana*, dois exemplos de tais encontros transversais ou oblíquos: "Duelo" e "Minha gente".

Na primeira novela, há dois contendores que jamais podem encontrar-se. Cassiano Gomes quer vingança, Turíbio Todo foge do vingador. Mas por uma via transversa — a gratidão do capiau Juruminho a Cassiano Gomes, seu casual benfeitor — a vingança desse último, já depois de morto, atinge o desafeto, no momento em que Turíbio Todo, sem nada mais que temer, voltava, tranquilo e lampeiro, para reinstalar-se no seu sítio, de há muito abandonado. O desenlace é tão rápido e inesperado aqui quanto em "Minha gente". Como por uma autocorreção das circunstâncias, o amor equivocado do personagem-narrador pela prima, Maria Irma, transfere-se à eventual visitante da Fazenda, amiga da outra, e a quem esse amor parecia desde sempre destinado, enquanto o de Maria Irma se fixa num rapaz, vindo de fora. O motivo da viagem é, no processo da narrativa, absorvido pelos lances de um jogo de xadrez, que se desenrola ao longo da trama, representando uma espécie de reconfiguração simbólica do enredo, a ele paralelo. O equívoco conduz à descoberta do amor legítimo e perdurável. Trocam-se as posições dos agentes, como no jogo de xadrez a posição das pedras. Os lances do acaso decidem a partida, que ninguém perde e que ninguém ganha. Mas o resultado, que arruma os casais, segundo a ordem de suas *afinidades eletivas*, revela-nos que a sorte tem a secreta racionalidade que Aristóteles descreveu em sua *Física*: o encontro de múltiplas séries causais que independem umas das outras e convergem para o mesmo ponto.

Corpo de baile não está menos do que *Sagarana* vinculado a essa concepção do destino itinerante, que se constrói ou com lances aleatórios de jogo ou com os circunlóquios de uma fortuna andeja. No poema de Miguilim, "Campos gerais", a vida nova começa para o Menino quando a história acaba e ele parte em viagem pelo mundo. Igualmente a união espiritual do moço e da velha, do vaqueiro Lélio com D. Rosalina, em "A estória de Lélio e Lina" completa-se na peregrinação por eles iniciada no fim do conto. E é ainda uma espécie de peregrinação mas no plano do amor carnal, que reacende a paixão de Soropita por Doralda ("Dão-Lalalão"), ao sabor das recordações, que mais se avivam quanto mais Soropita se aproxima, ao cabo de uma viagem costumeira, da mulher distante.

Há também, a par de muitos périplos, andanças, partidas e chegadas, de *Primeiras estórias*, a peregrinação sem horizontes, antecipação da morte, e voluntária provação. Assim, vemos no conto "A terceira margem do rio", a peregrinação soturna, tresloucada, rio acima rio abaixo, do homem que vaga, à deriva, no barco onde passeia a sua loucura solitária. "Ele não tinha ido a nenhuma parte. Só executava a invenção de se permanecer naqueles espaços do rio, de meio a meio, sempre dentro da canoa, para dela não saltar nunca mais." O polo oposto dessa estranha renúncia à vida, em que a viagem, no espaço indefinido e vazio das águas, dentro de um tempo que se repete, fecha-se sobre si mesma, é o assomo de vitalidade — prenúncio da morte — do velho de "Tarantão meu patrão", que, D. Quixote "em maluca velhice", ganha o mundo, para pelejar a esmo, em ritmo de farsa, parodiando antigos e gloriosos rasgos dos Roldões e pares de Carlos Magno.

Os espaços que se entreabrem, na obra de Guimarães Rosa, são modalidades de travessia humana. *Sertão* e *existência* fundem-se na figura da viagem, sempre recomeçada — viagem que forma, deforma e transforma e que, submetendo as coisas à lei do tempo e da causalidade, tudo repõe afinal nos seus justos lugares. Não há, porém, nessa concepção da vida humana, resquícios de fatalismo. O Destino, resultante de ações diversas que se conjugam, não tem a eficácia de uma força exterior e independente. É o desenho completo da trajetória da vida, o diagrama do movimento da existência no tempo, cujo processo de avanço e recuo, por meio de atos e gestos, de que se originam efeitos imprevisíveis, materializa-se nos tópicos da travessia, que abundam em *Grande sertão: veredas*: as passagens difíceis, os ínvios caminhos, terras prazenteiras e inóspitas, o lugar paradisíaco onde vivia Otacília (o Paracatu), a encruzilhada do Pacto, o deserto Liso do Sussuarão, a indigência do Sucruiu e o grande encontro com os *hermógenes* no Paredão.

O Destino é, em vez de fator produtivo, o resultado de forças opostas, conflitantes — as de Deus, mansas e constantes, as do Demo, bruscas e agressivas. Mas essas forças divididas só aparentemente são antagônicas. Viver é muito perigoso, porque não há clara delimitação entre elas. Apenas se pode saber que "Deus é definitivamente e o Demo o contrário dele". A existência humana, imersa no jogo equívoco desses dois poderes, um dos quais, o do Demo, é sempre inferior ao de Deus, participa de uma trama, que de certo modo a transcende, e que, no entanto, a sua atividade temporal ajuda a desenvolver.

É essa atividade temporal da existência, fulcro da *poiesis* originária, que constitui, na obra de Guimarães Rosa, o último horizonte simbólico da viagem. Vê-se, então, que o significado final desse motivo afasta-se da ideia cristã do *homo viator*, segundo o qual o homem apenas transitaria no mundo, que não corresponde nem à sua origem nem ao seu verdadeiro destino.

Para Guimarães Rosa, não há, de um lado, o mundo, e, de outro, o homem que o atravessa. Além de viajante, o homem é a viagem — objeto e sujeito da travessia, em cujo processo o mundo se faz. Ele atravessa a realidade conhecendo-a, e conhece-a mediante a ação da *poiesis* originária, dessa atividade criadora, que nunca é tão profunda e soberana como no ato de nomeação das coisas, a partir do qual se opera a fundação do ser pela palavra, de que fala Heidegger.

Mas foi somente em "Cara-de-Bronze" que Guimarães Rosa pôs a nu o motivo da travessia, focalizando-a direta e expressamente como tema. A viagem passa a constituir, nesse conto, a demanda da Palavra e da Criação Poética. Eis o sentido da estória deste Ariel do sertão, o Grivo, que sai mundo afora, a procurar, para o seu patrão Cara-de-Bronze, "o quem das coisas", e que lhes traz, na volta, como único bem, "a viagem da viagem": o relato poético do que viu, ouviu e imaginou.

A viagem do Grivo

"Cara-de-Bronze", uma das seis narrativas de *Corpo de baile*, ocupa um lugar à parte na obra de João Guimarães Rosa. É que nesse conto, a princípio denominado de poema,[1] o motivo da viagem, sob várias formas presente, de *Sagarana* a *Primeiras estórias*, converte-se em tema direto da narrativa, a ela impondo uma estrutura polimórfica, com elementos líricos e dramáticos, em função dos quais variam o tempo interno da estória e a amplitude da *mimese*. O tempo varia do passado ao presente e se fixa na intemporalidade própria dos mitos. A *mimese* ora se circunscreve a uma porção da vida comum, do cotidiano, ora está em contato com os largos domínios do maravilhoso.

Tematização do motivo da viagem, estrutura polimórfica, horizonte mítico-lendário, são, pois, os aspectos marcantes que fazem desse conto uma composição exemplar, verdadeira síntese da *concepção do mundo* de Guimarães Rosa, onde certas possibilidades extremas de sua técnica de ficcionista se concretizam.

A viagem apresenta-se em "Cara-de-Bronze" como Demanda da Palavra e da Criação poética. Ela começa no Urubuquaquá, de onde, por ordem de Segisberto Jeia, o Cara-de-Bronze, senhor daquelas terras de muito gado, velho e doente, aposentado num quarto de casa-grande, parte um de seus vaqueiros para trazer-lhe os nomes das *coisas*. Esse vaqueiro, vitorioso nos torneios organizados por Segisberto Jeia, é o Grivo, que aparece, menino ainda, pobre e humilhado, em "Campos Gerais". Os assuntos dos torneios que, por gosto, Cara-de-Bronze ordenava, eram, no dizer dos seus vaqueiros, "mariposices" e "bobeias": assim, por exemplo, mudar os nomes dos lugares, batizar aqueles sem nome, perceber qualidades raras, de esquiva defini-

[1] Na primeira e na segunda edição de *Corpo de baile*, "Cara-de-Bronze" figura como poema. Já na terceira aparece entre os contos, ao lado de "O recado do morro", formando o volume *No Urubuquaquá, no Pinhém*, compulsado para este trabalho.

ção, ou arrancar, por meio de um jogo especial, com palavras soltas, jogo que nem diverte nem rende, mas dá prazer e contentamento, os sutis aspectos da Natureza. Cara-de-Bronze chamava alguns de seus homens mais destros nessas práticas de "imaginamento", um Mainarte, um José Uéua, um Noró, um Abel, um Grivo — e porque quisesse saber "o por que de tudo nessa vida", e acreditasse em mentiras, "mesmo sabendo que mentira é", pedia-lhes, para efeito de contemplação, os nomes de coisas desimportantes:

> "A rosação das roseiras. O ensol do sol nas pedras e folhas. O coqueiro coqueirando. As sombras do vermelho no branqueado do azul. A baba do boi da aranha. O que a gente havia de ver se fosse galopando em garupa de ema. Luaral. As estrelas. Urubus e as nuvens em alto vento: quando elas remam em voo. O virar, vazio por si, dos lugares. A brotação das coisas. A narração de festa de rico e de horas pobrezinhas alegres em casa de gente pobre...".

O Grivo era o de melhor fala, aquele que sabia "jogar nos ares um montão de palavras, moedal". Foi ele o escolhido para ir à busca do "quem das coisas".

Quando a ação do conto principia, os vaqueiros trabalham, sob o sol e a chuva, na apartação do gado. Conversam sobre o Grivo, que já voltara, fazendo suposições acerca do real objetivo da viagem por ele empreendida. Aguardam que ele próprio venha narrar-lhes o que viu e o que trouxe. O cozinheiro de boiada Massacongo afirma que uma Noiva chegou, trazida pelo Grivo. Mas nada se sabe, a não ser que a viagem terminara.

> "[...] Um vaqueiro tinha chegado, de torna-viagem. De uma viagem quase uma expedição, sem prazos, não se precisava bem aonde, tão extenso é o Alto Sertão — os bois nesses vastos. Tudo comum e reles dito, entre garfada e garfada. O vaqueiro chamado Grivo. Agora, ele estava almoçando no quarto, com o Patrão, maneira de relatar seus acontecidos. [...] O fazendeiro patrão não saía do quarto, nem recebia os visitantes, porque tinha uma erupção, umas feridas feias brotadas no rosto. Seria lepra?"

Há nisso tudo a atmosfera medieval das cortes, dos jogos e das relações entre suseranos e vassalos, nos romances de cavalaria, atmosfera que se coaduna com o estrato rural e feudal da sociedade brasileira, onde a ação do conto transcorre. O quarto de Cara-de-Bronze congrega uma pequena corte — distante e separada dos homens do campo, que desempenham tarefas comuns do cotidiano, não tomando parte nos exercícios de "imaginamentos". Só entre os cavaleiros da Távola há noção da Demanda, incompreensível para os de fora. E como em *A demanda do Santo Gral*, Segisberto Jeia, reencarnação sertaneja do rei Artur, envia um outro a buscar aquilo de que necessita para a felicidade de seu reinado. Enquanto, naquele romance, é Galaaz, o melhor dos cavaleiros, quem parte, ficando o rei Artur em Camelot, na estória de Guimarães Rosa é o mais perfeito dos homens de Cara-de-Bronze, vitorioso em todas as provas, e de origem obscura como Galaaz, quem sai na demanda do Gral da Palavra, que há de renovar e completar a existência do Patrão. Outro ponto de contato com os romances do ciclo do Gral é a doença de Cara-de-Bronze. Em algumas versões da *Demanda do Gral*, o objetivo da busca é restaurar a saúde e devolver a juventude do Rei, enfermo e extremamente idoso.[2]

Mas o único bem, finalmente alcançado em "Cara-de-Bronze" que o Grivo entrega, na volta, ao mandante do feito, é o relato das coisas vistas e imaginadas durante o percurso: a Viagem transformada em palavras, súmula da atividade poética, que abriu os espaços do *sertão* e os converteu na profusão do mundo natural e humano.

A viagem do Grivo realiza-se como travessia por entre coisas que vão sendo nomeadas, uma a uma, detalhadamente — árvores, conforme suas espécies, grandes e humildes — desde as de alto porte aos carrapichos, arbustos, cipós, ervas, capins, todos os "verdes viventes"; pássaros, seus voos, gritos e hábitos, e todas as qualidades de aves, inclusive passarinho cantador; mamíferos errantes, por acaso encontrados, répteis e batráquios, insetos, manchas de sol e manchas de nuvens. Essa relação bíblica, à maneira do Gênese e do Deuteronômio, abrange também lugares e gentes — homens pelas suas profissões, mulheres velhas a rezar, cafuas, fazendas e fazendolas, o de-comer da

[2] Segundo Jessie L. Weston, *From Ritual to Romance*, Cambridge, Cambridge University Press, 1920; 2ª ed.: Garden City, Doubleday, 1957.

fome, as doenças, as formas de miséria, meninos, meninas, caatingas e mandiocais, buritis, gado e moças, das quietas e das "mexíveis".

São "os trabalhos e dias" que se desenrolam, as estações da vida que a travessia corta e que a mesma travessia une, para tornar manifesto, no relato que a prolonga e completa, o sentido que a tudo permeia. Os nexos que ligam os diferentes momentos da travessia, e que dão acesso ao mundo natural e humano, enfim conhecido e possuído, através do *logos* poético que o recriou, só se produzem, sob forma de *narrativa*, na viagem concluída.

A missão do Grivo, objeto da demanda que o velho Cara-de--Bronze ordenou, foi retraçar o surto originário da linguagem, recuperar a potencialidade criadora do Verbo. O que ao fim o exemplar viajante entrega ao velho não é a Noiva real, finalidade da viagem para os vaqueiros comuns, mas a imaginária, feita desses "nadas aéreos", que as palavras são:

> "O GRIVO (a Moimeichêgo): Eu disse ao Velho: ... *A noiva tem olhos gázeos*... Ele queria ouvir essas palavras. [...] Ele, o Velho, me perguntou: — 'Você viu e aprendeu como é tudo, por lá?' — perguntou, com muita cordura. Eu disse: '— Nhor vi'. Aí, ele quis: — 'Como é a rede de moça — que moça noiva recebe, quando se casa?' E eu disse: — 'É uma rede grande, branca, com varandas de labirinto...' (*Pausa*.)
>
> *José Proeza* (surgindo do escuro): 'Ara, então? Buscar palavras-cantigas?'
>
> [...]
>
> *Mainarte*: Jogou a rede que não tem fios.
>
> GRIVO: Não sei. Eu quero viagem dessa viagem...".

Foi esse Gral das palavras da vida, que abrem a imaginação, consolam e humanizam, que Grivo trouxera. "Palavras de voz. Palavras muito trazidas. De agora tudo sossegou. Tudo estava em ordem."

A Viagem tem, pois, dois sentidos, duas versões; o conto divide--se em dois focos concêntricos que se movem um em função do outro: *o da narrativa* propriamente dita, como unidade literária maior, que é a estória da Demanda, descrevendo o ambiente — a terra, a Fazenda, os homens, os seus trabalhos, o que dizem ao cuidar do gado — e contando-nos o que se passou nesse Urubuquaquá entre um certo Cara-de-Bronze e um certo Grivo: e o *da narrativa da narrativa*, da viagem da viagem, cheio de subentendidos, por trás do qual fica a verdadeira estória, que somente ao Cara-de-Bronze foi contada.

Essa visão bifocal da obra ajusta-se à natureza ambígua e mediadora do Grivo, personagem que tem por fundo a figura do Menino mítico, um dos arquétipos do *sagrado*, que domina, sob outras encarnações importantes, como Diadorim e Miguilim, a ficção de Guimarães Rosa.

Ser lendário, que traz alívio ao Cara-de-Bronze, o sortilégio do Grivo manifesta-se no sentido oposto ao poder de fascínio diabólico que Diadorim exerce sobre Riobaldo. Unindo e congregando em diferentes círculos de existência, o Grivo desempenha função mediadora, a favor da ordenação cósmica, da atividade criadora e da pacificação dos homens. É ele quem liga o Cara-de-Bronze às coisas. É ele, igualmente, o mediador entre quarto do Patrão, onde se ocultam o maravilhoso, o secreto, o lendário, e a gente comum que povoa o Urubuquaquá. Assim, o maravilhoso, nesse conto, desabrocha num contexto realista, que abrange, por meio de descrições, os dados concretos de uma realidade humana e social específica.

O Urubuquaquá, que a descrição inicial situa, não é um domínio fantástico, alegórico ou onírico:

> "No Urubuquaquá. Os campos do Urubuquaquá [...], fazenda-de-gado: a maior — no meio — um estado de terra. A que fora lugar, lugares, de mato-grosso, a mata escura, que é do valor do chão. [...] Ali havia riqueza, dada e feita. A casa — avarandada, assobradada, clara de cal, com barras de madeira dura nos janelões — se marcava".

Os passos subsequentes da narrativa levam-nos a tomar conhecimento da terra, da vida e dos afazeres dos homens da região, bem individualizados, física e moralmente. Lugar, homens e coisas, através da atitude objetivista do narrador, própria do gênero épico, que evoca os acontecimentos, aparecem no passado do "foi" e do "era", situados num plano de realidade concreta. Assim: "*Eram* dias de dezembro, em meia manhã, com chuva e nuvens, dependurada no ar para cair". Ou então: "Na coberta ainda *havia* poeira do estrume...". Como estes citados, muitos outros entrechos narrativos, disseminados por todo o conto, funcionam como amarras, ligando o maravilhoso à realidade ambiental. Mas nem essa realidade é dominante, nem o maravilhoso, que se infiltra por vários pontos, em vários momentos, a suplanta.

A passagem do plano da realidade concreta ao mitopoético faz-se por gradações insensíveis, de cortes rápidos no tronco da narrativa, onde se enxertam, dentro da estrutura geral, grandes entrechos dramáticos e pequenos momentos líricos. Nos dramáticos, um dos quais sob forma de roteiro cinematográfico, a ação, com os seus personagens, é trazida para o presente; o narrador, então, desaparece na independência dos diálogos e das marcações teatrais, ora longas, ora breves. As partes líricas são as trovas do violeiro, menestrel particular do Cara-de-Bronze, pago para cantar e tocar, no alpendre da casa, louvando o Buriti, o Boi e a Moça. Como um acompanhamento musical, as Trovas interferem nos outros momentos, épicos e dramáticos, fazendo com que o *tempo passado* dos primeiros se aproxime do *tempo presente* dos segundos. Essa aproximação reforça o clima poético da narrativa, criando condições para que se produza o "*sem-tempo*" do mito.

O efeito total, resultante das múltiplas interações que se processam no desenvolvimento da estória, comumente alcançado pelas epopeias míticas e pelos relatos sagrados, é a impressão da intemporalidade de tudo o que se passa. Torna-se a Viagem, em "Cara-de-Bronze", como o *tempo* para Platão, a imagem movente do que é eterno.

As variações do tempo e da *mimese* em "Cara-de-Bronze", dentro de uma estrutura polimórfica, da qual participam elementos narrativos, dramáticos e líricos, produzem a impressão de intemporalidade dos relatos mitopoéticos. O real e o lendário, o passado e o presente, as coisas vistas e as imaginadas, aí se entrelaçam e se harmonizam numa diversidade de planos e de intenções que imprimem ao conto as diferentes nuanças da epopeia, do auto pastoril, do romanceiro e da comédia.

Como nas epopeias antigas, a empresa do Grivo é uma ação ao mesmo tempo valorosa e livre, levada a bom termo, com a fortaleza, a decisão e o desembaraço dos heróis sobranceiros das Sagas. Esse plano da ação nobre, valorosa e gratuita, que visa apenas à contemplação do mundo, está separado daquele outro, do trabalho cotidiano dos vaqueiros, que corresponde ao das ações vulgares e comuns próprias da *comédia*, na acepção aristotélica do termo. Dentre os vaqueiros é o Grivo o único que não trabalha. A sua ocupação é a Viagem. E é pela Viagem que ele se distancia de todos os gestos, exclamações, conversas, gritos, aboios, incidentes, desejos, pequenas necessidades, que acompanham a atividade coletiva, matéria da comédia expressa nos diálogos dos vaqueiros, comentando a aventura do Grivo, que não podem compreender.

O Grivo recua, pois, à condição de essencial liberdade gozada pelos heróis épicos, a que Hegel se referiu. É a liberdade própria das épocas primitivas, ainda não sujeitas às condições do mundo civil, e que reaparece, muito tempo depois, no ambiente idealizado da poesia idílica. As relações do Grivo com a Natureza são idílicas. Quando ele retorna de sua empreitada, ingressa novamente no círculo do trabalho, mas para narrar, durante os que-fazeres de uma apartação de gado, as suas aventuras. Essa narrativa é uma interrupção do trabalho, neutralizando o cotidiano e dando um outro sentido à comédia dos vaqueiros. Por outro lado, os enxertos líricos, relativos ao Buriti, ao Boi e à Moça ou Noiva, emprestam à dialogação o ritmo de pastoril. Para completar esse quadro, a louvação da Moça, o descante da Noiva de tão longe trazida, introduzem, no conjunto assim formado, o tom dos romanceiros populares.

Há diálogos, como o que a seguir reproduzimos, que são entrechos dramáticos autônomos.

> "*O Vaqueiro Abel.* — O Grivo, ele era rico de muitos sofrimentos sofridos passados, uai.
>
> *O Vaqueiro José Uéua.* — O Velho ensinou.
>
> *O Vaqueiro Mainarte.* — O que o Grivo forte dizia:
>
> — *Dererê, serra minha!*
>
> *Moimeichêgo.* — Só isso? Só?
>
> *O Vaqueiro Mainarte.* — Pois só. *Dererê, serra minha...*
>
> *O Vaqueiro Tadeu.* — A bem, ele agora voltou, ele está ai, de oxalá. A gente vai saber as coisas todas...".

A marcação teatral que vem, logo após, entre parênteses — "(Aumenta a monotonia da conversa, de vez em quando interrompida para o comentário de incidentes na apartação.)" — define a unidade e a autonomia desse momento dramático, prolongado ainda nos pequenos e rápidos diálogos, em notas de pé de página, que tratam de tais incidentes, mas já em contraponto com as modas do cantador, estas no corpo gráfico principal do texto: "Buriti me disse adeus,/ conselhos não quis me dar" etc. Finalmente, para só considerarmos o trecho em exame, a atitude objetivista é restaurada, e a narração continua: "Sestronho, sem pressa, o Cara-de-Bronze, se quis, fez".

O narrador, entretanto, quebra esse objetivismo, interferindo na estória para refletir sobre o seu desenvolvimento:

> "Narrará o Grivo só por metades? Tem ele de pôr a juros o segredo dos lugares, de certas coisas? Guardar consigo o segredo seu; tem. Carece. E é difícil de se letrear um rastro tão longo. Para o descobrir, não haverá possíveis indicações? Haja, talvez. Alguma árvore. Seguindo-se a graça dessa árvore [...]".

Dando a entender o que o Grivo silenciou, o que ele não pôde contar aos outros, a interferência reflexiva do autor põe à prova o tema do conto. É um jogo irônico da estória com o seu sentido.

> "Eu sei que esta narração é muito, muito ruim para se contar e se ouvir, dificultosa; difícil: como burro no arenoso. Alguns dela não vão gostar, quereriam chegar depressa a um final. Mas — também a gente vive sempre somente é espreitando e querendo que chegue o termo da morte? Os que saem logo por um fim, nunca chegam ao Riacho do Vento. Eles, não animo ninguém nesse engano; esses podem, e é melhor, dar volta para trás."

O sentido da estória foge ao narrador; ela se completará independentemente dele, nos horizontes longínquos e vagos, onde a viagem do Grivo se projeta miticamente: "Esta estória se segue é olhando mais longe. Mais longe do que o fim; mais perto".

Há dois outros recursos, a que particularmente se deve o processo de projeção mitopoética, a partir da experiência sensível, que ainda mais singulariza a estrutura de "Cara-de-Bronze": o *interrogatório* do Grivo e o *uso*, comum à ensaística, de *glosas*, *notas* e *citações marginais*, que complementam, enriquecem e autentificam o texto.

O inquérito, rememorativo e minucioso, que figura em apêndice ao texto, e num outro corpo tipográfico, é vazado no estilo catequético do VII episódio do *Ulisses*, de Joyce (a conversa de Dedalus-Bloom na cozinha, prolongada depois no solilóquio de Bloom). "— E que árvores, afora muitas, o Grivo pôde ver? Com que pessoas de árvores ele topou? A ana-sorte. O joão-curto. O joão-correia. As três-marias. [...]" etc. A lista continua, extensa, repetindo-se a cada pergunta. Todas as respostas, de caráter enumerativo, nomeiam, conforme a nomenclatura regional, e com grande número de variantes, animais e vegetais. Para deixar bem clara a natureza do processo, relacionamos a maioria das questões propostas ao Grivo:

> "— *E os carrapichos, os carrapichinhos que querem vir na roupa da gente?* [...] — *E os arbustos, as plantinhas, os cipós, as ervas?* [...] — *E os capins, os capins bonitos, que os boizinhos e os cavalos pastam?* [...] — *Dos verdes viventes, cada um, por chuva e sol, pelejando no seu lugarim?* [...] *Outras qualidades de aves do céu e de passarinhim que pia e canta*".

Compare-se o estilo catequético dessas indagações com o das que Leopold Bloom formula: "Sozinho, que sentiu Bloom? O frio do espaço interstelar, milhares de graus abaixo do ponto de congelamento ou o zero absoluto de Farenheit, centígrado ou de Réaumur: as admonições incipientes da aurora próxima [...]". "Que objetos homotéticos, outros que o castiçal, estavam no consolo da lareira? [...]". "Que continha aberta a primeira gaveta? [...]". "Que outros objetos relativos a Rudolph Bloom havia na segunda gaveta? [...]".[3] No caso de Ulisses, porém, a sofisticação, tanto nas perguntas como nas respostas, exterioriza a volumosa estratificação social, cultural e filosófica na vida interior dos indivíduos, que o romance retrata, analisa e parodia. Mais simples e mais direto do que o questionário joyceano, o de Guimarães Rosa, na estória do Grivo, é adequado ao sertão, meio rudimentar, não urbano, e ao sertanejo, com seus dotes de *poeta ingênuo*; mas possui, tanto quanto o outro, significado e alcance cósmicos. A abertura do espaço, o conhecimento do mundo, a aparição de coisas com seus nomes, que nascem e tomam forma, durante a viagem-narração,

[3] James Joyce, *Ulisses*, tradução de Antônio Houaiss, Rio de Janeiro, Civilização Brasileira, 1966.

que reconstitui a atividade poética originária — tudo isso é, em grandes linhas, exposto e reforçado no inquérito do Grivo.

Da atividade poética, como Demanda das palavras essenciais à vida, que com o curso da viagem se confunde, surgem as formas míticas do Buriti, do Boi e da Noiva. São símbolos locais, que ultrapassam o âmbito regional. Equivalentes simbólicos do Verbo, em sua função vital criadora, pertencem à família dos grandes mitos ocidentais. Acentua-se esse parentesco pelas citações da *Divina comédia*, do *Fausto*, de *Platão* e dos *Upanishads*, que têm na economia de "Cara-de-Bronze" o papel dos adendos, em notas de pé de página, por nós mencionados linhas atrás, registrando os incidentes da apartação. São variantes que o leitor, *ad libitum*, pode dispensar ou acrescentar ao texto.

As citações de versos de Dante e Goethe revelam-nos as profundas ligações da viagem do Grivo com o substrato mítico de duas outras viagens: a do poeta florentino em busca de Beatriz, e a do Fausto, que obteve, por entre as mágicas transfigurações do mundo antigo, provocadas por Mefistófeles, Helena rediviva. Os trechos desses poemas, bem como as expressões platônicas e os excertos dos *Upanishads*, todos citados em notas de pé de página, prolongam, como num jogo poético sobressalente, que pode, sem prejuízo, ser omitido pelo leitor, o fluxo da narrativa. Irônico mais uma vez, consegue Guimarães Rosa, à custa desse recurso, uma pauta suplementar ao texto, enriquecendo a fabulação mítica e sugerindo a irradiante universalidade dos elementos simbólicos locais — o Buriti, o Boi, a Moça — que se cristalizam no mito em que o sentido do conto se totaliza: a perenidade e a unidade da vida, como síntese da abertura poética do mundo, consumada através da Viagem, e que o noivado ideal do Grivo representa.

O espírito com que Guimarães Rosa utiliza os textos citados é o do poeta que assimila e emprega a seu modo o que outros poetas viram e disseram, e não o do erudito, que se atém a interpretações literais. Dois dos cinco versos extraídos da *Divina comédia* subsidiam o encontro do Grivo com a prostituta Nhorinhá. São aqueles do Canto XIII do Inferno, em que Pietro delle Vigne, encontrado por Dante no círculo dos suicidas, refere-se à Inveja como "a meretriz, morte comum e vícios das cortes, que não desvia nunca os olhos lascivos do palácio de César".[4] Os três outros, do Canto XXXII, do Purgatório, descre-

[4] "*La meretrice che mai dall'ospizio/ di Cesare non torse li occhi putti, morte comune, delle corti vizio*".

vem, aludindo à transferência do Papado para Avinhão, a metamorfose do carro de Beatriz, puxado por um Grifo, no momento em que ela desce perto da árvore do Bem e do Mal: "Segura como uma rocha colocada em alto monte, apareceu-me sentada por cima uma desvergonhada meretriz, voltando os olhos para um lado e para outro".[5]

Os cinco versos, em conjunto, sobrepõem a imagem de Beatriz, ambígua na metamorfose que Dante presencia, à da prostituta Nhorinhá, vista pelo Grivo:

> "Mesmo no caminho, meando terras de bons matos, se encontrara com a moça Nhorinhá — ela com um chapéu de palha-de-buriti, maciamente, de três tamanhos, de largura na aba, e uma fita vermelha, com laço, rodeando a copa. De harmamaxa: ela vinha sentada, num carro-de-bois puxado por duas juntas, vinha para as festas, ia se putear, conforme profissão. A moça Nhorinhá era linda — feito noiva nua, toda pratas-e-ouros — e para ele sorriu, com os olhos da vida. Mas ele espiava em redor, e não recebeu aviso das coisas — não teve os pontos do buzo, de perder ou ganhar. Ele seguiu seu caminho avã, que era de roteiro; deixou para trás o que assim asinha podia bem-colher. (— *Essa eu olhei com o meu sangue...*) Deixou, para depois formoso se arrepender."

A meretriz Nhorinhá tem os olhos lascivos da vida com que sorri para o Grivo. Imagem do amor carnal, dos *prazeres fáceis* (confirma-o uma das duas expressões platônicas, também citadas[6] que reforçam o sentido da passagem), Nhorinhá, que vinha sentada no carro puxado por duas juntas de bois, e que era linda — "feito noiva nua, toda pratas-e-ouros" — é uma paródia da perfeita Beatriz celestial, abrigada de encontro ao peito do grifo, animal mutável, de dupla natureza. Nhorinhá traz um chapéu de palha-de-buriti, figuração da árvore da vida, dessa árvore, já "despida de folhas e de flores", ao pé da qual Beatriz de Dante se deteve.

[5] "*Sicura, quasi rocca in alto monte/ seder sovr'esso una puttana sciolta/ m'apparve con le ciglia intorno pronte*". Dante, *Obras completas*, vols. 3 e 5, São Paulo, Editora das Américas, 1957.

[6] "*Hai prókheiroi hédonái*" (os prazeres fáceis), Platão.

As imagens das duas noivas, a carnal e a celestial, revezam-se na visão do Grivo: a primeira, sinal de coisas mais altas e mais sutis, sublima-se na outra, aérea, impalpável, que o viajante continuaria a perseguir até transformá-la no objeto de seu imaginário relato ao Cara-de-Bronze. Não são as coisas vistas, como Nhorinhá, mas as imaginadas, como a Noiva, que formam o ciclo da viagem, durante o qual é muito difícil, se não quase impossível, distinguir entre "as coisas marcadas com um sinal e as não marcadas".[7]

Sem a palavra, que fixa as imagens, e que descerra, para além delas, o que se não vê e que apenas pode ser expressado, a Viagem não seria a recapitulação ordenadora, que dá sentido aos atos e episódios dispersos, unindo-os num todo presente e imóvel, em que a vida conquistada e recriada se detém. "Estava bebendo sua viagem. Deixa os pássaros cantarem. No ir — seja até aonde se for — tem-se de voltar; mas, seja como for, que se esteja indo ou voltando, sempre já se está no lugar, no ponto final."

Os excertos do *Segundo Fausto* e dos *Upanishads* referem-se, ora sob o aspecto da Beleza, ora sob o da unidade e perenidade da vida, à função ordenadora e criadora da palavra poética.

Pertencem os versos do *Segundo Fausto*, aditados ao texto da narrativa, à cena do terceiro ato ("Pátio interior de uma fortaleza cercado de suntuosas e fantásticas edificações medievais") em que Fausto, preparando-se para reinar ao lado de Helena, contempla, juntamente com ela, seus príncipes obedientes e seus domínios em ordem, enquanto o Coro entoa: "Eles executam fielmente o que lhes foi ordenado/ Cada qual satisfazendo o seu próprio interesse" ("*Seinen Befehl vollziehen sie treu,/ Jeder sich selbst zu einem Nutz*"). Já são do próprio Fausto, dirigindo-se a Helena, as palavras seguintes: "Esta terra que somente para ti volta seus olhos/ Oferece-te sua mais bela floração" ("*Dies Land, allein zu dir gekehret,/ Entbietet seinen höchsten Flor*"). Descreve-se, depois, a terra, com suas fontes e pastos, animais e colinas: "Por grupos, com um passo prudentemente cadenciado/ Os animais de chifre sobem até à borda escarpada" ("*Verteilt, vorsichtig, abgemessen schreitet/ Gehörntes Rind hinan zum jähen Rand*"). Finalmente, continuando a falar com Helena, Fausto exorta-a a fixar-se no presente, onde espera que a felicidade de ambos "floresça em arcádica

[7] "*Tá sesêmasména kai tá asémanta*", Platão.

liberdade" ("*Arkadisch frei sei unser Glück*"). Dessa longa tirada final, Guimarães Rosa apenas conservou os dois versos que completam os oito extraídos do *Segundo Fausto*: "Assim ambos alcançamos o nosso fim;/ Deixemos o passado para trás!" ("*So ist es mir, so ist es dir gelungen;/ Vergangenheit sei hinter uns getan!*").[8]

No *Segundo Fausto*, que é, conforme bem viu Lukács, o poema da criação e do gozo, a busca do conhecimento e do domínio sobre as forças antagônicas do mundo detém-se no jogo com a Beleza, que o Eterno Feminino, simbolizado por Helena, concretiza e encarna. Helena é o mundo poeticamente dominado e ordenado, que a viagem do Grivo, no conto de Guimarães Rosa, descobre e cristaliza na figura da Noiva de olhos gázeos:

> "Mas a estória não é a do Grivo, da viagem do Grivo, tremendamente longe, viagem tão tardada. Nem do que o Grivo viu, lá por lá.
>
> Mas — é a estória da moça que o Grivo foi buscar, a mando de Segisberto Jeia. *Sim a que se casou com o Grivo*, mas *que é também a outra*, a Muito Branca-de-todas-as-Cores, sua voz poucos puderam ouvir, a moça de olhos verdes com um verde de folha folhagem, da pindaíba nova, da que é lustrada."

Feminina e vegetal, a Noiva reúne as grandes figuras míticas da Terra Mãe, da Terra Primordial e da Árvore da Vida — Nhorinhá, Beatriz e Helena. Substrato do mundo, agente de criação, confunde-se com a Palavra, que a torna manifesta e sensível à imaginação.

Mas esse substrato, primitivo e perene, está igualmente no Boi. O Boi é, para os *Upanishads*, uma das formas do eterno Brahma. Outra dessas formas é a Palavra, "ouvido do ouvido, mental do mental, discurso do discurso".[9] Segundo a doutrina do *Chandogya-Upanishad*, citado por Guimarães Rosa em "Cara-de-Bronze", deve o discípulo encontrar no Verbo a unidade de Brahma. Sanatkumara ensina

[8] Edição consultada: J. W. Goethe, *Faust*, tradução de Henri Lichtenberger, Paris, Montaigne, 1933 (Collection Bilingue). A tradução dos versos é de Benedito Nunes.

[9] Kena, *in* Shri Aurobindo, *Trois Upanishads*, Paris, Albin Michel, 1972.

a Narada: "Pois se Verbo não houvesse, nem o certo, nem o errado, nem o verdadeiro, nem o falso, o bem e o mal, o agradável e o desagradável, seriam conhecidos. O verbo dá-nos a conhecer isso tudo". Tal é o "leite da palavra" que alimenta o discípulo, e sem o qual não podemos viver, a que se referem dois dos três trechos do *Chandogya*, aditados ao canto.[10]

Estão esses trechos em correspondência com o resumo que o Grivo, a certa altura da narrativa, faz de sua própria viagem:

> "Fui e voltei. Alguma coisa a mais eu disse?! Estou aqui. Como vocês estão. Como esse gado — botado preso aí dentro do curral — jejua, jejua. Retornei, no tempo que pude, no berro do boi. Não cumpri? Falei sozinho, com o Velho, com Segisberto. Palavras de voz. Palavras muito trazidas. De agora, tudo sossegou. Tudo estava em ordem..."

O Grivo aprendeu a verdade que mana das coisas. Aprendeu-a sobretudo com a vida animal, com os rebanhos do seu senhor Cara-de-Bronze. Ele é assim como o Satyakâma, da parábola do Chandogya, a quem um Touro, egresso da floresta, à testa do rebanho ali multiplicado, ensina a verdade:

> "Um touro falou-lhe assim:
> — Satyakâma!
> — Senhor!
> — Já somos mil. Reconduz-nos à casa do Mestre, e hei de ensinar-te uma das passadas de Brahma.
> — Então fala, disse Satyakâma. O touro disse: O Oeste é uma parte do Senhor, e assim também o Leste; o Norte e o Sul também são partes dele. Os quatro pontos cardeais formam uma passada de Brahma."[11]

[10] "A palavra dá-lhe seu leite — o que é o leite da palavra —, e ele tem alimento, ele se nutre amplamente, o que conhece esta doutrina dos *sâman* — esta doutrina." — "Então a Palavra se afastou. Depois de ausência de um ano, ela voltou e disse: — 'Como pudeste viver sem mim?'"

[11] A transcrição desta passagem por Guimarães Rosa limita-se ao trecho: "Um touro falou-lhe assim: — Satyakâma! — Senhor? — Já somos mil. Reconduz-nos à casa do Mestre".

A viagem redonda do Grivo, sem findar propriamente, sugerindo a eterna presentificação de todas as coisas reunidas e coletadas durante o seu périplo no sertão-mundo, que não tem princípio nem fim, é apenas uma passada de Brahma, uma imagem movente do Eterno.

Guimarães Rosa e tradução

Não se pode traduzir Guimarães Rosa como quem, traduzindo um texto de boa narração em prosa, tratasse tão só de reconstituir, no corpo de outra língua, a matéria narrada ou descrita. A simples reconstituição da narrativa não basta para assegurar a fidelidade na tradução de textos que, como os de Guimarães Rosa, são fundamentalmente poéticos.

Como traduzir, então, fidedignamente, a linguagem de Guimarães Rosa, individualizada por qualidades estilísticas marcantes, algumas das quais intransferíveis? Essa linguagem resultou de uma exploração pluridimensional da língua portuguesa, cujas diversas camadas, a arcaica, a erudita e a popular, dominadas e aprofundadas pelo romancista, foram por ele invertidas numa prosa que flui poeticamente e que, poeticamente, revoluciona sintaxe e semântica estabilizadas, a uma dobrando em moldes flexíveis que têm a sua estrutura própria, à outra enriquecendo com uma potência verbal inédita, capaz de fazer reviver palavras mortas, universalizar regionalismos, assimilar vocábulos de outras línguas e criar outros novos, especialmente com elementos do linguajar sertanejo, principal fonte do autor.

Em consequência desse processo de criação abundam, na obra de nosso romancista maior, termos e expressões literalmente intraduzíveis. Mas, se raciocinarmos levando em conta a ideia de que traduzir um texto é convertê-lo mecânica e paralelamente aos elementos e à forma de uma outra língua, então o conhecido adágio, "tradutor, traidor", jamais deixará de ser verdadeiro. Como viu Humboldt, cada idioma inclui, na sua maneira de perceber o mundo e apreciá-lo, um ponto de vista intransferível, que constitui o núcleo de sua individualidade. Analogicamente, a linguagem de Guimarães Rosa, que avivou ao máximo inclinações e peculiaridades da língua portuguesa, imprimindo-lhe uma visão nossa, brasileira, seria intraduzível naquilo que de mais específico possui. Diante de certas palavras e expressões correntes na obra de Guimarães Rosa, o tradutor, apegado à literalidade, abandonaria a tarefa antes mesmo de iniciá-la. São formas coloquiais e populares, são vocábulos e verbos novos, modalidades sintáticas originais, elipses de alcance poético, locuções surpreendentes, além de, como fez notar Cavalcanti Proença, rimas, aliterações e onomatopeias. Considerados esses elementos um a um sem conexão com a forma total a que pertencem, com a linguagem onde ocorrem, com a concepção do mundo de que fazem parte, é ampla, imensa mesmo, a margem do intraduzível em Guimarães Rosa. Foi certamente ao encarar a questão sob esse aspecto que Henriqueta Lisboa, em seu artigo publicado na *Revista do Livro* (12, dezembro, 1958), aludiu à dificuldade que o estrangeiro encontraria para compreender totalmente *Grande sertão: veredas* e assimilar expressões que somente a familiaridade com o idioma lhe permitiria entender. Traduzi-lo seria quase impossível; lê-lo, dificultoso.

Mas os problemas de tradução e de leitura são, no fundo, conexos a partir de certo ponto. J. Salas Subirat adverte-nos, no estudo introdutório à sua tradução de *Ulisses* para o espanhol, que essa obra de Joyce custou tanto a ser traduzida, menos por dificuldades relativas à tradução como por ter sido demorada e particularmente dificultosa a leitura e a plena compreensão do original. Uma vez lido, compreendido e interpretado, Joyce não demanda para a sua tradução estado de espírito diferente daquele que inspirou a tradução dos clássicos: Homero, Dante, Shakespeare, Rabelais, Cervantes, a cuja família ele pertence. J. Salas Subirat, que nos explica como solucionou os problemas da linguagem de Joyce, afirma, baseado na sua experiência, que traduzir é apenas um modo mais aprofundado de ler. Essa leitura atenta, de aprofundamento, de descoberta das riquezas do texto literário, de penetração em sua essência, é o que exigiríamos nós dos tradutores da obra de Guimarães Rosa, no momento em que ela vai aparecendo em vários idiomas.

Essa exigência parece óbvia. Mas há leitura e leitura. E a que o tradutor de Guimarães Rosa deve fazer, partindo de um aprofundado conhecimento da língua portuguesa, tem que ser uma sondagem crítica por meio da qual se aproprie da linguagem do romancista, identificando nela as qualidades formais específicas que a distinguem: seu caráter poético, a solidariedade entre forma e conteúdo, a perspectiva estilístico-valorativa à qual é inerente uma concepção do mundo, com dimensões próprias.

Sem que essa perspectiva estilístico-valorativa seja transportada para a outra língua e nela injetada, não se poderá traduzir realmente, e sim adaptar uma obra que, como a de Guimarães Rosa, alcançou a mais alta universalidade, aprofundando particularidades nacionais: a nossa língua, de onde retirou uma fala originariamente poética, e o sertão brasileiro, que transformou num arquétipo do mundo e da aventura humana, que se ombreia com a Mancha de Cervantes, a *selva escura* de Dante e a Dublin de Joyce.

A fidelidade que, nesse caso, se exige do tradutor, transcende pois a órbita das equivalências termo a termo, do paralelismo interlinguístico, periférico, linear, para tornar-se fidelidade interior, global, à perspectiva estilístico-valorativa da obra, plenamente compreendida e transferida, pela utilização máxima das possibilidades atuais e virtuais que ela contém, para outro contexto linguístico. Só assim o trabalho de tradução refletirá o que o original possui de original.

Desse ponto de vista, a tradução é um ato interpretativo, ao mesmo tempo crítico e inventivo, que se processa orientado pelo *parti pris* estilístico da obra. Não importa que termos e expressões determinados sejam inconvertíveis, desde que se respeite o fluxo de sentido, a propensão da forma, a direção da linguagem. Se o tradutor passa à categoria de intérprete e, superada a preocupação com a literalidade, resta-lhe o caminho da versão livre, sua liberdade para inventar, não podendo transgredir a ordem infusa do original, nem os limites que a sua própria língua lhe impõe, será, como toda liberdade, consciência da necessidade. Tradução livre não é tradução liberalizante, orientada por um *laissez-passer*, análogo ao do liberalismo político. Trata-se daquela espécie de "jogo livre e rigoroso ao mesmo tempo", do qual Haroldo de Campos nos fala na introdução aos trechos de *Finnegans Wake* de Joyce, que ele traduziu juntamente com Augusto de Campos, "onde o que interessa não é a literalidade do texto, mas sobretudo a fidelidade ao espírito, ao clima joyceano frente ao diverso feixe de possibilidades do material verbal manipulado".

Infelizmente foi essa atitude liberalizante que veio a prevalecer na versão francesa de três novelas de *Corpo de baile*, da autoria de J. J. Villard, publicada em 1960, pela Éditions du Seuil, com o título de *Buriti*[1] e prefácio de Xavier Domingue, e que esperamos não reapa-

[1] As citações de *CB* e *Buriti*, a seguir, correspondem, respectivamente, a *Corpo de baile*, primeira edição, Rio de Janeiro, José Olympio, 1956; e *Buriti*, Paris, Éditions du Seuil, 1960.

reça em outras traduções de obras de Guimarães Rosa, já publicadas ou por publicar.

Seria absurdo incriminarmos Villard por ter deixado de traduzir o intraduzível. O que peca, em seu trabalho, é a adoção de um critério inadequado para traduzir as novelas de *Corpo de baile*. Pecado original, sem dúvida, que vicia a tradução, retirando ou suprimindo a força poética dos textos e impondo-lhes, na forma de uma prosa bem urdida, um ponto de vista estilístico estranho ao autor, que não corresponde à concepção do mundo que é a dele.

Substituiu-se a perspectiva estilístico-valorativa do romancista, essencialmente poética e mística, por uma outra, que é prosaicamente informativa e realista, abundando em elementos analíticos e explicativos, incompatíveis com o espírito e com a estrutura dos originais. Veja-se como foi traduzida esta passagem de "O recado do morro" ("Le Message du morro"), *CB*, p. 388: "De feito, diversa é a região, com belezas, maravilhal" ("*Il faut avouer que la région présente des aspects extrêmement variés, des splendeurs, des merveilles*", *Buriti*, p. 96). Aqui a estrutura da frase de Guimarães Rosa foi distendida analítica e descritivamente. Essa tendência racionalista, talvez cartesiana do tradutor, é predominante; ele se põe a completar o sentido daquilo que o artista quis impreciso para sugerir a distância, a lonjura, o vago: "Terra longa e jugosa, de montes pós montes: morros e corovocas. Serras e serras por prolongação" (*CB*, p. 388). Isso vem dar: "*Un terrain très accidenté où les pics succèdent aux pics, avec des mornes, des coins désertiques; où les chaînes de montagnes se prolongent à l'infini*" (*Buriti*, p. 96).

Com a destruição da estrutura da frase, freia-se o ritmo, detém-se o fluxo das imagens: "Papagaios rouco gritam; voam em amarelo, verdes" (*CB*, p. 390) fica: "*Des vols des perroquets jaunes et verts passent avec des cris rauques...*" (*Buriti*, p. 98). Que distância do original! Mas a culpa não é por certo da língua francesa, que não impõe moldes realistas de expressão como o que corresponde a este trecho de "Dão-Lalalão": "O Dalberto falava vizinhoso, sereno, não como quem conta desatinadas vantagens, mas como quem agasalha um esvoacim de saudade no covo da palma da mão" (*CB*, p. 504): "*Dalbert parlait objectivement, simplement, pas comme un homme qui voudrait se vanter des succès exagerés, plutôt comme s'il tenait dans le creux de sa main une nostalgie prête à s'échapper*" (*Buriti*, p. 50).

Os dois advérbios escolhidos, "*objectivement*" e "*simplement*", neutralizando toda a carga afetiva da frase, não retransmitem o aconchegante e confiante de "vizinhoso", a placidez de "sereno". Por que o tradutor não procurou usar palavras que reproduzissem essa carga afetiva, que importava conservar, fazendo o que conseguiu com a parte final, "*comme s'il tenait dans le creux de sa main une nostalgie prête à s'échapper*"? Falta de capacidade? Não cremos. A opção que orientou o tradutor é que está errada e desse erro inicial decorreram todos os demais.

Villard traduziu sem apropriar-se da perspectiva do autor, sem penetrar na sua maneira de ver e de compreender as coisas. Escolheu padrões estilísticos do realismo, empurrando Guimarães Rosa para uma vertente literária inadequada. Daí ter-lhe emprestado uma linguagem incompatível com a concepção do mundo inerente à obra do nosso romancista.

Os grandes equívocos da tradução de J. Villard decorrem de uma interpretação errônea do sentido do original, como se vê nesta passagem, última da série de exemplos típicos que escolhemos: "Desde ali o ocre da estrada, como de costume, é um S que começa grande frase" (*CB*, p. 387). O que se diz em francês: "*En ce lieu d'argile jaune la route dessine un S majuscule comme on en voit en tête des grandes phrases*" (*Buriti*, p. 95), é tão realista e prosaico quanto o que se diz em português é místico e poético. Se Villard tivesse se preocupado em traduzir consoante a concepção do mundo que emerge de *Grande sertão: veredas* e de *Corpo de baile*, do qual extraiu as novelas traduzidas, se tivesse percebido, como percebeu Xavier Domingue, no Prefácio de *Buriti*, que a linguagem de Guimarães Rosa é contemplativa, reconheceria facilmente o caráter alegórico daquele pequeno trecho: a estrada, S, é uma letra e um caminho da grande frase, viagem, proferida pelo Sertão-mundo.

Essa tradução de J. Villard que, em 1960, Paris saudou como a revelação de um Giono elevado à décima potência, reduziu, de fato, à décima parte o potencial verbal de Guimarães Rosa, cuja obra requer daqueles que a traduzem o mesmo cuidado crítico, a mesma atenção interpretativa e a mesma capacidade inventiva daqueles que têm traduzido Joyce.

Tutameia

As quarenta estórias de *Tutameia*, de Guimarães Rosa, distribuídas em quatro grupos, cada um dos quais antecedido de prefácio, estão poeticamente ordenadas. São estórias de uma só estória; são casos exemplares, a modo de diversa figuração de grande fábula ou mito. Isso, se dermos a fábula o sentido de ensinamento indireto, que se extrai, por via de ação de pessoas, animais ou coisas, e se por mito entendermos, respeitando a etimologia, história que personaliza verdades ou princípios essenciais.

Convém lembrar que Aristóteles, embora muito afastado estivesse do pensamento intuitivo dos primeiros filósofos, dizia ser o mito um testemunho daquela admiração pelas coisas, que move a inteligência a tentar compreender o que elas têm de incompreensível. Propõe-nos a fábula sabedoria possível e desejável; impõe-nos o mito, paradoxalmente, a desejável, mas não possível, compreensão do mundo e da existência. De onde se conclui que ambos, mito e fábula, são elementos da *poiesis*; criamo-los para que nos ajudem a captar o sentido que mal se vislumbra em cada vida individual, pequena e insignificante, em cada situação particular, emaranhada em miúdos atos circunstanciais, episódicos, mais puxando ao cômico que ao trágico.

Vista só no conteúdo esparso e amorfo de seu dia a dia, faz-se a vida com a matéria contingente e vária desses casos e aconteceres — *tutameias*, *tutameíces* — que são os motivos das *Terceiras estórias* de Guimarães Rosa. Só duas delas, talvez, uma, a "Estoriinha", no primeiro grupo, a que chamaremos "Aletria e hermenêutica", nome do prefácio respectivo, ou outra, "Palhaço da boca verde", no terceiro, "Nós, os temulentos", podem ser consideradas trágicas, pelo desfecho que a morte e o sofrimento marcam. O clima geral de *Tutameia*, mesmo quando se mata ou morre, é o clima da comédia.

Tome-se atenção que empregamos o termo comédia no sentido que Susanne Langer lhe emprestou, de ritmo dramático favorável à vida e à restauração de suas forças. Na comédia, as contradições da ação resolvem-se sem sofrimento; refaz-se o equilíbrio comprometido, refazendo-se, por obra de espontâneo devir, a continuidade da existência. Na tragédia, vai o personagem do estado de plenitude ao de completa carência e de completo aniquilamento. É oposto e inverso o ritmo da comédia, que leva da carência à plenitude. E temos aí, nesse movimento do menos ao mais perfeito, que também poderá ser escalada ou subida, do sensível ao inteligível, o roteiro da *Divina comédia*, de Dante.

Alguns personagens de *Tutameia* acertam quando pensam errar e erram quando pensam acertar. Tudo está certo no fim, já dizia Riobaldo, em *Grande sertão: veredas*. Há quase sempre, no final de cada estória dessas últimas *Terceiras*, um acerto de contas que satisfaz, repondo nos eixos a vida desgarrada, um inesperado demão da sorte, do acaso ou das circunstâncias, que emenda o fio que antes se rompeu, troca o sim pelo não e o não pelo sim. Drizilda, de "Arroio-das--Antas", numa situação inversa à de "Sequência", de *Primeiras estórias*, vê, quando já de tudo abdicara, chegar o cavaleiro inesperado, Moço que vai para sempre amá-la. O apaixonado Terezinho, de "A vela ao diabo", recupera, na mais funda incerteza, a certeza de que era amado. Mas tais são os casos, as *tutameias*, que se multiplicam. Pode--se, no entanto, ver no fundo das estórias o reflexo de uma parábola. Quem perde, ganha; quem se perde acaba por encontrar-se. "Azo de almirante" é a ilustração dessa máxima evangélica. Vemos também a lenta ação do tempo que, como na estória do marido traído ("Desenredo"), transforma o erro em verdade. "Haja o absoluto amar — e qualquer causa se irrefuta."

Valham essas poucas estórias mencionadas, como indispensáveis exemplos, para que o leitor perceba o ritmo de comédia, predominante na grande maioria dos contos de *Tutameia*, e a intenção parabólica que os acompanha. Mas o tom de comédia, que é o clima geral das quarenta estórias, muda de um para outro dos quatro grupos em que se acham distribuídas. O que, à maneira de clave, ajusta o tom e o timbre dos personagens, é a matéria, ora irônica e apologética, ora ilustrativa e confessional, dos Prefácios — "Aletria e hermenêutica", "Hipotrélico", "Nós, os temulentos" e "Sobre a escova e a dúvida", que muitas insídias, surpresas e revelações encerram para o intérprete sequioso da obra de Guimarães Rosa. O primeiro deles, penetrante reflexão sobre o humor, focaliza, estudando o mecanismo das *anedotas de abstração*, o valor do não-senso. O não-senso abeira-nos das coisas importantes que não podem ser ditas. É modo de dizer aquilo para o que falece expressão. Lúdico e revelador, exercita-se, por meio dele, o jogo da linguagem, até o seu extremo limite. Mas não está Guimarães Rosa, naquele como nos outros Prefácios, simplesmente expondo um pensamento teórico, desinteressado, acerca dos efeitos do não-senso. Ao falar a respeito do assunto, exercita-o e pratica-o, haja vista que "Aletria e hermenêutica" termina com um rol de sentenças que a sabedoria do paradoxo rege — essa sabedoria, cujo efeito, negativo se a medirmos pelo conhecimento objetivo, tem, como o próprio Guimarães Rosa expressamente admite, a força contemplativa de um *koan* Zen.

Relembremos agora o quanto se disse acerca do encaminhamento das estórias, especialmente das que foram antes referidas (todas da primeira parte), onde a ação transcorre paradoxalmente nos enredos que se desenredam, nos ajustes de contas e inesperados acertos, que desnorteiam o senso comum. Parece-nos, então, que o primeiro prefácio estabelece a perspectiva dentro da qual as estórias podem ser colocadas. Ele fixa a hermenêutica, não de cada conto em particular, mas de todos em conjunto — a hermenêutica da estória que há nas estórias. "Por onde, pelo comum, poder-se corrigir o ridículo ou o grotesco, até levá-los ao sublime; seja daí que o seu entrelimite é tão tênue. E não será esse um caminho por onde o perfeitíssimo se alcança? Sempre que algo de importante e grande se faz, houve um silogismo inconcluso, ou, digamos, um pulo do cômico ao excelso."

No segundo prefácio — "Hipotrélico" — vem a sustentação do direito à existência da inventada palavra, *hipotrélico* ("antipodático, semgraçante imprizido [...] indivíduo pedante, importuno agudo, falto de respeito para com a opinião alheia"), fazendo-se, discreta e lúcida, irônica e jocosa defesa do neologismo, necessário enquanto "o termo engenhado venha a tapar um vazio". Mas tem aquele vocábulo, *hipotrélico*, tal como os que na lógica produzem os paradoxos semânticos, existência autonegada. Pois o *hipotrélico*, por ser o que é, nega-se a ser o que é. Antipodático, afirma-se ao negar-se e nega-se ao afirmar-se. São da espécie, lógica e psicologicamente, os personagens da segunda parte de *Tutameia*, como o teimoso Liocádio, de "Intruge-se", o enganado e invejado João Porém, e o Grande Gedeão, que interpreta literalmente os "fortíssimos do Evangelho". E ilustrando sentimentos hipotrélicos, temos o apego do sapateiro, de "Reminisção", à mulher feia, de rebentar espelhos, a fixação de Drijimiro na utopia de uma campina, outrora vagamente entrevista — talvez reminiscência de passada existência —, a aspereza de Mechéu, a sobranceiria de Melim-Meloso, a forçada solidão do onceiro arredio, de "No prosseguir".

A verve jocosa desse segundo Prefácio a que nos referimos condiz com uma das tendências marcantes da criação poética em *Terceiras estórias*, que é o "*comique des mots*", acompanhamento e reforço do clima de comédia que já assinalamos. Da modificação de locuções e provérbios, que soem representar a sabedoria consagrada e popular, obtém Guimarães Rosa um novo sentido, de mistura com o não-senso. Colham-se as amostras: "arrimo de pai bêbado" ("— Uai, eu?"); "Eu estava na água de hora beber onça" (idem); "O roto só pode mesmo rir é do esfarrapado" ("Antiperipleia"); "Só sendo cego quem não deve ver" (idem); "O pior cego é o que quer ver" (idem); "Nela acreditou, num abrir e não fechar de ouvidos" ("Desenredo"); "A bonança nada tem a ver com a tempestade" (idem); "O pão é que faz o cada dia" ("João Porém, o criador de perus"); "[...] e, o que não quer ver, é o melhor lince" (idem); "[...] nem tanto à várzea, nem tanto à serra" ("Sota e barla"); "[...] trás orelha saltando-lhe pulga irritante" ("A vela ao diabo"); "Me valia ter pai e mãe, sendo órfã de dinheiro?" ("Esses Lopes"); "[...] ao de Deus a acontecer ("Estoriinha"); "[...] Amor a futura vista" (idem); "Nenhum dia vale, se seguinte" ("Lá, nas campinas"); "[...] mais vale quem a amar madruga, do que quem outro verbo conjuga [...]" ("Se eu seria personagem").

O cômico na linguagem não se detém nesse enriquecimento por inversão de termos e transposição de significados. Continua, já em outro nível, na criação, que é uma réplica à imaginação popular e ao folclore, de autênticos provérbios e ditos: "Quem quer viver, faz mágicas" ("— Uai, eu?"); "[...] quem menos sabe do sapato é a sola" (idem); "[...] quem entra no pilão vira passoca" (idem); "Todo abismo é navegável a barquinhos de papel" ("Desenredo"); "O trágico não vem a contagotas" (idem); "Devagar, a ministrar, com opinião de martelo e prego [...]" ("Tapiiraiauara"); "[...] cerrando bem a boca é que a gente se convence a si mesmo" ("Azo de almirante"); "Tanto vai a nada a flor, que um dia se despetala" ("Arroio das antas"); "[...] nada pula mais que a esperança" ("A vela ao diabo"); "Esperar é um à toa muito ativo" ("Orientação"); "A gente quer mas não consegue furtar no peso da vida" ("Rebimba, o bom"); "Todo soldado tem um pouquinho de chumbo" ("Se eu seria personagem"); "Como o amor se faz é graças a dois" (idem); "A abelha é que é filha do mel" ("Tresaventura").

Quanto aos neologismos, também marcados pelo viés cômico, convém distinguir dois tipos: alguns resultam de sufixação por analogia; outros, da fusão de duas palavras diferentes, de cuja intercorrência se tira palavra nova. Incluímos, assim, no primeiro tipo: *inteligentudo*, *mixordioso*, *rancordioso*, *figuradio*, *sorrisoteiro*, *socorreria*, *horizonteante*, *ombroso*, *tossidiço*, *dragonho*, *infinilhões*, *ruindadeiro*, *prosperidoso*, *bizarrir*, *redear*, *soberbar*, *tinhar-se*, *simiar* etc. Representam o segundo tipo, entre outras palavras: *abusofruto*, *ufanático*, *paspalhaço*, *belfaseja*, *raposarte*, *vogavagante*, *mirificácia*, *fraternura*, *imaginânime*, *endoençamingas*, *rendedouro*, *estranhifício*, *trotandante*, *orfandante*, *sentimentiroso*, *verossimilhança*, *amadurar* etc.

A mudança de tom e timbre da segunda para a terceira parte de *Tutameia* é anunciado por "Nós, os temulentos", Prefácio que encadeia numa só estória, onde adquirem a continuidade de episódios, anedotas de bêbado, as mais difundidas. Saída para o drama do estar no mundo — drama permanente, por certo — a bebedeira alcoólica é somente a manifestação ostensiva da geral temulência humana, da embriaguez, que múltiplas formas tem — da euforia dos coribantes à mania de que Platão trata no *Fedro*, do amor-paixão à loucura, da possessão criadora à infinitude do desejo. As estórias que a esse introito seguem, põem temulentos em cena: um "lunático de mel" ("Orientação"), os que inventam e vivem na lenda que imaginaram ("Os três homens e o boi dos três homens que inventaram um boi"), o velho, louco e solitário, que se deita em manjedoura na noite de Natal ("Presepe"), o Ruysconcelos, alcoólatra e suicida ("Palhaço da boca verde"), o delirante preso de "Quadrinho de estória" etc. etc.

Registre-se, porém, que a função dos Prefácios não se esgota nesse mister de acesso às intenções das estórias e à linha característica dos personagens. Cada um dá mais do que isso; e quanto dizem e sugerem vale para além do grupo de contos com que imediatamente se relacionam. Assim, o último, "Sobre a escova e a dúvida", é, de certo ponto de vista, uma conclusão dos três anteriores. Nele termina justamente o traçado da estória geral que atravessa as muitas estórias. É onde, sob forma ao mesmo tempo poética e reflexiva, fábula e mito se cristalizam. Em "Sobre a escova e a dúvida" extraem-se as consequências do roteiro percorrido e dá-se fecho provisório ao jogo da linguagem, que em dois planos paralelos se produziu na obra — um nos contos, outro nos Prefácios.

De fato, o jogo da linguagem, levado, em *Tutameia*, ao extremo do paradoxo, volteia nas diversas glosas humorísticas a expressões comuns, e num confronto exaustivo com o mundo e com a existência expande-se na criação de vocábulos novos. Foi a dúvida, a tudo problematizando, que impulsionou esse jogo e que o conduziu àqueles últimos limites, onde a linguagem se transforma em meio de revelação, para dizer o que antes não podia ser dito.

Diz o autor, no seu derradeiro Prefácio, que o seu duvidar "é da realidade sensível aparente — talvez só um escamoteio das percepções". Por duvidar dessa realidade, teve Guimarães Rosa que praticar a suspensão do julgamento — a *epoché* dos cépticos — para, melhor vendo o que ela é, poder "redigir um abreviado de tudo". "Meu duvidar", diz ele ainda, "é uma petição de mais certeza." Cada estória foi, então, uma espécie de veículo da *epoché*; cada estória manteve em suspensão o conhecimento objetivo, o valor utilitário e prático das palavras da língua, para permitir a apreensão em profundidade do mundo, renovado e novamente percebido através de nova linguagem.

Prefácios e estórias formam assim um todo poeticamente ordenado. Nas estórias, a linguagem caminha num plano de criação e de recriação; os Prefácios contraponteiam esse plano, como se, à semelhança de metalinguagem, contivessem eles algumas das regras do jogo da linguagem que em toda a obra se desencadeia. Mas os dois planos se unem na mesma ironia do pensamento, na mesma sabedoria reflexiva, que de um a outro circula, e da qual sai a fábula que se conta, para maravilha de exemplo, no complexo das estórias: "Devagar e manso se desata qualquer enliço, esperar vale mais que entender, janeiro afofa o que dezembro endurece, as pessoas se encaixam nos seus veros lugares" ("Vida ensinada").

A estória das estórias de *Tutameia* é a leitura geral da vida que se faz por meio de todos os seus textos reunidos. "A vida também é para ser lida", fala-se em "Aletria e hermenêutica". Repete-se aí a didática de Riobaldo, para quem a vida se totaliza sob a forma de relato no tempo, e que ao tempo consome. "Viver, não é — é muito perigoso. — Porque ainda não se sabe. Porque aprender a viver é que é o viver mesmo."

Viver é aprender a viver, toda vida é ensinada. O relato que o Geralista de si mesmo fez, encaixou-se noutro maior texto, o da escrita das coisas. Tudo então, desde que à linguagem se translade, possui sentido, mesmo sendo incompreensível. Afirma-se, com isso, a fé na linguagem, que é maneira de afirmar, acima dos contrastes, das situações particulares e das vidas pequenas e insignificantes, a fé no que há. "O mundo e Deus estando em toda parte." Tutameias não existem por si. São episódios de divina e altíssima comédia, mito em que nos compreendemos sem nada compreender.

Fernando Pessoa

Os outros de Fernando Pessoa

I

Fernando Pessoa (1888-1935) foi, primeiro, poeta em língua inglesa, da qual extraiu os fundamentos de sua experiência literária. Até 1935, quando morreu, havia ele publicado nesse idioma quatro plaquetes de versos (*Antinous*, *35 Sonnets*, *English Poems I* e *II*, *English Poems III*) e um só livro — *Mensagem* (1934) — na língua materna. Os poemas dessas plaquetes excedem em número à pequena, mas significativa parcela de sua produção poética, espalhada de 1914 até à data de sua morte, nos periódicos literários da época (*Orfeu*, *Contemporânea*, *Portugal Futurista*, *Athena*, *Presença*). Bastou contudo essa amostra exígua para revelar a grandeza do poeta português, grandeza que a publicação póstuma de suas obras, ainda não concluída, só fez confirmar. Escritor bilíngue, complexo e cheio de arestas, vivendo em muitas vertentes de pensamento e atividade, poeta maior, desses que exercem influência duradoura, Fernando Pessoa tinha o dom de raciocinar, a tendência para a especulação filosófica, a argúcia das mentes positivas, que impõem aos fatos a medida comum da razão — tudo isso estimulado, e também contrariado, por uma imaginação versátil, que o levou, ao mesmo tempo, à poesia e ao ocultismo. Cultor da Santa Cabala, dedicou versos à memória de Christian Rosenkreuz, e dentre os caminhos do ocultismo, rejeitando o mágico por ser perigoso, o místico, por ser lento, preferiu seguir o alquímico, que relacionou com a natureza de sua poesia.

Dos contrastes que se multiplicaram nessa vida paradoxal, o mais notável, que a todos os outros superou, foi o desdobramento do poeta em personalidades artísticas, as mais importantes das quais, Alberto Caeiro, Ricardo Reis e Álvaro de Campos, tiveram poesia autônoma e foram consideradas, por Fernando Pessoa, tanto pelo temperamento quanto pela visão do mundo, individualidades distintas e independentes da sua. Assinando com seu nome próprio o que criava dentro de uma tonalidade afetiva determinada, que lhe parecia familiar, constante e representativa de seu modo individual de ver as coisas, Fernando Pessoa atribuiu os poemas que escreveu desprendido de si, como se fossem de outros que sentissem e pensassem em lugar dele, à autoria daquelas personalidades adventícias, os *heterônimos*, cujos dados biográficos levantou, e entre as quais estabeleceu um sistema de convivência e de influxos literário-filosóficos.

A poesia que Fernando Pessoa a si vinculou, e que chamou de *ortônima* (*Cancioneiro*, *Mensagem*, *Inéditos*), inicialmente em contato passageiro com a fímbria do *saudosismo* — movimento liderado, à volta de 1912, por Teixeira de Pascoaes —, incorporou, através da musicalidade aprendida em Garret, a herança poética moderna, acumulada desde Baudelaire, e recolhida por Antônio Nobre, Cesário Verde e Camilo Peçanha, os prediletos do nosso poeta na língua portuguesa. Há nessa sua poesia ortônima um tortuoso conflito entre a realidade interior e a exterior. Tendendo primeiramente, numa fase de curta duração, a fundi-las, de tal maneira que as coisas, ora indistintas, ora permutantes, integrassem uma paisagem interna, única e movediça, o poeta recorreu a um mecanismo associativo, mais tarde repudiado, por meio do qual a realidade interna e a externa traspassam-se como feixes de sensações intercruzadas. É assim em "Chuva oblíqua": "Lá fora vai um redemoinho de sol os cavalos do *carroussel*.../ Árvores, pedras, montes, bailam parados dentro de mim...".

Nos poemas de "Chuva oblíqua", que exemplificam o *interseccionismo*, os aspectos objetivos do Mundo, suspensos entre o lado de fora e o lado de dentro da consciência, ainda não foram, como afinal sucederá, dissolvidos na subjetividade do autor. Mas já se manifesta aí o processo que determinou, na expressão poética de Fernando Pessoa, a ascendência do pensamento sobre a sensibilidade. "*O que em mim sente está pensando.*" A aguda oposição entre o sentir e o pensar, resultante de tal processo, foi não só um tema preferencial da poesia do criador dos heterônimos, como parte importante de sua visão do mundo. E tantas vezes Fernando Pessoa falou nessa oposição, que convém saber, exatamente, o que é que ele entendia por *pensamento*.

A filosofia cartesiana, fonte dos problemas da consciência e da natureza do Eu, com os quais se relaciona intimamente a poesia e a experiência do nosso poeta, pode ajudar-nos a dar resposta. "Com o nome de pensamento", escreveu Descartes no parágrafo IX de seus

Principia Philosophiae, "entendo tudo o que ocorre em nós quando estamos conscientes e até onde há em nós consciência desses fatos." Compreender, querer, imaginar, mas também sentir, são fatos de consciência e, assim, constituem aspectos do pensamento. Mas o conceito cartesiano, que inclui o sentir na órbita do pensar, pressupõe a existência do Eu pensante, reduto da consciência, sem o qual seriam inconcebíveis as sensações propriamente ditas e os estados afetivos, estes últimos compreendendo, de acordo com a terminologia dos séculos XVII e XVIII, as paixões e os sentimentos. O que quer que possamos experimentar ou sentir depende, pois, da prévia consciência que temos de nós mesmos. O pensar, que é a atividade do Eu substancial, como saber reflexivo das nossas vivências, abrange o sentir, não podendo este ocorrer separadamente daquele. Dessa forma, a qualquer conteúdo da sensibilidade corresponde uma forma de pensamento. Quando sentimos, manifesta-se, concomitantemente ao curso das vivências, o conhecimento que o Eu tem de si mesmo, e por efeito do qual a consciência se divide em dois planos, que jamais coincidem: um, espontâneo, da experiência imediata, em seu transcurso; outro, reflexivo, que sobre aquele se volta para focar as ideias, os sentimentos e as recordações que aí aparecem.

Em Fernando Pessoa, o pensamento que à sensibilidade se sobrepõe, ficando no poeta a capacidade para entregar-se ao fluxo das sensações e para concentrar-se inteiramente naquilo que sentia, é, em primeiro lugar, o primado da consciência reflexiva:

"Tenho tanto sentimento
Que é frequente persuadir-me
De que sou sentimental,
Mas reconheço, ao medir-me,
Que tudo isso é pensamento,
Que não senti afinal."

Para ele, que confessou sentir tão alheiamente como se um outro é que sentisse em seu lugar, os estados afetivos tornavam-se impressões distantes, sempre reduplicadas pelo pensamento, num exercício de sobreposição, cansativo e complicado ("Cansa sentir quando se pensa", "Sentir é tão complicado"), em que a vida interior, rapidamente desgastada, só na imaginação poderia encontrar um terreno firme. É fácil compreender o mecanismo desse desgaste.

Quando os sentimentos e as emoções nos absorvem, não há lugar, na consciência, senão para aquilo que sentimos. A integração entre o que somos e o que experimentamos é perfeita. Tristeza ou angústia, alegria ou desespero, únicos dados do mundo que chegam à consciência, por um momento livre da vigilância do Eu, possuem-nos por completo. Mas isso dura um breve instante. Iniciada a reflexão, o envolvimento afetivo cessa. A experiência direta anterior, que se confundia com a consciência, é agora objeto de conhecimento. Impossível restabelecer-se o seu fluxo interrompido. Os estados afetivos retornam modificados nas lembranças que afloram, restando-nos a consciência em segundo grau de os haver tido. Amortecidas pelo pensamento, focadas pela reflexão, as vivências tornam-se partes de um saber, que neutraliza a sensibilidade como tal. Saber que sentimos já é termos deixado de sentir. Inversamente, o sentir mesmo, com a entrega que a sensibilidade comporta, implica um não-saber:

> "Impalpável lembrança,
> Sorriso de ninguém,
> Com aquela esp'rança
> Que nem esperança tem...
> Que importa, se sentir
> É não se conhecer?"

Fernando Pessoa, que viveu essa contradição, parece optar pelo pensamento, que não é fugaz, desconfiando das "ficções da alma", das "mentiras da emoção", que passam, deixando apenas rastros, que duram, mas se transformam. Não sabe o que sente e nada sabe quando sente:

> "Se sou alegre ou sou triste?...
> Francamente, não o sei.
> A tristeza em que consiste?
> Da alegria o que farei?"

Os sentimentos, que fogem e modificam-se, que não têm forma definida, só existindo enquanto duram, nem completamente reais e nem de todo irreais, dependem, em última análise, da imaginação, que os cria e recria, segundo as necessidades da consciência. A imaginação, para Fernando Pessoa, é ainda uma forma de pensamento, precisamente aquela que lhe permitia fingir poeticamente aquilo que de fato não sentia:

> "Dizem que finjo ou minto
> Tudo que escrevo. Não.
> Eu simplesmente sinto
> Com a imaginação.
> Não uso o coração."

A imaginação, que tomava o lugar do coração, símbolo da impossível espontaneidade da consciência bloqueada pelo pensamento, submeteu-se, contudo, em Fernando Pessoa, às exigências racionais e dialéticas de seu espírito, sempre ávido de conhecimento, sempre possuído, mesmo diante do inexplicável e do incompreensível, pela exigente e paradoxal necessidade de tudo explicar e compreender:

> "Guia-me a só razão.
> Não me deram mais guia.
> Alumia-me em vão?
> Só ela me alumia."

A sensibilidade foi controlada pela imaginação; a imaginação iria de encontro ao pensamento racional. Entre essas duas últimas instâncias Fernando Pessoa conseguiu compor um equilíbrio instável, que toda a sua poesia reflete.

A reflexão excessiva, que nele se opôs ao sentir espontâneo, à plenitude das vivências puras, explica o desdobramento, tão patente nos poemas de *O cancioneiro*, dos atos de olhar, ouvir e lembrar. Mais do que olhar, o poeta vê-se olhando; mais do que lembrar, conhece-se lembrando. Ele é um ser distante, separado daquilo que vê, percebe e recorda. Nessas condições, o mundo que a imaginação lhe devolve, sob a forma de paisagem interior, e que a razão não explica, o mundo cujos aspectos objetivos a subjetividade termina por absorver, depende do Eu, último sustentáculo de sua realidade prestes a desfazer-se:

> "Ah, o mundo é quanto nós trazemos.
> Existe tudo porque existo.
> Há porque vemos.
> E tudo é isto, tudo é isto!"

A inconsistência da emoção, o hábito de raciocinar que o poeta considera o seu "vício", o controle da sensibilidade pela imaginação e da imaginação pela razão, pontos críticos anteriormente assinalados, e que a poesia do nosso autor tematizou, destruíram a substancialidade do pensamento em que Descartes, após o exercício da dúvida metódica, fixara a realidade do mundo exterior. Encontramos na poesia de Fernando Pessoa, em lugar do Eu substancial que se manifesta, um sujeito pensante fragmentado em várias direções. Em vez do núcleo da identidade pessoal, daquele objeto da *consciência de si*, no qual assenta o Cogito cartesiano, depara-se-nos um Eu cindido em entidades provisórias, nenhuma das quais é real. Essa cisão, na intimidade da consciência, vem agravar aquela outra que se produziu entre consciência e mundo. A subjetividade transforma-se numa sucessão de reflexos. O ser mesmo da consciência, o Eu, refazendo-se de momento a momento, e sem forma definida, torna-se presença vaga e espectral. Há um hiato, um vazio, intercalável entre o Eu, a que falta identidade, e a consciência de existir, inerente ao indivíduo que perdura: "Eu vejo-me e estou sem mim,/ Conheço-me e não sou eu". Duas vezes empregada nesses versos, a palavra *Eu* não tem o mesmo sentido. É, no primeiro, a consciência reflexiva pela qual o poeta se vê, mas separado daquilo que é, e portanto, sem coincidir consigo próprio. No segundo — "Conheço-me e não sou eu" — designa o *ser*, que escapando ao seu conhecimento, recua para os bastidores da consciência, para deixar no proscênio desta apenas o vago sentimento de *estar*, de *encontrar-se existindo*. Temos aí as categorias de *parecer*, *ser* e *estar*, tão importantes na poesia de Fernando Pessoa. O Eu ilusório constitui, sobretudo nos seus poemas de índole ocultista, a *aparência*, como imitação da verdadeira alma de que fomos despojados, enquanto que o verdadeiro ser, completo e real, apenas vislumbrado, é projeto que jamais se concretiza:

"Vou no caminho
Que é meu vizinho
Porque não sou
Quem aqui estou."

Não cabe ao poeta o *ser* mas o *estar*, como fato inexplicável da existência, que o situa no mundo, vinculando-o a uma realidade estranha:

"Entre o que vivo e a vida,
Entre quem estou e sou,
Durmo numa descida,
Descida em que não vou."

A paisagem interior na qual o mundo se encerra e onde perde os seus contornos, dilui-se numa atmosfera de sono permanente, em que sonho e vigília se misturam:

"Entre o sono e o sonho,
Entre mim e o que em mim
É o quem eu me suponho,
Corre um rio sem fim."

Tudo se afunda no "sono de ser, sem remédio", tudo um "sono finge ser". A subjetividade perdeu-se na evanescência do Eu, fragmentado, dividido, proliferando em muitos outros centros ilusórios, nascidos na consciência e nela desaparecendo:

"Chegado aqui, onde hoje estou, conheço
Que sou diverso no que informe estou.
No meu próprio caminho me atravesso.
Não conheço quem fui no que hoje sou.
Serei eu, porque nada é impossível,
Vários trazidos de outros mundos, e
No mesmo ponto espacial sensível
Que sou eu, sendo eu por 'star aqui?
Serei eu, porque todo o pensamento
Podendo conceber, bem pode ser,
Um dilatado e múrmuro momento,
De tempos-seres de quem sou o viver?"

Da dissolvência em cadeia, do mundo no Eu e do Eu na consciência, resulta a vaporosa atmosfera da poesia de Fernando Pessoa, que a ressonância indefinida de palavras como *nada*, *sonho*, *solidão*, *silêncio*, *nuvem*, *sombra*, *vago*, *lento*, *cinzento*, *quieto*, *surdo* etc., tão frequentes no *Cancioneiro* e nos *Inéditos*, suscita e reforça.

II

Os heterônimos, Alberto Caeiro, Ricardo Reis e Álvaro de Campos, por ordem de nascimento, podem ser compreendidos a partir da atitude de diálogo assumida por Fernando Pessoa em relação a si mesmo e ao mundo, tentando dar forma a possíveis modos de existência, através dos quais se opera uma diferente transação entre o subjetivo e o objetivo, a sensibilidade e o pensamento. Nenhum desses seres fictícios assiste passivamente ao processo antes descrito, de dissolução dos aspectos interno e externo da realidade. Consubstancia-se em cada um deles atitude definida e diferente, provocada pelos mesmos problemas essenciais, atitude completa que se produz como visão do mundo.

A visão do mundo de Alberto Caeiro, o primeiro e o mais prestigioso heterônimo, escapa aos muitos *ismos* de que a sua poesia parece constituir a expressão. O poeta ama a Natureza, mas sem a exaltação do naturalismo que a diviniza e adora. O que verdadeiramente ama são as coisas, uma a uma, com a forma sensível de que se revestem no espaço e no tempo, e que o conceito abstrato e geral de Natureza suprime. Caeiro, bom nominalista, sabe que as palavras, em vez de representarem essências ou qualidades, referem-se a coisas individuais. Para ele, a realidade é o lugar-comum dos seres, e o espaço uma abstração, como as ideias de infinito e de ilimitado. *Real e sensível*, *real e presente*, são expressões sinônimas no espírito desse poeta, porta-voz de um realismo originário, desvinculado de compromissos filosóficos historicamente determináveis, e que ignora o problema das duas substâncias, matéria e espírito, corpo e alma. "O que nós vemos das coisas são as coisas", "Porque a Natureza não tem dentro;/ Senão não era a Natureza", "As coisas são o único sentido oculto das coisas", "O único sentido íntimo das coisas/ É elas não terem sentido íntimo nenhum". Alberto Caeiro, que desconhece o problema da substância, está longe do materialismo, por ele reputado muito estúpido — "coisa de padres sem religião e portanto sem desculpa nenhuma". A matéria é uma abstração. Só é real o que vemos. Sensualismo? Não. Se o naturalismo abstrai os seres em proveito do conjunto, do todo, que é a Natureza, o sensualismo, não menos abstrato, tudo reduz a elementos sensíveis, a impressões-átomos, desfigurando as sensações, cada uma das quais, diferente das outras, é nova, se sabemos sentir. Como se fosse um discípulo moderno e ocidentalizado do zen-budismo, Caeiro adestra-se a ter uma visão direta do mundo, não turbada pela necessidade de reflexão — visão de um olhar só, não desdobrável num outro, reflexivo, que aprecia e julga aquilo que está vendo:

> "O essencial é saber ver,
> Saber ver sem estar a pensar,
> Saber ver quando se vê,
> E nem pensar quando se vê
> Nem ver quando se pensa."

Há nesses versos uma réplica e uma censura ao Fernando Pessoa, incapaz de manter-se nos limites da sensibilidade. E há neles também uma nova regra de conduta, oposta às atitudes predominantes na cultura ocidental: a *reflexiva*, da contemplação teórica, herdada dos gregos, e a *introspectiva*, do subjetivismo religioso, imposta pelo cristianismo. Caeiro se propõe a obter, pelo retorno à inocência do olhar, à receptividade da consciência, em estado de máxima abertura focal às coisas, a inversão dessas atitudes. A poesia é uma "aprendizagem de desaprender" — desaprender a sentir pensando e a pensar sentindo, desaprender a antepor ao exterior das coisas o interior secreto da alma. Resume-se nisso o paganismo essencial, mas certamente não-histórico, de Caeiro, consubstanciado em gestos, atitudes e palavras, de que falou o seu discípulo Álvaro de Campos.

O paganismo do poeta de "O guardador de rebanhos", "Pastor amoroso" e "Poemas inconjuntos", que pode ter pontos de contato com a antiguidade greco-latina ou com os primitivos bons selvagens, é fundamentalmente a inocência da alma. À falta de batismo pela água lustral da inteligência reflexiva, não conhece ele o pecado original do espírito: a inquietude e o desejo de infinito e de imortalidade. "Amar é a eterna inocência,/ E a única inocência é não pensar..." Ninguém mais distante do Fernando Pessoa ortônimo do que Alberto Caeiro, de cujos poemas se pode extrair um conjunto de tópicos configuradores de uma visão direta das coisas, de todo oposta àquela outra, tortuosa, introspectiva e reflexiva de seu criador: sentir sem pensar que se sente (espontaneidade pura, mas não voltada para dentro, como em Rousseau), objetividade dos pensamentos e sentimentos (que são para nós o que as cores são para as folhas e as folhas para as árvores), exterioridade, como único signo distintivo do real: "Sou fácil de definir./ Vi como um danado./ Amei as coisas sem sentimentalidade nenhuma"; "Seja o que for que esteja no centro do Mundo,/ Deu-me o mundo exterior por exemplo de Realidade"; "Ser real quer dizer não estar dentro de mim".

Álvaro de Campos, que recordou, em prosa, Alberto Caeiro, a quem chama de Mestre, também é pagão — mas pagão por revolta, como ele próprio se definiu. Melhor seria dizer que Álvaro de Campos é o paganismo da revolta. Enquanto o primeiro situa-se no mundo, elaborando uma sabedoria, Álvaro de Campos, bem que serviria para ilustrar o *Tratado do desespero*, de Kierkegaard. Nauseado como um personagem de Sartre, antecipando o espírito de *L'être et le néant*, ele é o homem revoltado que exacerba os conflitos de Fernando Pessoa para exteriorizá-los na explosão do desespero. Histérico das sensações, como nas grandes odes ("Ode triunfal", "Ode marítima", "Saudação a Walt Whitmann"), o desejo de infinito, nesse Fausto inerme que se converteu em Sísifo, transmuda-se no desejo do Nada. A náusea, a angústia, o mal-estar da consciência não ajustada ao universo, porque se sente existindo sem razão para existir, assinalam os componentes de seu desespero onívoro, imagem transtornada do impulso fáustico, incapaz de comprometer-se, e que, temendo o risco da ação, não pode mais aliar-se nem a Deus nem ao Demônio. Versão irônica do satanismo baudelairiano, destituído daquele senso do pecado, necessário à salvação, Álvaro de Campos virou do avesso o entusiasmo e o otimismo humanísticos de Walt Whitmann, extraindo dele o resíduo de todas as decepções com que se nutriu o seu enorme cansaço de ser em meio a uma realidade opressiva, inumana e incompreensível. É pelo paroxismo da emoção que Álvaro de Campos tenta romper o círculo da subjetividade em que se encerra o seu criador, Fernando Pessoa, por ele definido como um "novelo embrulhado pelo lado de dentro", e é pela emoção, avivando a sua angústia, de proporções metafísicas, que chega a dar-nos a experiência direta, quase que sensível, do Nada como negação do Ser, e do Absurdo como negação do sentido e da finalidade da existência. O Nada, "a mais tremenda ideia se se pensa com a sensibilidade", e o Absurdo, síntese de tudo quanto na existência há de incompreensível e irracional, irrompem, quase sempre, de sua consciência em oposição às coisas — a essas coisas, que Fernando Pessoa dilui em sonho e que Alberto Caeiro contenta-se em ver: "Trouxe comigo o espinho essencial de ser consciente./ A vaga náusea, a doença incerta, de me sentir" ("Vilegiatura"). Mal-estar permanente, a *consciência de si* é nele um mergulho no vazio interior, onde se torna "Uma abstração de autoconsciência sem de quê" ("Insônia").

Em *déficit* com a realidade, procurará ele, no entanto, a consistência que lhe falta, objetivando-se numa ronda de entes que de si mesmo procedem. É um ser a proliferar em muitos outros: "Uma série de contas-entes ligadas por um fio-memória,/ Uma série de sonhos de mim de alguém de fora de mim?" ("Lisbon revisited", 1926). Os vários entes em que se multiplica, que jamais coincidem consigo e nos quais se perde, são, para Álvaro de Campos, as únicas saídas para o Mundo. O desespero do infinito leva-o a uma distensão alucinatória da experiência, estado de espírito predominante nas grandes odes. Numa tentativa que sabe, de antemão, condenada ao fracasso, ele procura apoderar-se da realidade estranha e hostil:

> "Quanto mais eu sinta, quanto mais eu sinta como
> [várias pessoas,
> Quanto mais personalidade eu tiver,
> Quanto mais intensamente, estridentemente as tiver,
> Quanto mais simultaneamente sentir com todas elas,
> Quanto mais unificadamente diverso,
> [dispersadamente atento,
> Estiver, sentir, viver, for,
> Mais possuirei a existência total do universo,
> Mais completo serei pelo espaço inteiro a fora."

Enquanto o Fernando Pessoa propriamente dito permanece ambiguamente à procura de si mesmo, Álvaro de Campos orienta-se no sentido da aceitação raivosa das múltiplas contradições que o dividem, cada uma das quais lhe oferece o esboço de nova personalidade, pronta a empreender a conquista do mundo rejeitado. Mas proclama, também, a inutilidade dos "propósitos perdidos", dos "sonhos impossíveis", que fazem nascer o tédio. Remanso da sensibilidade, o tédio é a paralisia da inquietação que o tumulto de coisas e gentes deixa na alma do trágico heterônimo. Sair do tédio é para ele resvalar na náusea, ora sentimento de estranheza que lhe vem do corpo, ora repulsa física aos outros. E da náusea ele retorna ao baixo contínuo de sua angústia, que lhe revela, através do Nada de todas as ações, o ser incompreensível. Redunda, pois, essa angústia numa experiência do ser, a qual se infiltra no quotidiano, suspendendo, como em "Tabacaria", a familiaridade da vida:

"Sempre uma coisa defronte da outra,
Sempre uma coisa tão inútil como a outra,
Sempre o impossível tão estúpido como o real,
Sempre o mistério do fundo tão certo como o sono de
[mistério da superfície,
Sempre isto ou sempre outra coisa ou nem uma coisa
[nem outra."

Todas as paixões são inúteis. E o homem, que pela sua consciência quer o impossível, até o real acaba por perder. Álvaro de Campos, brutal no dizer a verdade, aceita o absurdo da existência, e independentemente de qualquer disfarce, esforçando-se mesmo por destruir todos os disfarces e consolos, assume a sua condição infeliz. Daí o seu tom confessional provocativo, escandalizante, avesso à má-fé do sentimentalismo que se refugia na consolação dos estados de alma, e à má-fé da inteligência, que justifica as ações pelos seus fins e a vida pelo valor das ações. Que sentido podem ter, diante do puro fato da existência, por ele ressaltado com uma insistência que raia pela obsessão, os fins e os valores humanos? "Porque há qualquer coisa, porque há qualquer coisa, porque há qualquer coisa", exclama Álvaro de Campos no diapasão especulativo, inquiridor, que é o de Fernando Pessoa nos fragmentos de seu "Primeiro Fausto" inacabado, onde se torna explícito o significado ontológico da *coisa* que aquele seu heterônimo invoca:

"Mais que a existência
É um mistério o existir, o ser, o haver
Um ser, uma existência, um existir —
Um qualquer, que não este, por ser este —
Este é o problema que perturba mais.
O que é existir — não nós ou o mundo —
Mas existir em si?"

O paganismo da revolta, a que antes aludimos, exterioriza-se no desespero e vai até à experiência metafísica da angústia. Esse algo que existe em si, como que a sustentar-se contra a possibilidade de emergência do Nada, é a inalcançável realidade na direção da qual a consciência se transcende, sem abolir o interstício, o vazio, que do ser a separa: "A nossa realidade é o que não conseguimos nunca" ("Pecado original"). Buscando aquilo de que carece para completar-se, objeto de um desejo infinito, cuja permanente insatisfação o desespero acusa, Álvaro de Campos sente um cansaço "antecipado e infinito", a que se associa por vezes a nostalgia de um profundo repouso, em que a consciência se apagasse e tudo retornasse a uma condição anterior, perdida não se sabe como. "Tenho o cansaço antecipado do que não acharei" ("Escrito num livro abandonado em viagem").

Ricardo Reis, o mais sóbrio, o mais contido e severo dos heterônimos, reprime, por meio da razão estoica, esse cansaço, resto de uma inquietação espiritual desfeita, transmudando o desespero na sábia resignação de quem se curva aos ditames do destino. Ele renova, assim, com a vida, o pacto que o epicurismo firmou: fruir o momento que passa.

> "Sábio é o que se contenta com o espetáculo do mundo,
> E ao beber nem recorda
> Que já bebeu na vida,
> Para quem tudo é novo
> E imarcescível sempre."

Filosofias de contenção, antipassionais, tanto o epicurismo como o estoicismo buscavam a tranquilidade: o primeiro neutralizando a dor, e a isso chamava de prazer, e o segundo resguardando a inteligência racional dos reclamos do desejo e do desvario da vontade, e a isso chamava de virtude. A virtude de um e o prazer negativo do outro harmonizaram-se no mesmo ideal de equanimidade: manter a alma isenta, imóvel, ataráxica, imune à experiência trágica, que essas doutrinas reconheciam e a que tentaram sobrepor-se.

Ricardo Reis, pagão histórico, situado nesse contexto doutrinário, reconhece as mesmas verdades experimentadas por Álvaro de Campos. Já não se debate porém contra a realidade. Aceita a paixão do ser, comprazendo-se com a passagem do tempo. O seu temor à morte é de quem vai baixar ao Hades; seu espírito é trágico, mas na tonalidade antiga, que atribui aos Fados o bem e o mal. Conformado, é antes de tudo o espectador de si mesmo e do mundo exterior. Permite-se apenas "[...] o mínimo de dor ou gozo,/ Bebendo a goles os instantes frescos". No cenário da literatura idílica — flores e campos, deuses e vinhos, dia e noite, elementos de um passado universo, onde destino e natureza se unem — Ricardo Reis, transportando-se ao período que vai do século IV ao II a.C., durante o qual o ceticismo é a nota dominante, e a sabedoria o fim quase que exclusivo do conhecimento filosófico, investe-se da personalidade dos gregos da decadência. A verdade do destino humano está acima da ciência; o conhecimento das coisas não é capaz de emprestar o menor sentido ao breve tempo de existência que os deuses lhe consentem. Autêntico discípulo de Alberto Caeiro, Ricardo Reis exclama:

> "Deixai-me a Realidade do momento
> E os meus deuses tranquilos e imediatos
> Que não moram no Vago
> Mas nos campos e rios."

A reflexão equilibra-se, nas obras de Ricardo Reis, com o gozo calmo, inteligente, controlado, que jamais é pura sensibilidade. O verdadeiro conhecimento só chega à certeza de que nada se sabe; nem mesmo a inteligência pode guiar-nos para além da experiência sensível. "Nada se sabe, tudo se imagina./ Circunda-te de rosas, ama, bebe/ E cala. O mais é nada". Embora a experiência dos mesmos conflitos fundamentais o aproxime de Álvaro de Campos e de Fernando Pessoa ortônimo, o poeta deu-lhes expressão velada e serena, dentro de uma outra concepção do mundo, selecionando das possibilidades humanas um diverso repertório de atitudes e valores. Seja a vida sono ou sonho, esse pagão da decadência, espectador do mundo e de si mesmo, procura identificar-se com a forma do lirismo antigo, exemplarmente horaciana, em que a subjetividade do poeta, ainda não se tendo afirmado como centro da vida universal, permite que a experiência pessoal, expressada poeticamente, aproxime-se, sob a disciplina do pensamento, da narração objetiva de estados de consciência, levemente matizados, sem grandes contrastes, e em harmonia com as coisas exteriores. "Severo narro. Quanto sinto, penso./ Palavras são ideias".

III

Deixando-se de lado os semi-heterônimos ou personalidades literárias que Fernando Pessoa cultivou, como Bernardo Soares ou Vicente Guedes, autor de *O livro do desassossego*, e o Barão de Teive, todos simples variações de seu estilo e de sua maneira de ver, estão aí, rapidamente descritos, os mundos poéticos dos heterônimos, Alberto Caeiro, Ricardo Reis, Álvaro de Campos, e de seu criador.

Alberto Caeiro manifestou-se a 8 de março de 1914, quando Fernando Pessoa, que vinha tentando dar forma a um poeta no gênero bucólico, escreveu, em êxtase, de pé, numa cômoda alta, como relatou em carta a Adolfo Casais Monteiro, a maior parte da série *O guardador de rebanhos*. Configurou-se, nesse momento, a poesia de Alberto Caeiro e, juntamente com ela, materializou-se a figura de seu imaginário autor. No mesmo dia, mal acabava este de nascer, Fernando Pessoa escreveu a "Chuva oblíqua", poema ortônimo, o que provavelmente lhe deu forças para novo salto. Surge, pela ação catalítica de Caeiro, Ricardo Reis, e, logo após, nascem a "Ode triunfal" e o seu poeta, Álvaro de Campos. Definidas essas três criaturas, Fernando Pessoa estabeleceu-lhes o recheio biográfico e relacionou-as entre si. Caeiro, Mestre dos dois outros, viveu no campo, onde Álvaro de Campos foi encontrá-lo casualmente, conhecendo por intermédio dele, Ricardo Reis. Este, médico e monarquista, emigrou para o Brasil em 1919, com a idade de 32 anos, pois que nascera em 1887, no Porto. Mais novo, Álvaro de Campos, formado em engenharia naval, alto e magro, tipo de judeu português, é quem assina as *Notas para a recordação do meu mestre Caeiro*, cuja redação custou a Fernando Pessoa "lágrimas verdadeiras".

Ao organizar o plano de suas obras completas, Fernando Pessoa deu aos heterônimos lugar de destaque. Com o título geral que postumamente tomaram — *Ficções do interlúdio* — as poesias dos três seriam publicadas em volumes distintos, com o nome do poeta respectivo, precedido pelo do próprio autor desses autores. Assim, ao contrário da publicação sob pseudônimo, como decidira em 1915, apareceria Fernando Pessoa em cena, apresentando aos seus leitores os disfarces que usara. Foi somente esta a mudança fundamental que se verificou na atitude do criador em face de suas criaturas, nunca por ele rejeitadas. "Isso é toda uma literatura que eu criei e vivi, que é sincera, porque sentida, e que constitui uma corrente com influência possível, benéfica incontestavelmente, nas almas dos outros" (Carta a Cortes Rodrigues, 1915). Na Tábua Bibliográfica, inserta na revista *Presença* (nº 17), Fernando Pessoa oficializou a divisão de sua obra em *ortônima* e *heterônima*. E nesse mesmo documento não só observava que as individualidades fictícias "devem ser consideradas como distintas da do autor delas", como promete fazer-lhes as biografias completas, estudar-lhes as relações de amizade e divulgar os seus horóscopos e as suas fotografias. "É um drama em gente, em vez de em atos (Se essas três individualidades são mais ou menos reais que o próprio Fernando Pessoa — é problema metafísico, que este, ausente do segredo dos Deuses, e ignorando portanto o que seja realidade nunca poderá resolver)." Não há dúvida de que a seriedade e a blague misturam-se nessas declarações. Durante algum tempo, Fernando Pessoa, por brincadeira, manteve o seu amigo Sá Carneiro e outros companheiros da geração literária de *Orfeu*, órgão do Modernismo português (dois números em 1915), na crença de que Caeiro era um poeta realmente existente. À sua ironia, profunda e constante, deve-se a doutrina do *fingimento*, como meio de alcançar a verdade, doutrina paradoxalmente sincera, e da qual "Autopsicografia" é uma das bases:

> "O poeta é um fingidor.
> Finge tão completamente
> Que chega a fingir que é dor
> A dor que deveras sente."

Apresentando, sob formas diversas, em outros poemas, esse paradoxo, que lembra as aporias que deliciaram os filósofos pós-socráticos da Escola de Megara, Fernando Pessoa provocou o estarrecimento da crítica de então, desmunida de conceitos estéticos adequados a julgá-lo. Se o fingidor diz que finge, estará mentindo ou falando a verdade? Diante de tal dificuldade lógica, a primeira reação foi aceitar-se a mentira por mentira e ir-se em busca do autêntico Fernando Pessoa, que se ocultava sob múltiplos disfarces. O primeiro trabalho seria reduzir os heterônimos às justas proporções de seu verdadeiro autor. Mas qual o verdadeiro? O Fernando Pessoa ortônimo? Mas esse também fingia, só que com seu próprio nome. A diferença é que, quando ortônimo, usava o disfarce para dentro, e quando heterônimo punha-o para o lado de fora.

Sinceros e sérios, os heterônimos podem ser apreciados sob dois pontos de vista: um, o psiquiátrico ou psíquico, que explica a origem imediata deles; outro, o estético-poético, que permite compreendê-los artisticamente. A origem imediata dos poetas fingidos foi o poder de despersonalização de Fernando Pessoa, resultante de sua histero-neurastenia, manifestada desde a infância. Artisticamente são eles porém, de acordo com Fernando Pessoa, que claramente se pronunciou sobre o assunto, um drama em gente. Último grau da poesia lírica, o artista, em vez de limitar-se à expressão de um, de vários ou de complexos sentimentos seus, criaria de si todo um personagem ou uma série de personagens, dotados de autonomia dramática e falando liricamente.

> "Por qualquer motivo temperamental que me não proponho analisar, nem importa que analise, construí dentro de mim várias personagens distintas entre si e de mim, personagens essas a que atribuí poemas vários, que não são como eu, nos meus sentimentos ou ideias, os escreveria. Assim têm esses poemas de Caeiro, os de Ricardo Reis e os de Álvaro de Campos que ser considerados. Não há que buscar neles quaisquer ideias ou sentimentos meus, pois muitos deles exprimem ideias que não aceito, sentimentos que nunca tive. Há simplesmente que os ler como estão, que é, aliás, como se deve ler" (*Ficções do interlúdio*, Nota preliminar, apontamento de F. P., em Fernando Pessoa, *Obra poética*, Rio de Janeiro, Aguilar, 1960).

As notas introdutórias — pela primeira vez divulgadas na edição acima citada (organização, introdução e notas de Maria Aliete Dores Galhoz) —, a de Álvaro de Campos à poesia de Ricardo Reis, e as de Ricardo Reis às poesias de Alberto Caeiro e Álvaro de Campos — vieram confirmar que os heterônimos têm uma integridade artística indiscutível e, mais do que isso, para aproveitarmos uma pista sugerida por Adolfo Casais Monteiro (*Estudos sobre a poesia de Fernando Pessoa*, Rio de Janeiro, Agir, 1958), são verdadeiras *máscaras* (*personae*) no sentido poundiano. *Personae* que se revezam, composições de atitudes criativas, ronda de experiências poéticas, eles condensam tipos de sensibilidade e pensamento, através dos quais o poeta dirige a "efusão lírica", ampliando a sua experiência do mundo, e provocando, de cada vez, a abertura de uma perspectiva que se impõe ao leitor, e que o leitor aceita sem necessidade de identificar-se com o Eu real que dirige a operação criadora.

Ezra Pound, como Fernando Pessoa, coloca o problema da sinceridade a partir do caráter fugidio do Eu, que se oculta quando tenta revelar-se, e que se revela ao ocultar-se. É que a expressão introduz um elemento de ambiguidade; ela descobre e encobre, manifesta e finge ao mesmo tempo. Fingir é conhecer-se, dizia Álvaro de Campos.

Tal como Pound em *Personae*, Fernando Pessoa instaura em seus poemas estados de consciência que não são necessariamente pessoais. A criação de uma ou de várias personalidades equivale à despersonalização. E a despersonalização, por sua vez, permite alargar a experiência processada no plano da poesia. "A personalidade", explica-o Hugh Kenner, a propósito de Pound, "livre de contingências, tornou-se no final das contas um ponto de luz movendo-se através de possíveis mundos, um modo de consciência capaz de ser relacionada com um número indefinido de usos".[1] Essa explicação coincide com a que Fernando Pessoa oferece de seu próprio caso: "Vou mudando de personalidade, vou (aqui é que pode haver evolução) enriquecendo-me na capacidade de criar personalidades novas, *novos tipos de fingir que compreendo o mundo*, ou antes, de fingir que se pode compreendê-lo" (Carta a Adolfo Casais Monteiro, 1935).

Essa afinidade entre dois poetas, cujas obras são tão diferentes entre si, provém de um fenômeno mais amplo. É que cada qual, a seu modo, deu solução à crise da poesia lírica que vinha desde Baudelaire, e que, paralelamente à crise da subjetividade, acompanhou o ritmo das profundas mudanças histórico-sociais, que se operaram a partir dos meados do século XIX. Da simples expressão da subjetividade, em que o Eu se colocava em primeiro plano, tornou-se a lírica moderna, em virtude dessa crise, a expressão, primeiro, de um rompimento do poeta com o mundo social e exterior e, depois, do abandono desse mesmo Eu, que já em Baudelaire e Rimbaud deixava de apresentar-se como centro fixo e biográfico, pessoal e unitário. A essa neutralização do Eu, seguir-se-ia, em nossos dias, aquilo que Hugo Friedrich chamou de *despersonalização* (*Entpersöhlichung*), isto é, a troca da personalidade real do poeta por uma outra fictícia, mas autossuficiente, que disciplina e conduz a expressão lírica, e graças à qual ele pode estabelecer novos vínculos com a realidade, vínculos esses que lhe proporcionam, independentemente de seus sentimentos e pensamentos individuais, uma visão compreensiva das coisas. A individualidade propriamente dita tornar-se-ia insignificante, aparecendo, em lugar dela, como em Baudelaire, um sujeito poético, universal, desincorporado da vida imediata do poeta. É este sujeito que fala com uma voz diferente, de ressonância cósmica: "*J'ai plus de souvenirs que si j'avais mil ans*" ou "*Je*

[1] *The Poetry of Ezra Pound*, Londres, Faber and Faber, 1951.

suis le roi d'un pays pluvieux". Em "The Waste Land", T. S. Eliot maneja os fios que tecem o mundo desgastado de seu poema, estando ele, o autor, ausente e presente, observando e comentando, a construir pensamentos e estados de alma, cujo sentido independe da personalidade real que os emite. Nos *Cantos*, de Pound, situações históricas se entremesclam com vivências poéticas e literárias, distribuídas em vários tons expressivos. A sinceridade fundamental, em todos esses casos, é a da criação poética, da visão do mundo que se constitui por intermédio dela, da maneira de sentir e de pensar que nos proporciona.

Em Fernando Pessoa, a *despersonalização*, comum ao poeta moderno, volveu-se, devido ao seu temperamento, em pluripersonalização dramática. "O que sou, essencialmente — por trás das máscaras involuntárias do poeta, do raciocinador e do que mais haja — é dramaturgo" (Carta de Fernando Pessoa a Adolfo Casais Monteiro, citada). É certo que não devemos tomar essas declarações de Fernando Pessoa ao pé da letra. A sua atitude como poeta é a do diálogo — célula do dramático, mas do diálogo incessante que se produziu entre si e o mundo, através dos outros que havia nele, e que necessitou fixar em formas definidas, para, por intermédio delas, recriar e interpretar a realidade. "O poeta, escreveu Baudelaire, goza desse incomparável privilégio de que pode, à sua vontade, ser ele próprio e outro." Fernando Pessoa usou desse privilégio, que não era apenas seu, mas de toda a poesia moderna. Afivelou em Alberto Caeiro a máscara da coerência intelectual de seu paganismo adotivo, a que faltava a noção de infinito. Deliberadamente prosaico nesse avatar, encontra no "verso livre dos modernos" o meio de relaxar o espírito. Coube a Ricardo Reis a revivescência do idealismo clássico, compatível com a dignidade arquetípica do *Homo sapiens*. Moldado pelas humanidades e pela visão esteticista da arte grega, não hesitou em repetir "medidas sáficas ou alcaicas". Álvaro de Campos é a máscara do poeta contemporâneo, que perdeu a sua função de cantor. Aliterário e até antiliterário, a sua poesia é aí toda prosaica, e desgarrada da disciplina que os versos impõem ao artista, emprega a linguagem como refúgio e como arma. Seus poemas são autodestruições que ultrapassam os limites da arte e colocam-se à margem do espírito objetivo ou da cultura.

Mas, ao lado dessa modernidade, devemos considerar, na origem dos heterônimos de Fernando Pessoa, e da simulação de sua poesia, o interesse especulativo, especificamente filosófico, que ele manifestou, seja através da índole reflexiva e inquiridora que imprimiu à sua obra poética, seja pela associação que estabeleceu teoricamente entre metafísica e criação artística. A metafísica transformada em arte foi o que Fernando Pessoa pregou num seu artigo de 1924, estampado em *Athena*. Mas se atentarmos para o fato de que as poesias de Caeiro, Reis e Álvaro de Campos, representam concepções do mundo diversas e até opostas entre si, não será igualmente verdadeira a assertiva de que a arte de Fernando Pessoa foi metafísica? Há, de fato, um *projeto* existencial, que atravessa a obra poética de Fernando Pessoa, sem sacrificar a autonomia artística das personalidades fictícias, e das poesias que a elas se ligam.

Ninguém sabe, dizia o nosso poeta, o que verdadeiramente sente: "é possível sentirmos alívio com a morte de alguém querido, e julgar que estamos sentindo pena, porque é isso que se deve sentir nessas ocasiões" ("Nota ao acaso", *in Páginas de doutrina estética*, seleção, prefácio e notas de Jorge de Sena, Lisboa, Editorial Inquérito, 1946). Essa passagem de um documento revelador, a que pertencem as outras considerações de Fernando Pessoa, citadas a seguir, mostra-nos o quanto o problema da sinceridade esteve, para o nosso poeta, relacionado com o problema da consciência. Devido à impossibilidade da consciência coincidir consigo mesma, o esforço para a sinceridade absoluta, que importaria na conquista de uma natureza idêntica, própria do Ser-em-si, produz a má-fé das condutas humanas. Mas a consciência é um fluxo de atos, o Eu, uma objetificação passageira, e os sentimentos, superáveis, são modificados pela inteligência reflexiva. "Toda emoção verdadeira é mentira na inteligência, pois se não dá nela. Toda emoção verdadeira tem portanto uma expressão falsa." Esse paradoxo dá-nos bem a medida do tão decantado problema da sinceridade poética de Fernando Pessoa.

Insincero é Fernando Pessoa em relação aos sentimentos vividos, porque esses sentimentos já eram passados quando lhes dava expressão. E toda expressão ocorre se, e apenas se estamos desincorporados ou distanciados daquilo que sentimos. É a inteligência reflexiva que opera o distanciamento, possibilitando a expressão poética. Consequentemente, a insinceridade quanto aos sentimentos vividos era *sincera* com respeito ao dinamismo da consciência, do qual a reflexão decorre. "Quando um poeta inferior sente, sente sempre por cadernos de encargo. Pode ser sincero na emoção. Que importa, se não o é na poesia?" O poeta inferior está de má-fé. O poeta superior sente, através da inteligência, prevenido contra a "mentira da emoção". Esse efetivo sentir supera, acompanhando o movimento da consciência que se transcende, a má-fé das atitudes convencionais, que exibem sentimentos congelados, inertes e diferentes do que foram. "A maioria da gente sente convencionalmente, embora com a maior sinceridade humana; o que não sente é com qualquer espécie ou grau de sinceridade intelectual, e essa é que importa ao poeta." Mas como a sinceridade intelectual leva-nos a refletir e, refletindo, a distanciar-nos da experiência vivida, o poeta, que não pode mais reproduzir a emoção, de cuja verdade participou enquanto ela durava, o poeta que sabe ser impossível, de boa-fé, identificar-se consigo mesmo, recusa-se a bloquear a sua consciência, assumindo, então, a condição de fingidor. "Exprimir-se", conclui Fernando Pessoa, "é dizer o que se não sente." A conclusão é paradoxal, mas correta, uma vez que somente a expressão poética, que se afasta da experiência imediata, pode manifestar o seu sentido, e consequentemente, a sua verdade.

Assim o fingimento da poesia, que troca a verdade aparente por uma verdade essencial, é um meio dialético de explorar a realidade interna e externa. É um jogo de simulações e reflexos em torno do ser, jogo que tende a ultrapassar a exteriorização social do Eu, que é a personalidade. Foi por isso que Álvaro de Campos pregou, no "Ultimatum" (1919), o advento do poeta que reunisse o maior número possível de personalidades, e que sentisse por vários poetas. Transpunha ele, dessa maneira, para o plano poético, o *ocultismo alquímico* de Fernando Pessoa: destruir a individualidade, rejeitar as verdades imediatas da experiência sensível, para alcançar, na Obra, a realização de possíveis mundos, com a abertura de perspectivas sobre o ser inesgotável, que nunca se revela de todo. A comédia dos heterônimos, a farsa da simulação, é afinal um diálogo com o ser, que na linguagem se consuma e que, através da linguagem, remete àquela existência em si, àquele *algo que há*:

"Ah, tudo é símbolo e analogia!
[...]

Do eterno erro na eterna viagem,
O mais que (exprime) na alma que ousa,
É sempre nome, sempre linguagem,
O véu e capa de uma outra coisa."

Paradoxo e verdade

Foi talvez a margem de especulação, de liberdade intelectual para interpretar a linguagem dos símbolos, para aproximar-se de realidades últimas, a respeito das quais sabe-se apenas que são últimas porque informuláveis, a origem do atrativo que as doutrinas ocultistas, teosóficas ou esotéricas, exerceram sobre Fernando Pessoa, de 1915 até o fim de sua vida. "Na religião, escrevia ele, há a metafísica, que é a religião de captação, porque tenta insinuar-se pelo raciocínio, e explicar ou provar é querer captar; e há a religião propriamente dita, que é o sistema de subjugação, porque subjuga pelo dogma improvado e pelo ritual inexplicável, agindo assim direta e superiormente sobre a confusão das almas" (*Páginas de doutrina estética*, p. 158). Foi como religião de captação, como metafísica religiosa, que Fernando Pessoa viu o ocultismo, sem que no entanto tivesse, sob influência dessa concepção, detido o seu raciocínio naquele ponto morto onde toda religião — inclusive a teosofia, que pretende situar-se além das religiões históricas — apela para uma verdade irrecorrível, intemporal, que provém de fonte extra-humana. A teosofia, que não aceita dogmas, aceita no entanto que uma verdade dessa ordem oculta-se ao comum dos mortais, e revela-se aos que são iniciados no conhecimento das fontes extra-humanas que a transmitiriam através dos tempos.

Para as doutrinas teosóficas, a verdade escalona-se como que em dois estágios ou graus de conhecimento: o primeiro corresponde a determinados ensinamentos, quais sejam, a existência de diferentes planos de vida, espécies de alma, hierarquia dos seres, transmigração e aperfeiçoamento espiritual por meio do ciclo morte-renascimento, ensinamentos esses que orientam a leitura dos símbolos religiosos e a interpretação das alegorias místicas; o segundo, mais elevado, tem por objeto o conhecimento da verdade transcendente de que os anteriores princípios dependem, e que é o ser em si, a Unidade, tal como foi concebida por Plotino, nas *Enéadas*, de onde passou a diferentes concepções místico-filosóficas, especialmente para as que formam o intrincado e nebuloso domínio do ocultismo. Embora, pois, nessas concepções a ausência de estritos dogmas franqueie à inteligência o terreno da especulação, afirmam elas a existência da verdade eterna, que o iniciado não apenas conhece, limitada, ampla ou profundamente, nesta e em outras vidas sucessivas, mas da qual participa, e à qual deve unir-se para sempre, no término de um movimento de retorno ou de reintegração ao ser.

As doutrinas esotéricas admitem esse retorno, porque acreditam, em consonância com o esquema neoplatônico da processão das escalas do ser, a partir da Unidade, que o espírito, essência do homem, desgarrado dessa Unidade e que dela emana, lhe é consubstancial. Assim o teósofo que não julga que a verdade eterna lhe é exterior, adota o pressuposto da existência de um nexo de participação de sua alma com o ser universal, nexo que a ele incumbe desenvolver, cultivando as suas faculdades superiores ou os poderes ocultos do seu espírito. Tal pressuposto, de caráter religioso, e que exorbita os limites da razão, já é matéria de crença, que exige um ato de fé. A atitude de Fernando Pessoa em relação à verdade eterna está longe dessa adesão participante que caracteriza o espírito do legítimo crente. Ela é dialética até certo ponto, e paradoxal quase sempre. "Como todos não creio no que creio" ("Barrow-on-Furness I").

A verdade, para Fernando Pessoa, é um valor impreenchível, um apelo que de nós se distancia quando ouvido, uma forma passageira, jamais adequada, transferível sempre de horizonte a horizonte, e descobrindo-se, a cada passo, como um erro, que outra verdade vem recobrir para novamente transformar-se em erro. A verdade é um interstício entre erro e erro e, de erro a erro, uma espécie de refluxo da realidade que, permitindo discernir a insuficiência de todas as ideias que só aparentemente correspondem a cada coisa e à totalidade do que existe, estimula-nos, ao mesmo tempo, a superar, por meio de um movimento infinito, de natureza fáustica, da nossa inteligência, o limite de todas as ideias: "A verdade se ela existe,/ Ver-se-á que só consiste/ Na procura da verdade".

O sentimento fáustico desses versos não vai contudo abrir-nos o progresso infinito do conhecimento, seguro de si mesmo e de suas conclusões, no qual Giordano Bruno e Francis Bacon confiaram, mas sim um movimento dialético, sem síntese, que unindo a crença à descrença, a verdade ao erro, entrança esses termos opostos numa série de contradições insolúveis, que constituem a natureza essencial do *paradoxo*.

A inerência da crença na descrença, da verdade no erro, implica a admissão do erro como forma de manifestação da verdade: "Sim, tudo é certo logo que não o seja". A verdade, por si mesma fugidia, resvalante, paralisa-se ao fixar-se numa certeza qualquer:

> "Por que pois buscar
> Sistemas vãos de vãs filosofias,
> Religiões, seitas, (voz de pensadores)
> Se o erro é condição de nossa vida,
> A única certeza da existência?
> Assim cheguei a isto: tudo é erro,
> Da verdade há apenas uma ideia
> À qual não corresponde realidade."

A verdade mesma, como estão a sugerir esses versos dos fragmentos do "Primeiro Fausto", não corresponde ao conhecimento de uma realidade, seja por meio da intuição, seja pelo encadeamento dedutivo do raciocínio. Ela é, para adotarmos a terminologia atual de certos representantes da filosofia existencial, uma exigência, que se traduz na inquieta demanda do Absoluto, de encontro ao qual se debate o pensamento, cujo destino é buscar e duvidar. Desde que crer implica em descrer, desde que a verdade irrompe como erro e o erro constitui a imagem da verdade, nenhum desses termos supera efetivamente o outro, nenhum deles contradiz o outro. Em vez da negação da negação, síntese dos opostos, temos a identidade dos contrários. Não foi, de fato, a contradição dialética, mas a simples oposição dos contrários e a identidade deles, que Fernando Pessoa aproveitou de suas leituras de Hegel. E embora na exposição da doutrina do transcendentalismo panteísta, em "A nova poesia portuguesa", afirme ele que "a essência do universo é a contradição", o ponto de vista aí expendido mostra-nos que o poeta se ateve à oposição e à identidade dos contrários: "Dizer que a matéria é material e o espírito espiritual não é falso, mas é mais verdadeiro dizer que a matéria é espiritual e o espírito material. E assim, complexa e indefinidamente".

Tal dialética sem síntese, que se processa acompanhando a relação mútua de conceitos, verdadeiros e falsos ao mesmo tempo, conduziu Fernando Pessoa a fazer da realidade transcendente, que o ocultismo admite, a ilusão do Absoluto na qual os opostos, ser e nada, pleno e vazio, se confundem, e que nada afinal significa: "Um inominável supertranscendente,/ Eterno incógnito e incognoscível!". Mas, para Fernando Pessoa, o Absoluto, que nada significa, é também o lugar de encontro de todos os significados, o sugadouro da linguagem poética, que a exaure até o limite do que os conceitos exprimem, forçando-a a dizer o indizível:

> "Uma coisa que está para além dos deuses, de Deus, do
> [Destino —
> Aquilo que faz que haja deuses e Deus e Destino,
> Aquilo que faz que haja ser para que possa haver seres,
> Aquilo que subsiste através de todas as formas,
> De todas as vidas, abstratas ou concretas,
> Eternas ou contingentes,
> Verdadeiras ou falsas!"

Na tentativa de abordar o eterno incógnito ou incognoscível, que é a totalidade impensável a que se referem os versos acima, Fernando Pessoa recorre à contradição não resolvida, aos paradoxos, tão frequentes na sua poesia e na sua prosa: "Não haver Deus é um Deus também" (de um fragmento). "Na eterna mentira de todos os deuses só os deuses todos são verdade" (da entrevista "A civilização portuguesa entre o passado e o futuro").

Fernando Pessoa, que nunca se desligou da tutela do pensamento racional, que necessitava tudo compreender "até às fezes da compreensão", debateu-se de encontro ao Absoluto, sem jamais ter conseguido nem transformá-lo em matéria de crença, nem abstraí-lo pelo repúdio da descrença completa. O contraponto do pensamento racional com os pendores místicos do poeta pode ser apreciado na atitude contraditória que ele assumiu relativamente ao problema da interpretação dos símbolos.

Para o ocultista, a verdade absoluta chega até nós por certos condutos ou vestígios, que são os *símbolos* — as figuras míticas, as fórmulas ritualísticas, as palavras sagradas. São os símbolos que tornam a verdade manifesta à alma do iniciado, se este possui as qualidades necessárias para interpretá-los. Essas qualidades, de acordo com uma nota de Fernando Pessoa, são a *simpatia*, a *intuição*, a *inteligência*, a *compreensão* e, ainda, o que poderíamos chamar de *iluminação*. A simpatia, nexo afetivo imediato, aproxima o intérprete do símbolo e do seu sentido. A intuição é "aquela espécie de entendimento com que se sente o que está além do símbolo, sem que se veja". A parte da inteligência, nesse processo interpretativo, seria, sobretudo, "relacionar no alto o que está de acordo com a relação que está embaixo", enquanto que a compreensão enriqueceria o sentido do símbolo, acrescentando à interpretação inicialmente obtida outras e mais amplas conexões. A quarta qualidade, di-lo Pessoa, é indefinível. Trata-se, segundo as suas palavras, da Graça, da "mão do Superior Incógnito" ou do "conhecimento e conversação do Santo Anjo da Guarda".

Foi em *Mensagem* que Fernando Pessoa procedeu como um intérprete de símbolos, altamente qualificado, que, além dos dotes de *simpatia*, *intuição*, *inteligência* e *compreensão*, arrogou-se a conjurar o auxílio da *iluminação* superior, tomando a "mão do superior incógnito", para profetizar e vaticinar. Do ponto de vista desse poema, que foi uma das múltiplas máscaras do poeta, Fernando Pessoa, fiel ao princípio de analogia que os teósofos adotam, tentou, segundo a concepção subjacente de símbolo que tal princípio pressupõe, substituir a verdade aparente dos fatos históricos pela verdade superior que eles encobririam. Os eventos e as figuras da história marítima portuguesa são, em *Mensagem*, elevados a um plano mítico, através do qual o poeta procura recompor o traçado de uma outra e diferente história, transcendente e espiritual, que a primeira simboliza. E nisso o poeta estava de acordo com o esquema platônico a que obedece a interpretação ocultista, segundo a qual a história, com os seus acontecimentos singulares, no espaço e no tempo, é uma transliteração imperfeita de desígnios eternos que se cumprem temporalmente, mas cujo sentido está predeterminado nas altas esferas que os provocaram. Fernando Pessoa seguiu, portanto, na simbólica de *Mensagem*, o roteiro interpretativo do ocultismo, que visa alcançar no símbolo não uma figura ou um esquema das coisas, mas o traçado que a realidade superior estabeleceu para manifestar-se no mundo. Não é o símbolo, teosoficamente considerado, um modo de representar, mas um modo de ser. Não é forma de pensamento, mas a forma que a realidade assume para falar indiretamente aos que podem compreendê-la.

Fernando Pessoa manteve, sem dúvida, na sua poesia ortônima, a intuição das analogias e das correspondências, mas não conseguiu conservar a mesma atitude de simpatia, de inteligência e de compreensão para com os símbolos, que exigiu dos que se dispusessem a interpretá-los. Por um lado, a própria noção de correspondência e analogia simbólica entre as coisas, é tematizada, em alguns poemas:

"Ah, tudo é símbolo e analogia!
O vento que passa, a noite que esfria,
São outra coisa que a noite e o vento —
Sombras de vida e de pensamento.

Tudo o que vemos é outra coisa.
A maré vasta, a maré ansiosa,
É o eco de outra maré que está
Onde é real o mundo que há."

Mas a simpatia para com os símbolos é, por outro lado, neutralizada pela indiferença religiosa e metafísica de um Alberto Caeiro, quando não pela ironia, pela mordacidade e pela dúvida histérica de Álvaro de Campos. Na perspectiva da visão ingênua e despojada das coisas da poesia de Alberto Caeiro, qualquer simbolismo, religioso, metafísico ou lógico, é um acréscimo impuro à Natureza pura. Nominalista, esse heterônimo emprega as palavras com o intuito de referir-se diretamente aos objetos, de simplesmente denotá-los, reprimindo os significados que não se relacionam com os dados da experiência sensível. É de notar que estamos agora às voltas com uma mentalidade outra, muito diferente da que inspirou *Mensagem*, e que, indubitavelmente, empresta às palavras uma função simbólica, no sentido da moderna semiologia e não uma natureza mágica, à maneira do ocultismo. Já em Álvaro de Campos encontramos a atitude irônica, senão mordaz, em relação a todo simbolismo:

"Símbolos. Tudo símbolos...
Se calhar, tudo é símbolos...
Serás tu um símbolo também?"

"Símbolos? Estou farto de símbolos...
Mas dizem-me que tudo é símbolo.
Todos me dizem nada.
Quais símbolos? Sonhos. —"

Pode rir-se dos símbolos quem, como Álvaro de Campos, sabe que as imagens, os conceitos, as palavras, embaralham-se "perante esta única realidade, que é o mistério,/ Perante esta única realidade terrível — a de haver uma realidade". Fernando Pessoa vê o mistério, o Abismo que nada preenche, e que por isso nada é, ali onde o ocultismo vê o Ser, como fulcro das revelações, dos ensinamentos, que passam, através do tempo, à consciência dos iniciados.

Na dialética do erro e da verdade só podemos chegar à revelação de que tudo para nós se oculta e não, como nas doutrinas esotéricas, a uma oculta verdade que aos homens se revela porque lhes é consubstancial. Em conclusão, o ocultismo significou para Fernando Pessoa a vivência do ocultamento de tudo quanto importa ao homem conhecer, da falta de sentido da existência, da supremacia do Mistério, e do vazio do próprio Mistério:

> "Do eterno erro na eterna viagem,
> O mais que (exprime) na alma que ousa,
> É sempre nome, sempre linguagem,
> O véu e capa de uma outra coisa."

Que é, afinal, o "eterno erro na eterna viagem" senão o indício de que, para Fernando Pessoa, o mais alto conhecimento traduz a afirmação peremptória do não-saber, como a única espécie de verdade que nos é dada? Um não-saber que nasce da consciência da identidade dos erros com a verdade, consciência que o poeta procurou cultivar através do ocultismo, talvez com o fim de, neutralizando a inquietude da inteligência, suspender, por uma radical *epoché*, o ensinamento de todas as crenças:

> "Nasce um Deus. Outros morrem. A verdade
> Nem veio nem se foi: o Erro mudou.
> Temos agora uma outra Eternidade,
> E era sempre melhor o que passou.
>
> Cega, a Ciência a inútil gleba lavra.
> Louca, a Fé vive o sonho do seu culto.
> Um novo Deus é só uma palavra.
> Não procures nem creias: tudo é oculto."

A quietude ataráxica, análoga à dos céticos gregos, de quem nada procura e nada crê, parece ter sido o termo ético e espiritual em que, diante do paradoxo do conhecimento convertido em não-saber, deveria resolver-se a dialética do erro e da verdade. Mas cessando a procura da verdade, terminado o domínio das crenças, não há mais coisas como erro ou verdade. E pôde então o poeta, num raro e rápido momento, escrever o que a quietude da inteligência, combinada com o difícil sentimento de aceitação do universo, lhe ditou:

> "Nunca ninguém se perdeu.
> Tudo é verdade e caminho."

O ocultismo na poesia de Fernando Pessoa

A interpenetração do subjetivo com o objetivo, o sentimento da correspondência entre as coisas, a interiorização completa do mundo exterior, que marcam as tendências gerais do *Cancioneiro* de Fernando Pessoa, encontraram a sua expressão teórica no princípio da identidade entre matéria e espírito do *transcendentalismo panteísta*, exposto pelo poeta nos artigos que em 1912, sob o título de "A nova poesia portuguesa", escreveu para *A Águia*. Síntese abstrata e filosófica do paganismo essencial, então adotado por Fernando Pessoa, o *transcendentalismo panteísta* não era de todo estranho ao conteúdo da teosofia, de que ele tomou conhecimento, casualmente, três anos depois. A descoberta das doutrinas teosóficas quando, por encomenda de uma editora, traduziu uma obra de Leadbeater, provocou-lhe, como ele próprio narrou ao amigo Sá Carneiro, uma crise intelectual das mais profundas. Esse impacto, ocorrido um ano após o aparecimento dos heterônimos — o primeiro dos quais, Alberto Caeiro, surgiu, como é sabido, a 8 de março de 1914 —, abalou o pensamento de Fernando Pessoa, carreando para a sua poesia, sobretudo a ortônima, elementos os mais diversos, de procedência ocultista, e que nela se apresentam algumas vezes diretamente, outras sob a forma de imagens, símiles e alusões, e, ainda, de raro em raro, como insinuação ocasional neste ou naquele heterônimo.

Na ligeira análise desses elementos, rapidamente feita neste ensaio, como passo inicial num terreno pouco investigado, empregaremos indistintamente *teosofia*, *esoterismo* e *ocultismo*, embora esses termos não signifiquem a mesma coisa. Mas estão eles de tal modo enredados na tradição histórica que os veiculou, tão aproximados e confundidos pelo uso, que seria difícil, senão supérfluo, conservar para cada um o sentido próprio que possuem. Desses termos, o mais genérico é *esoterismo*, que quer dizer o lado secreto, velado, só a uns poucos transmitido, de verdades que apenas superficial e exteriormente traduzem-se nas crenças religiosas comuns. Trata-se, portanto, de ensinamento reservado, do gênero daqueles a que tinham acesso os adeptos dos antigos Mistérios, dionisíacos, eleusinos e órficos, detentores de uma revelação de ordem superior, que lhes abria a possibilidade de desenvolverem poderes ocultos que, embora inerentes ao homem, seriam desconhecidos e raramente cultivados. O ocultismo refere-se mais propriamente ao aspecto mágico desses poderes, que propiciariam o controle de várias espécies de forças, entidades e seres, naturais e preternaturais. De inúmeras correntes místico-religiosas, umas orientais, outras ocidentais, e das doutrinas sincréticas do século I ao século V a.C., como o neoplatonismo, o neopitagorismo e o gnosticismo, podemos dizer que são ocultistas ou esotéricas, ainda quando desacompanhadas da estrutura característica das sociedades secretas, a exemplo da Ordem Templária e da Maçonaria.

Teosofia, etimologicamente conhecimento da divindade, por iluminação ou participação mística, tornou-se praticamente, desde os fins do século XIX, a denominação de um pretenso sistema, de uma parafilosofia, espécie de síntese enciclopédica de crenças e cultos antigos, extraídos de diferentes contextos religiosos, especialmente do bramanismo e do budismo, sistema que também se apresenta na obra de seus promotores, Annie Besant, Leadbeater e Blavatsky, como super-religião coordenada por uma Sociedade Teosófica.

Antes de conhecer a obra de Leadbeater, Fernando Pessoa já havia lido uma publicação em inglês sobre os Rosacruzes, forma do esoterismo que está mais ligada ao cristianismo, e que absorveu o sentido místico da alquimia medieval. Conhecia ele também essa expressão consumada do ocultismo hebraico, a Cabala, que entrou como um dos mais importantes ingredientes na composição da massa doutrinária teosófica, a que igualmente se incorporou o Rosacrucianismo, o qual foi, por sua vez, incorporado pela Maçonaria, como um dos graus da Ordem. Desse modo, familiarizado com a teosofia e com as tradições religiosas esotéricas que ela absorveu, pôde o poeta, em 1935, ano de sua morte, escrever, numa espécie de atestado de identidade religiosa passado a si próprio, que era "Cristão gnóstico, e portanto inteiramente oposto a todas as religiões organizadas, e sobretudo à Igreja de Roma. Fiel [...] à tradição secreta do Cristianismo, que tem íntimas relações com a tradição Secreta em Israel (a Santa Kabbalah) e com a essência oculta da Maçonaria". Não há, nessa declaração, referência à teosofia como tal, e sim a determinadas fontes que a integram, as tradições secretas, paralelas ao cristianismo e à religião de Israel, e que são, respectivamente, a Rosacruz e a Cabala. Mas pode-se recuar para além dessas fontes, até às correntes gnósticas, ao neoplatonismo e ao neopitagorismo, que não se situam na mesma escala de importância. Mais duradouro, o neoplatonismo, cuja significação filosófica ultrapassa os limites da teosofia moderna, é o pano de fundo das chamadas doutrinas ocultistas.

Assim, toda vez que empregarmos as palavras *esoterismo*, *ocultismo* e *teosofia*, temos em vista todo um conjunto de doutrinas secretas, de correntes religioso-filosóficas, que possuem caráter místico e significado mágico, as quais até nós chegaram, por meio de diferentes condutos históricos, inclusive o das sociedades secretas, com que tanto se preocupou Fernando Pessoa.

As ideias fundamentais da Cabala e dos Rosacruzes podem ser identificadas com facilidade em "No túmulo de Christian Rosencreutz", série de três sonetos, e em "Além-Deus", subdividido em cinco poemas curtos — "I. Abismo", "II. Passou", "III. A voz de Deus", "IV. A queda" e "V. Braço sem corpo brandindo um gládio" — que são poesias doutrinárias, de temática inequivocamente ocultista, que nos transmitem uma experiência reveladora ou um ensinamento esotérico. Nesses poemas doutrinários a vivência exclusiva das concepções teosóficas forma, juntamente com a linguagem, tortuosa, elíptica e forçadamente obscura dos versos, uma só totalidade expressiva, indivisível.

Há, em "Além-Deus", que data de período incerto, um encadeamento intencional entre as cinco partes de que se compõe, encadeamento esse através do qual vai sendo graduada, nas quatro primeiras, a revelação de uma mesma verdade, comentada na última, que constitui o arremate reflexivo do conjunto. Mas a linguagem, requintadamente hermética, como se unicamente aos iniciados se dirigisse, dificulta o entendimento dos arcanos que ela se propõe a manifestar. É toda uma *mimese* dos mistérios das religiões secretas que aí se processa. As palavras, investidas de uma função teofânica, transgridem os limites usuais do que podem denotar e conotar. A substantivação de verbos e advérbios, comum na poesia de Fernando Pessoa, é levada ao máximo de suas possibilidades:

"Perde tudo o ser, ficar,
E do pensar se me some.
Fico sem poder ligar

Ser, ideia, alma de nome
A mim, à terra e aos céus...

E súbito encontro Deus."

("Abismo")

"Passou, fora de Quando,
De Porquê, e de Passando...,

Turbilhão do Ignorado,
Sem ter turbilhonado...,

Vasto por fora do Vasto
Sem ser, que a si se assombra..."

("Passou")

Mas os próprios substantivos não bastam à expressão que se quer obter, uma vez que o arcano mais oculto, primeiro de que todos os outros dependem, é a substância originária, o *Ein-Sof* da Cabala, imóvel e eterno, sem ação nem paixão, anterior aos deuses, anterior à Causa Primordial de Aristóteles, mais remota que o Pai Senhor do Velho Testamento, desligada da ideia de Ser e de Unidade, inatingível por qualquer metáfora e apenas sugerível pela cumulação de termos abstratos, como "Turbilhão do Ignorado" ou "Vasto por fora do Vasto", os quais coincidem na menção daquilo que é vazio, ilimitado e indeterminado. "O universo é o seu rasto.../ Deus é a sua sombra..." ("Passou"). Essa substância inominada, de que o universo brotou, está portanto além do Deus-criador e dos homens. Idênticos na origem, os homens, os espíritos intermediários, *daimon* ou *deuses*, agenciadores da criação para os gnósticos (Basilides, Valentin, Marcion), ocupam, no entanto, distintos planos da realidade, abertos ao aperfeiçoamento espiritual nesta ou em outras vidas, neste ou em outros mundos superiores, em cuja existência Fernando Pessoa acreditava.

O credo ocultista de Fernando Pessoa, na carta de janeiro de 1935 a Adolfo Casais Monteiro, resume bem esses tópicos doutrinários que repontam em "Além-Deus". Deus, como Ente Supremo, causa motora e providencial do Universo, a que a Maçonaria prefere chamar de Grande Arquiteto, seria um dentre outros Entes que se presume terem criado outros universos paralelos ao nosso. "Dadas essas escalas de seres", esclarece o poeta, "não creio na comunicação direta com Deus, mas, segundo a nossa afinação espiritual, podemos ir comunicando com seres mais altos." Se é impossível a comunicação humana com Deus, que é apenas uma das escalas na hierarquia dos entes superiores que integram a realidade espiritual, muito mais impossível ainda é a simples concepção do horizonte indeterminado, infinito, abismal, da substância que a Cabala denomina *Ein-Sof*, da qual emanariam os atributos da divindade (os dez *Sephirot*), antes mesmo do começo dos tempos e do início da atividade dos deuses, como agentes formadores do nosso mundo.

Já na terceira parte do poema, "A voz de Deus", ocorre a revelação do segundo arcano, a *emanação*, que vem diminuir a distância entre a divindade e o mundo. O universo é uma irradiação pletórica dessa realidade, a partir de um centro espiritual consciente. Ao produzir-se a si mesmo, esse centro produziu o homem e as coisas. Mas a essa altura não se sabe mais quem é que fala no poema de Fernando Pessoa, se o homem, se a própria divindade.

> "Brilha uma voz na noite...
> De dentro de Fora ouvi-a...
> *Ó Universo, eu sou-te...*"
>
> ("A voz de Deus")

A experiência ambígua que agora se descreve participa do duplo sentido da realidade espiritual para os teósofos. Onde efetivamente começaria essa realidade, de vez que tudo é espírito, e que o homem, em sua verdadeira essência, pertence aos planos superiores de onde desceu a alma que lhe é originária? Essa realidade, fechada em círculo, tanto pode começar no divino para acabar no homem, quanto principiar neste para terminar naquele. As noções de imanência e transcendência são igualmente válidas. Pela doutrina hermética, a emanação, escada que liga os dois estágios, o inferior e o superior do ser, autoriza a afirmar a analogia do que está em cima com o que está embaixo e, inversamente, a analogia das coisas sensíveis com os seus padrões eternos na substância divina.

O quarto poema de "Além-Deus", "A queda", inicia-nos no conhecimento do terceiro arcano, o mito da *queda*, interpretado como necessária decorrência da emanação e, portanto, em desacordo com a conceptualística cristã do pecado original. Segundo as fontes ocultistas que o inspiraram, a queda não é um ato livre e individual da criatura, punida pelo criador. É um acontecimento eterno: descida do espírito que se afastou do centro luminoso que o continha, parcelamento do todo, fuga da alma, forçada, por lei imperiosa e insondável, a unir-se à matéria e a formar com ela o composto humano. Quem cai não é o homem, que já existia como arquétipo, mas a parcela do espírito divino, cuja reabsorção no foco irradiante de que se desprendeu é a tarefa que a teosofia, admitindo a consubstancialidade entre a verdadeira natureza espiritual do ser humano e Deus, impõe aos seus adeptos.

> "Da minha ideia do mundo
> Caí...
> Vácuo além de profundo,
> Sem ter Eu nem Ali..."
>
> ("A queda").

A queda, como figura religiosa da processão do espírito humano, a partir do centro substancial da Divindade, que os versos acima ilustram, é o tema inicial de "No túmulo de Christian Rosencreutz", onde retornam, numa linguagem menos hermética do que a de "Além-Deus", os mesmos arcanos essenciais:

> "Deus é o Homem de outro Deus maior:
> Adão Supremo, também teve Queda;
> Também, como foi nosso Criador,
>
> Foi criado, e a Verdade lhe morreu...
> De além o Abismo, Sprito Seu, Lha veda;
> Aquém não a há no Mundo, Corpo Seu."

O conteúdo teosófico desses três sonetos, que são dedicados à rememoração do mítico fundador dos Rosacruzes, pende mais para o lado da simbologia cristã, presente nos elementos denominativos da

Ordem: a *Rosa*, significando a floração do espírito, e a *Cruz*, o caminho do sofrimento, que é a chave das transmutações espirituais, de que as transmutações alquímicas constituem o paralelo. O retorno do homem à sua verdadeira natureza opera-se por uma sublimação dos elementos impuros que o impedem de remontar à sua origem. Cristo, "rosa perfeita em Deus crucificado", que consumou exemplarmente esse esforço, é o novo homem clarificado, desperto, morrendo para transformar-se. "Então, senhores do limiar dos Céus,/ Podemos ir buscar além de Deus/ O Segredo do Mestre e o Bem profundo" (II, "No túmulo de Christian Rosencreutz").

Ao lado desses poemas, "Além-Deus" e "No túmulo de Christian Rosencreutz", que intitulamos doutrinários, podemos colocar aqueles outros de conteúdo teúrgico que de certo modo lhes servem de complemento, laborando nas mesmas intenções esotéricas: os *iniciáticos*. Assim denominamos as poesias, como "Iniciação" e "Na sombra do monte Abiegno" e "Eros e Psiqué", exclusivamente vinculadas à simbologia da comunicação das verdades ocultas aos iniciados. Os dois primeiros transladam a imagística dos ritos e formulários da iniciação nas ordens secretas, e o terceiro, "Eros e Psiqué", que traz como epígrafe uma passagem do Ritual do Grau de Mestre do Átrio da Ordem Templária de Portugal, inspira-se diretamente neles.

Fora dessa dimensão, *doutrinária* e *iniciática*, em que o ocultismo, diretamente vivenciado, torna-se objeto exclusivo da expressão poética, mimetizado em expressão religiosa do sagrado, situam-se outros poemas, muito mais numerosos do que os anteriores, os quais participam lateralmente das mesmas fontes, tomando às doutrinas esotéricas certos temas, como a *queda*, a *transmigração*, a *pureza originária do espírito*. Essa temática é, porém, nessa outra categoria, ao contrário do que sucede nas duas primeiras, uma temática instrumental, já subordinada à experiência pessoal do poeta, que nela vai buscar, como subsídio para interpretar a si próprio e o mundo em que vive, uma série de imagens e comparações. Formam elas um precário sistema de referência, uma topologia problemática do universo. A presença do ocultismo passa, então, a revestir-se de um caráter de alusividade e é suscitada enquanto o exigem os problemas da realidade em geral e a questão, fundamental na poesia de Fernando Pessoa, da identidade da consciência e do Eu. A pré-vida da alma, a existência de estágios superiores à consciência, a transmigração, pontos básicos do ocultismo, aparecem, como objeto de constantes alusões, relacionados com a experiência da falta de identidade pessoal, numa série de poesias ortônimas, algumas das quais datando do período entre 1931 e 1934.

A transmigração pressupõe a ideia de vidas sucessivas que se encadeiam entre um primeiro nascimento, equivalente à queda sofrida pela alma e um último nascimento, que a devolve ao seu estado originário.

> "Serei eu, porque nada é impossível,
> Vários trazidos de outros mundos, e
> No mesmo ponto espacial sensível
> Que sou eu, sendo eu por 'star aqui?"

Mais claramente alude o poeta, em outros versos, a esse primeiro nascimento, que se cumpriu como um ato eterno:

> "Em outro mundo, onde a vontade é lei,
> Livremente escolhi aquela vida
> Com que primeiro neste mundo entrei.
> Livre, a ela fiquei preso e eu a paguei
> Com o preço das vidas subsequentes
> De que ela é a causa, do deus [...]"

A alma esquece, entrando nessa vida, a identidade espiritual que a liga aos planos superiores. Ganha com a consciência as luzes exteriores, mas intimamente entorpecida, dorme o sono do qual não pode despertar, enquanto estiver aqui, imersa na realidade física e temporal:

> "Nesta vida, em que sou meu sono,
> Não sou meu dono,
> Quem sou é quem me ignoro e vive
> Através desta névoa que sou eu
> Todas as vidas que eu outrora tive,
> Numa só vida."

Numa visão neoplatônica da existência, que nos transporta para a atmosfera rarefeita que se respira nos poemas de *Cancioneiro*, Fernando Pessoa vê o mundo exterior como sombra, o Eu atual como sono.

"Neste mundo em que esquecemos
Somos sombras de quem somos,
E os gestos reais que temos
No outro em que, almas, vivemos,
São aqui esgares e assomos."

As incidências ocultistas mais frequentes na poesia ortônima revelam-nos esse substrato neoplatônico, considerado, com razão, por Jorge de Sena, como a característica do pensamento mais profundo de Fernando Pessoa, e que se reflete, difusamente, através do sentimento de nostalgia que predomina em *Cancioneiro*. A nostalgia de uma "pátria anterior", de um "ser-lar" contagiou o próprio Álvaro de Campos, nele se transformando numa ansiedade vaga, numa aspiração de retorno a um lugar indefinido, fosse a infância, fosse ao estado pré-natal da alma:

"Quando é que passará esse drama sem teatro,
Ou esse teatro sem drama,
E recolherei a casa?"

A reminiscência, no sentido platônico, de outras coisas diferentes das que vemos e ouvimos, que aflui em certos versos de *Cancioneiro*, é a contrapartida da nostalgia. O poeta é um emissário de rei desconhecido, recebendo "informes instruções do além", em cuja visão se confundem as coisas vistas e lembradas, e que ouve nos sons o que eles têm de inaudível.

"Cessa o teu canto!
Cessa, que, enquanto
O ouvi, ouvia
Uma outra voz
Como que vindo
Nos interstícios
Do brando encanto
Com que o teu canto
Vinha até nós.

Ouvi-te e ouvi-a
No mesmo tempo

E diferentes
Juntas cantar.
E a melodia
Que não havia,
Se agora a lembro,
Faz-me chorar."

A influência do ocultismo chegou à obra de dois heterônimos, Álvaro de Campos e Ricardo Reis, apresentando-se neles esporadicamente, de conformidade com a essência poética de cada um, e por outras manifestações, que diferem das que respigamos na poesia ortônima. Ocasionais em Álvaro de Campos, essas manifestações, também descompromissadas, parecem atender à atitude de quem apenas vai buscar nas ideias teosóficas de Fernando Pessoa a lenha necessária para ativar o fogo da angústia metafísica que, nesse heterônimo, despertaram os problemas maiores da existência e do ser. Assim, no debate entre a consciência e a inconsciência, que perpassam na prosa ritmada de Álvaro de Campos, a nota ocultista do "Além-Deus", ressoa, à distância, recalcada pela necessidade de explicar racionalmente as coisas deste mundo:

"Porque é preciso existir para se criar tudo,
E existir é ser inconsciente, porque existir é ser
[possível haver ser,
E ser possível haver ser é maior que todos os Deuses."

Finalmente, Ricardo Reis, recuando, graças ao seu paganismo voluntário, à convivência dos antigos deuses, pôde ver, teosoficamente, na figura de Cristo, um dos avatares da divindade através do tempo — um deus entre outros, apenas mais novo. Daí as duas odes que tecem variações em torno deste pensamento:

"Não a Ti, Cristo, odeio ou menosprezo
Que aos outros deuses que te precederam
Na memória dos homens.
Nem mais nem menos és, mas outro deus."

Outros muitos versos de poemas ortônimos poderiam ser citados em abono da influência que, direta e indiretamente, o ocultismo exerceu, mas nem sempre do mesmo modo, na poesia de Fernando Pessoa. A matização dessa influência, ora refletindo em considerável número de poemas o conteúdo genérico do neoplatonismo, ora mais viva nos poemas com imagens vinculadas a crenças teosóficas, estes menos numerosos, ora absorvente nos dois doutrinários e nos três iniciáticos que apontamos, mostra-nos o aproveitamento diversificado das mesmas fontes esotéricas, condicionadas que foram a muitas pautas de expressividade poética, dentro da escala maior das intenções preponderantes na poesia do autor de "Além-Deus". Isso vem provar que a teosofia, que a princípio traumatizou Fernando Pessoa, foi por ele subjugada, assimilada e convertida num instrumento de criação poética.

A prosa de Fernando Pessoa

A considerável obra poética, tão diversificada, de Fernando Pessoa, encontra o seu acompanhamento e a sua complementação nos escritos em prosa do autor, que abrangem múltiplos temas, só aparentemente inconexos. Foi como ensaísta que Fernando Pessoa fez o seu aparecimento nas letras portuguesas, publicando, em 1912, "A nova poesia portuguesa". Nessas páginas, marco inicial da atividade literária de Fernando Pessoa em nossa língua, escritas quando o poeta, autor de muitos versos no idioma inglês, preparava-se, sob o estímulo da leitura de Almeida Garrett, para dar-nos os versos de "Oh naus felizes..", "Impressões do crepúsculo" e "Além-Deus", desenvolve ele toda uma teoria, com pretensos fundamentos psicológicos e sociológicos, a qual, apoiada num frágil e improvisado esquema de literatura comparada, é, na verdade, uma especulação filosófica em torno de certas tendências que, no momento, já se manifestavam em sua própria poesia.

Muitos, senão a maioria dos textos em prosa, dentre os que se tornaram conhecidos graças a Jorge de Sena, que os reuniu no volume *Páginas de doutrina estética* (1946), têm valor autônomo, independentemente das relações que podem ter e que efetivamente têm com a parte poética da obra de Fernando Pessoa. A crítica incisiva, certeira, num tom pessoalíssimo, de "As caricaturas de Almada Negreiros" (1913), a mordacidade fulminante, à maneira jornalística, de "Naufrágio de Bartolomeu" (1913) e a interpretação sintética, adequada nas intenções e precisa na linguagem, de "Antonio Nobre" (1915), constituem outros tantos índices, permitindo-nos aquilatar o valor autônomo da prosa de Fernando Pessoa.

Um dos heterônimos, Álvaro de Campos, assina páginas não menos interessantes do que as acima indicadas. Independentemente do jogo intelectual das ideias, afeito ao paradoxo e aos artifícios do raciocínio formal que os caracteriza, trabalhos como "Ultimatum" (1917), "O que é a metafísica?" (1924), "Apontamentos para uma estética não-aristotélica" (1924/1925), "Nota ao acaso" (1935) e "Ambiente" (1927), todos da responsabilidade intelectual de Álvaro de Campos, projetam-se, com igual força de convicção e originalidade, no campo da crítica, da estética e da filosofia.

Crítico dos mais argutos, mente especulativa e criadora, Fernando Pessoa legou-nos também, ao lado de escritos teosóficos e especificamente filosóficos, de cuja existência se tinha conhecimento, mas que só há pouco foram identificados,[1] diversas páginas, umas dispersas e outras inéditas, sobre temas econômicos, políticos, religiosos, psicológicos e sociológicos. Acrescentemos às peças heterogêneas desse variegado acervo, além dos contos policiais, de que há trechos no *Fernando Pessoa*, de Antonio Quadros (1958), e cujos títulos figuram na relação bibliográfica organizada, na mesma data, por Jorge Nemésio, o inacessível "O banqueiro anarquista", pela primeira vez divulgado na *Contemporânea* (1922), hoje envolto nas brumas de inexplicável mistério editorial,[2] e que, reescrito pelo próprio Fernando Pessoa nos últimos anos de sua vida, mereceu louvores entusiásticos de João Gaspar Simões e Adolfo Casais Monteiro.

O descuido que até aqui tem prevalecido em relação à prosa dispersa e inédita de Fernando Pessoa está retardando a inteira revelação do pensamento do poeta e um maior e melhor conhecimento das intenções, ideias e processos inerentes ao trabalho de criação poética do extraordinário fingidor, trabalho esse que é, a julgar sobretudo por aquilo que se contém nas *Páginas de doutrina estética*, o foco para o qual converge, através dos múltiplos e variados temas de que se ocupam, o principal interesse dos textos em prosa, inclusive dos inéditos, uns filosóficos, outros ocultistas, recém-descobertos por Georg Rudolf Lind.

Há, na obra de Fernando Pessoa, íntimo nexo, que é quase relação de complementaridade, entre prosa e poesia. Como dois planos paralelos que se correspondem no espaço de uma mesma atividade intelectual polimórfica, travando permanente diálogo, essas formas heterogêneas de pensamento, a conceitual e comunicativa da prosa e a intuitiva e criadora da poesia, geram um paralelismo curioso, que

[1] Georg Rudolf Lind, "Descobertas no espólio de Fernando Pessoa", *in Ocidente*, Revista Portuguesa Mensal, Lisboa, fevereiro, 1966.

[2] Tornou-se raridade bibliográfica a edição organizada e anotada por Fernando Luso Soares: Fernando Pessoa, *O banqueiro anarquista e outros contos de raciocínio*, Rio de Janeiro, Editora Lux, 1964.

já aparece na primeira fase da vida literária de Fernando Pessoa, ligada ao saudosismo, e a que pertence o ensaio intitulado "A nova poesia contemporânea".

Se pusermos de parte, nesse estudo que *A Águia* publicou em 1912, a tese do advento de uma fase criadora da poesia portuguesa, se abstrairmos as previsões aí formuladas acerca de "um período de criação literária e social como poucos o mundo tem visto", muito ao gosto do profetismo de Fernando Pessoa, núncio do supercamões, se eliminarmos tudo isso, deparamos com o que de importante permanece nesse ensaio, que é a conceituação do espírito filosófico inspirador da nova poesia, então vaticinada: o *transcendentalismo panteísta*. Para esse transcendentalismo panteísta, adotado por Fernando Pessoa, as duas substâncias, matéria e espírito, são ilusórias ou irreais. E é também irreal o substrato último, transcendente e de natureza divina, que por intermédio delas se manifestaria. Ora, foi o sentimento de uma realidade assim concebida, irredutível aos conceitos de matéria e espírito, e que é ilusão, de uma existência total, que é ao mesmo tempo não-existência, foi enfim o sentimento da evanescência das coisas exteriores e do Eu, que permitiu a Fernando Pessoa firmar a atitude, manifesta no seu poema "Além-Deus", destinada a perdurar como o baixo contínuo das preocupações religiosas e filosóficas da sua poesia. Deus como absoluto, que nada é por ser a "realização do Irreal e irrealização do Real", súmula da doutrina do transcendentalismo panteísta esposada em "A nova poesia portuguesa", é o objeto da experiência inefável que, entre outros, os seguintes versos daquele poema tentam articular:

"Perde tudo o ser, ficar,
E do pensar se me some.
Fico sem poder ligar
Ser, ideia, alma de nome
A mim, à terra e aos céus...

E súbito encontro Deus."

Assim, o ensaio de 1912, eivado de falsos conceitos habilmente entretecidos, graças ao ritmo da sedutora dialética dos escritos em progresso de Fernando Pessoa — à qual se deve um gênero de ensaio, meio filosófico, meio poético, bem representativo do atual estado de aproximação máxima entre poesia e filosofia —, é um equivalente especulativo, de índole abstrata e racional, da experiência artística que se concretizava no círculo mágico da linguagem dos versos do poeta. Podemos seguir nos heterônimos esse mesmo paralelismo entre o pensamento conceitual da prosa e o intuitivo da poesia.

Álvaro de Campos, o mais prosador de todos os heterônimos, que escrevia, no conceito de Ricardo Reis, prosa ritmada em lugar de versos, sintetizou a teoria poética subjacente às suas grandes Odes — a Triunfal, a Marítima e a "Saudação a Walt Whitmann" — na ideia, por ele mesmo exposta nos "Apontamentos para uma estética não-aristotélica", de que é a sensibilidade, enquanto poder de concentração e de emissão das várias escalas da experiência humana, o conteúdo vital da arte. No domínio dos heterônimos, relativamente ao paralelismo que nos interessa destacar, passa-se, com Ricardo Reis, fato bastante significativo. Ricardo Reis foi a faceta de Fernando Pessoa que pôde compreender e reconstituir criticamente, como expressão de sua atitude estética adotiva, o esteticismo de Antônio Boto ("Antônio Boto e o ideal estético em Portugal", 1922). Essa atitude, que prima pela "ausência de elementos metafísicos e morais", compatível com a compreensão do mundo daquele heterônimo, pagão da decadência, estoico e epicurista ao mesmo tempo, era ortonimamente repudiada por Fernando Pessoa, em 1915, na sua confissão epistolar a Cortes Rodrigues: "Chamo insinceras as coisas feitas para fazer pasmar e as coisas, também — *repare nisto, que é importante* — que não contêm uma fundamental ideia metafísica, isto é, por onde não passa, ainda que como um vento, uma noção da gravidade e do mistério da Vida".

A complementação, o mútuo auxílio que se prestam poesia e prosa dentro da obra de Fernando Pessoa, tornam-se ainda mais patentes no caso de dois outros ensaios: a apresentação da revista *Athena* (1924), que traz a firma de Fernando Pessoa, e "O que é a metafísica?", retificação polêmica de Álvaro de Campos ao primeiro. Defendeu o poeta sob o seu próprio nome, naquele estudo de abertura da revista por ele editada, a existência de diferentes níveis de expressão artística, cada qual desempenhando função determinada. Artes como o canto, a dança e a representação teatral, que apenas tocam de leve o espírito, com o fim de distrair-nos da vida, situam-se no mais baixo nível. Em escala imediatamente superior, a pintura, a escultura e a arquitetura, embora capazes de produzir estímulos constantes, estendem, no entanto, por sobre as aparências do mundo real, aquela outra aparência sensível da Beleza, que é favorável à evasão. Somente a música, a literatura e a filosofia, quer pelo grau de abstração que demandam, quer pela participação da inteligência que exigem, são artes verdadeiramente superiores.

Alheias à consolação do prazer e à fuga do devaneio, não se destinando a embelezar ou a distrair, essas artes, chamadas superiores, têm por fim romper com as aparências sensíveis para revelar a realidade trágica e misteriosa que por trás delas se oculta. É de tal função desmistificante que resultam o fundo vinco de tristeza e o aspecto desumano que marcam, quaisquer que sejam as formas — música, literatura, filosofia — as expressões acabadas da arte em seu mais alto nível. Com a função de despojar o homem de velhas e pequenas ilusões e dar-lhe em troca o sentido da ilusão que há em toda realidade, essas expressões viriam proporcionar um gênero de conhecimento, tradicionalmente reservado, com exclusividade, à filosofia. Desse ponto de vista, portanto, atividade artística e especulação filosófica tornar-se-iam, para Fernando Pessoa, indiscerníveis.

Retificada com muito boa lógica por Álvaro de Campos em "O que é a metafísica?", a tese de Fernando Pessoa vai redundar na subordinação da filosofia como metafísica aos propósitos expressivos da arte: "Proponho eu, simplesmente, que a matéria da metafísica, enquanto não está inteiramente definida e portanto no estado de se pensar, e a metafísica se tornar ciência, seja ao menos *sentida*, e a metafísica seja arte; visto que tudo bom ou mau, verdadeiro ou falso, tem afinal, porque existe, um direito *vital a existir*".

Através de sua máscara Álvaro de Campos, postulou Fernando Pessoa nessa conclusão, por obra daquele seu irrefreável impulso para o jogo dos conceitos — que é só o que muitos críticos têm visto nos seus escritos em prosa — uma ideia teórica, que longe de ser desinteressada, é versão conceitual das intenções profundas de sua poesia, a qual foi, de fato, como expressão da arte superior a que se referiu, uma *metafísica sentida* — e ostensiva ou disfarçadamente sentida, de diferentes maneiras, por todos os heterônimos, sem excetuar Alberto Caeiro, com o seu repúdio a tudo quanto fosse metafísica.

A perspectiva aqui esboçada de um diálogo aberto, que na obra de Fernando Pessoa se processa entre prosa e poesia, pode servir para compreendermos as relações do poeta com o ocultismo e para avaliarmos a importância dos escritos que sobre o assunto ele deixou. Conhecedor das doutrinas de Leadbeater, Annie Besant e Blavatsky, mas sem ter pertencido a nenhuma Ordem secreta ou iniciática, Fernando Pessoa teria praticado, segundo as suas próprias declarações, a forma alquímica do ocultismo, que visa à transmutação da personalidade, efeito análogo ao fenômeno de transmutação poética na heteronimia, a que se referem, sem dúvida, os versos de Álvaro de Campos:

> "Quanto mais eu sinta, quanto mais eu sinta como
> [várias pessoas,
> Quanto mais personalidades eu tiver,
> Quanto mais intensamente, estridentemente as tiver,
> Quanto mais simultaneamente sentir com todas elas,
> Quanto mais unificadamente diverso,
> [dispersadamente atento,
> Estiver, sentir, viver, for,
> Mais possuirei a existência total do universo,
> Mais completo serei pelo espaço inteiro fora.
> Mais análogo serei a Deus, seja ele quem for,
> Porque, seja ele quem for, com certeza que é Tudo,
> E fora d'Ele há só Ele, e Tudo para Ele é pouco."

A aspiração que esses versos traduzem corresponde ao ideal da abolição do dogma da individualidade artística, fixado, também por Álvaro de Campos, mas em prosa, no estilo nervoso de seu "Ultimatum": "Nenhum artista deverá ter só uma personalidade. Deverá ter várias, organizando cada uma por reunião concretizada de estados de alma semelhantes, dissipando assim a ficção grosseira de que é uno e indivisível".

A identificação da alquimia da personalidade com a alquimia poética da experiência mostra-nos a integração do ocultismo à vida pessoal e à criação artística de Fernando Pessoa. Convém, portanto, que se evitem dois erros na apreciação da influência que o ocultismo exerceu na poesia do autor do *Cancioneiro*. O primeiro seria considerar que essa influência, tendo sido esporádica e acidental, induziu o grande poeta, algumas vezes, a transmitir-nos o conteúdo das concepções exotéricas e a fazer-se, por acréscimo, nesses momentos, um poeta ocultista. Daí a necessidade de isolar — o que seria o segundo erro — do conjunto de sua obra poética, para julgá-los à parte, os poemas diretamente ligados a tais concepções. Mas a verdade é que o clima temático e expressional de muitos poemas ortônimos provém do esoterismo, ocultismo ou teosofia, concepção filosófico-religiosa que o pai dos heterônimos incorporou, e que é sempre, independentemente do nome que à doutrina se resolva a dar, um amálgama de ideias gnósticas, a que se acham associadas, no profundo leito escavado pela tradição neoplatônica, a Cabala do século XII e o misticismo alquímico, fundido, desde o século XV, à doutrina Rosacruz. Grande poeta, Fernando Pessoa sentiu e transviveu o ocultismo, como sentiu e transviveu a metafísica. Aproveitou metafísica e ocultismo, nem sempre por ele distinguidos, em função da arte superior de sua poesia. E quaisquer que tenham sido as suas reais convicções nesses domínios, o certo é que empregou em relação a ambos aquela sua estranha sensibilidade intelectual, que o levava a pensar sentindo e a sentir pensando.

Os diversos aspectos da prosa de Fernando Pessoa, os múltiplos temas que mereceram a atenção do prosador e dialeta, ocupam, em geral, a periferia de um círculo único de interesses intelectuais conjugados, cujo centro é a poesia. E assim os escritos ocultistas devem ter para o conhecimento da sua poesia importância análoga, senão maior, à dos ensaios de crítica, estética e filosofia a que antes nos referimos.[3] Uns e outros, mais do que simples documentos da atividade intelectual desse admirável poeta, que oscilou entre a metafísica e a mística, formam o acompanhamento reflexivo de um vasto processo de criação poética.

[3] A tese que neste trabalho se sustenta foi configurada pela publicação posterior, em Lisboa, de três importantes coletâneas de escritos em prosa de Fernando Pessoa: *Páginas íntimas e autointerpretação*, Lisboa, Edições Ática, 1966; *Páginas de estética e de teoria e crítica literárias*, *idem*, s/d (textos estabelecidos e prefaciados por Jacinto Prado Coelho e George Rudolf Lima); *Textos filosóficos*, vol. I, Lisboa, Edições Ática, 1968, estabelecidos e prefaciados por Antonio de Pina Coelho.

A educação pela pedra

A máquina do poema

Em *A educação pela pedra*, João Cabral de Melo Neto sintetiza as duas águas da expressão poética, uma voltada, sobretudo, para a captação da realidade social e humana, como em "Morte e vida Severina", outra para a captação do fenômeno poético em toda a sua amplitude, como em "Uma faca só lâmina", que corriam separadas, e por vezes se tocavam, nos seus livros anteriores. Essas duas tendências unem-se, agora, dentro do ciclo de *A educação pela pedra*, numa só corrente expressional, onde forma e matéria, estrutura e temática se produzem reciprocamente. Quer isso dizer que a máquina do poema,[1] que interessa profundamente a João Cabral de Melo Neto, vai gerando, à medida do seu funcionamento, e de acordo com os movimentos que constituem o dinamismo verbal da composição poética, uma série de informações entrelaçadas, em tom impessoal e recorrente, acerca das coisas e dos homens.

O *ensemble* da composição, que o poeta continuará a explorar, é homólogo, nessa sua obra, ao *ensemble* da comunicação. Todos os motivos, temas, intenções satíricas e estéticas constituem, ao mesmo tempo, partes da composição e elementos significantes, que a máquina do poema produz e movimenta. O rigor da expressão, o esquematismo do conjunto, a impressionante lógica da sintaxe, são sustentados pela atitude objetivista do poeta, que reflete, calcula, explica e conclui, em versos severos, escritos num ritmo que é novo na poesia de João Cabral de Melo Neto, e do qual decorrem alguns efeitos, responsáveis por essas gradações de humor, ora sarcástico, ora grotesco, de que o seu livro está cheio.

[1] "Somos gente de muita textura e pouca estrutura... Eis a razão de meu interesse sempre crescente — desde *Serial* e *Quaderna* — pela *máquina do poema*. A imagem forte interessa-me cada vez menos. Durante os anos mais próximos irei ainda explorar o *ensemble* da composição" (entrevista com João Cabral de Melo Neto, *in Jornal de Letras e Artes*, Lisboa, junho, 1966).

O processo de composição, em *A educação pela pedra*, obedece, de um modo geral, a linhas diretrizes, que partem de determinadas palavras privilegiadas, dispostas em díadas ou tríadas, como *mar-canavial*, *mulher-Beberibe*, *capital entre mangues-caatinga entre secas*, *urubu-funcionário*, *mulher-usina*, *sertão-pedra*, *fumaça-mangueira-cajueiro*, *Recife-memória*, *sertão-rio*, *norte-cerimônia-brincadeira*, *palavra-pedra* etc., todas escolhidas, a título de exemplo, dentre as que podemos encontrar na primeira parte da obra.

Essas díadas e tríadas já são figuras temáticas. Verdadeiros módulos, orientam e controlam a produção de imagens. De acordo com as analogias, diferenças e oposições que aqueles termos sugerem, as imagens, tendo quase sempre por referentes objetos concretos, convergem ou divergem entre si. Assim é que em "Uma mulher e o Beberibe", o andamento da água do rio e o andar feminino convergem; em "Fazer o seco, fazer o úmido", a música resseca do mangue e a líquida da caatinga divergem:

"Ela se imove com o andamento da água
(indecisa entre ser tempo ou espaço)
daqueles rios do litoral do Nordeste
que os geógrafos chamam 'rios fracos'.
[...]

Adulto no mangue, imita o imovimento
que há pouco imitara dele uma mulher:
indolente, de água espaço e sem tempo
(fora o do cio e da prenhez da maré)."

("Uma mulher e o Beberibe")

"A gente de uma capital entre mangues,
gente de pavio e de alma encharcada,
se acolhe sob uma música tão resseca
que vai ao timbre de punhal, navalha.
[...]

A gente de uma Caatinga entre secas,
entre datas de seca e seca entre datas,

se acolhe sob uma música tão líquida
que bem poderia executar-se com água."

("Fazer o seco, fazer o úmido")

As convergências ligam o que está separado; as divergências separam o que a princípio foi unido. Umas e outras configuram, na sua totalidade, ou em um dos seus muitos aspectos significativos, a situação que se quer fazer ver. No poema-título do volume, "A educação pela pedra", o objeto concreto *pedra*, lição de impessoalidade, frieza intelectual e resistência moral, converte-se na secura humana do sertão, que nada ensina a ninguém:

"No Sertão a pedra não sabe lecionar,
e se lecionasse, não ensinaria nada;
lá não se aprende a pedra: lá a pedra,
uma pedra de nascença, entranha a alma."

("A educação pela pedra")

Em uma parelha de poemas ("O mar e o canavial" — "O canavial e o mar") o mar e o canavial que dialogam, aproximados sob certos lados, separados por outros, acabam por identificar-se, formando uma totalidade indivisa, que já preexistia ao desenvolvimento dos poemas emparelhados, cujas imagens parecem apenas tornar explícitos os elementos da grande metáfora em que eles culminam e que os envolvem.

De fato, um dos traços mais característicos da poética de João Cabral é o que poderíamos chamar de análise progressiva, mediante negações e substituições, dos elementos de símiles ou metáforas. Vejamos como isso se passa em "Os vazios do homem":

"Os vazios do homem não sentem ao nada
do vazio qualquer: do do casaco vazio,
do da saca vazia (que não ficam de pé
quando vazios, ou o homem com vazios);
[...]."

Nada mais fácil do que distinguir nesses primeiros versos a existência da relação analógica, própria da natureza da metáfora, já assinalada pela *Poética* de Aristóteles. *Homem* de um lado e *casaco* de outro são palavras que se ligam pela função mediadora do termo *vazio*. Ocorre porém que, em vez da simples fixação de uma ou de muitas analogias, o símile aí latente desenvolve-se. Um dos termos transforma-se, por substituições encadeadas — casaco vazio, saca vazia, saca de tijolos, de rebites, de semente, de ovos —, enquanto é expressamente negada a relação dessas variantes com o outro termo, *homem*:

"Os vazios do homem, esse vazio cheio,
não sentem ao que uma saca de tijolos,
uma saca de rebites; nem têm o pulso
que bate numa de sementes, de ovos."

Na segunda parte do mesmo poema, retoma-se um dos componentes anteriores — o *vazio cheio* — e com ele se estabelece novo símile, afirmando-se, porém, desta vez, a relação dos dois termos, um dos quais passou por transformações sucessivas: *esponja*, *gruta*, *cachos de bolha*. Finalmente, os últimos versos, negando a negação precedente, sintetizam os principais elementos resultantes da análise metafórica, que se identificam no corpo de uma ideia complexa, inclusiva, onde as contradições manifestas no curso do poema subjazem, mas ultrapassadas:

"Esse cheio vazio sente ao que uma saca
mas cheia de esponjas cheias de vazio;
os vazios do homem ou o vazio inchado:
ou o vazio que inchou por estar vazio."

A técnica de substituições, frequente em *A educação pela pedra*, provoca o alastramento de imagens claras, que tendem à máxima objetualidade. São as que, derivando da qualificação de um substantivo por outro, muito se aproximam da unidade visual semântica do concretismo: "a vegetação em volta, embora *de unhas*,/ embora *sabres*"; "Com *bocas de homem*, para beber as poças [...]/ com bocas de cacimba, para fazer subir/ a que dorme em lençóis, em fundas salas;/ e com *bocas de bicho*, para mais rendimento/ seu fossar econômico, de bicho lógico" ("Na morte dos rios").

Na consecução do rigor em que João Cabral se empenha, para dar à sua linguagem a necessária clareza de que depende o grau de comunicação da poesia, exercem papel relevante as *enumerações*, não caóticas, mas de teor exemplificativo ou indicativo, que aparecem nas duas parelhas, "O canavial e o mar" — "O mar e o canavial" e "Coisas de cabeceira, Recife" — "Coisas de cabeceira, Sevilha". Em "O mar e o canavial" — "O canavial e o mar", as unidades enumeradas são imagens que se revezam, formando duas séries correlatas:

"O que o mar sim aprende do canavial:
a elocução horizontal do seu verso;
a geórgica de cordel, ininterrupta,
narrada em voz e silêncio paralelos.
[...]

O que o canavial não aprende do mar:
o desmedido do derramar-se da cana;
o comedimento do latifúndio do mar,
que menos lastradamente se derrama."

Há, também, enumeração de coisas ("Coisas de cabeceira, Recife") e de preceitos ("Coisas de cabeceira, Sevilha"). Inseridos respectivamente, na parte *a* e *b* do livro, esses dois últimos poemas contêm um enunciado comum, em que muda apenas, numa permuta de palavras, a referência tópica, Sevilha ou Recife:

"Diversas coisas se alinham na memória
numa prateleira com o rótulo: Recife.
[...]

Algumas delas, e fora as já contadas:
o combogó, cristal do número quatro;
os paralelepípedos de algumas ruas,
de linhas elegantes mas grão áspero;
a empena dos telhados, quinas agudas
como se também para cortar, telhados;
os sobrados, paginados em *romancero*,
várias colunas por fólio, imprensados."

"Diversas coisas se alinham na memória
numa prateleira com o rótulo: Sevilha.
[...]

Algumas delas, e fora as já contadas:
não *esparramarse*, fazer na dose certa;
por derecho, fazer qualquer quefazer,
e o do ser, com a incorrupção da reta;
[...]"

As permutações em série, de palavras e versos, é mais um dos processos utilizados por João Cabral de Melo Neto. Ultrapassando a órbita de cada poema isoladamente, esse processo, que produz composições novas, interfere na estrutura do próprio livro, marcado, conforme antecipamos, por feição toda esquemática. Dos quarenta e oito poemas de *A educação pela pedra*, que está dividido em quatro partes (a, b, A, B), cada parte contendo doze poemas e cada poema duas partes, complementares ou antagônicas, segundo o sistema de oposições e equivalências que o liga entre si, doze são permutantes: b-2/12 ("Uma mineira em Brasília"/ "Mesma mineira em Brasília"), b-3/11 ("Nas covas de Baza"/ "Nas covas de Guadix"), A-4/9 ("The country of the Houyhnhnms"/ "The country of the Houyhnhnms (outra composição)"), A-8/ B-10 ("Bifurcados de 'Habitar o tempo'/ "Habitar o tempo"), B-1/9 ("A urbanização do regaço"/ "O regaço urbanizado"), B-4/11 ("Comendadores jantando"/ "Duas fases do jantar dos comendadores"). Nem todas as oposições são da mesma natureza, nem iguais os seus efeitos. Há relações entre termos contrários (fechar-abrir, cal-virgem — cal-pura, solúvel-insolúvel, seco-molhado), relações entre complementares (cana-folha, mar-canavial, esterilização-hospital), entre estados (brasa-pedra), ou situações (mineira-Brasília), como há também relações de contradição, quer num mesmo poema, quer em poemas distintos. Pode-se dizer o mesmo das equivalências, observáveis em a-8 ("Elogio da usina e de Sofia de Melo Breiner Andresen"), a-12 ("Uma mulher e o Beberibe"), A-1 ("Duas bananas & a bananeira"), A-3 ("Rios sem discurso") e B-8 ("Para mascar com chiclets"), poemas nos quais situações, coisas e seres de natureza heteróclita, encadeiam-se, entrelaçam-se e confundem-se.

A *máquina do poema* é, afinal, a máquina do mundo. Trabalhando à maneira de um tear que tece num sentido e destece noutro os fios de diversas tramas complicadas, ela fabrica e destrói, agrega e desagrega, mediante operações diferentes, as várias peças da realidade social e humana. Não é por acaso que as imagens de *fio*, *tecido* e *teia* aparecem em *A educação pela pedra*. São elas como que imagens operatórias, que nos indicam, simultaneamente, a trama de certos poemas e a do real por eles focada, ambas, em formação e transformação, fazendo-se num ponto e desfazendo-se noutro. Assim, em "Tecendo a manhã", exemplo típico, os galos e seus gritos ligam-se, ao longo do poema, e, em movimento de lançadeira, formam a tessitura do objeto *manhã*. Apenas enunciada nos primeiros versos, a manhã só toma corpo nos últimos: "A manhã, toldo de um tecido tão aéreo/ que, tecido, se eleva por si: luz balão".

Mas não importa o objeto do qual se parte e ao qual se chega. O chiclets, nesse irônico "Para mascar com chiclets", que se enrola e desenrola na boca, "e consubstante ao tempo, se rompe", substitui a glória do nascer do dia. A poesia de *A educação pela pedra*, em que o tema do tempo adquire especial relevo, junta objeto a objeto, coisa a coisa, processo a processo. O dinamismo das substituições e enumerações, como dos deslocamentos de palavras, que se produzem em série, nunca empanam o rigor da expressão ou turbam o esquematismo da obra. Ambos, rigor e esquematismo, apoiam-se numa sintaxe discursiva, que não hesita em utilizar, como nexos essenciais e à maneira de partículas lógicas, as conjunções. Contam-se por muitas as *alternativas* (ou... ou), *adversativas* (contudo, mas, porém, todavia, no entanto) e *conclusivas* (de onde, para que, daí, por isso, pois isso, pelo que) as quais efetivamente contribuem, lado a lado com as partículas adverbiais (onde, como, só que, embora, assim, ora, certo não, onde quer quc, onde tampouco, onde também, aliás, enquanto, apesar disso), para dar a determinados poemas a estrutura de anedota, para assegurar a outros o tom de apologia, de fábula ou de paródia. Alguns são mesmo conceituosos ("Catar feijão"); há, ainda, os que enfeixam pequena lição, no gênero de *moralité* ("Os rios de um dia", "Rios sem discurso"). E repassa, na maioria deles, uma intenção didática, uma fluência descritiva, confirmada por alguns versos, de bela e requintada lavratura, a lembrar o barroquismo de Quevedo a Gôngora ou mesmo os melhores padrões da sintaxe parnasiana: "O hálito sexual da terra sob o arado", "quer inverno ou verão mele o açúcar", "e um livro se folheia ou se desfolha/ como sob o vento a árvore que o doa".

Não terá sido certamente pelo gosto do paradoxo, mas sim pelo amor à clareza e à objetividade que João Cabral de Melo Neto fez o elogio do parnasianismo, escola da qual só nos lembramos para destacar-lhe as congênitas fraquezas, a eloquência e o verbalismo. Mas é sem eloquência e sem verbalismo, que o poeta, como nos livros anteriores, aproveita e refina em *A educação pela pedra*, embora com sensíveis modificações, o teor explicativo e descritivo da poesia tradicional, valendo-se de comparações, exemplificações, e até mesmo da relação mote-glosa, que se percebe na forma de "O sol em Pernambuco".

A objetividade dos versos de *A educação pela pedra*, o ideal de clareza que o poeta levou ao máximo nessa obra, constituem a tela de encontro à qual se destacam as intenções satíricas do livro, com o seu humor avesso à galhofa, acre, contundente, sarcástico, que desvenda o âmago risível de situações e exibe o resíduo inumano, a essência cruel da existência, o grotesco e o absurdo das coisas. O humor requer senso de objetividade nos julgamentos. Mantido por uma aparência de indiferentismo diante do que se analisa e expressa, a minúcia e a precisão ajudam a reforçá-lo. Esse indiferentismo no revolvimento das coisas, no descrever os seus avessos e enfatizar os seus contrastes, assinalado por Bergson em *Le Rire*, tem, como bem viu o nosso João Ribeiro, um fundo sentimental, que a "evidência obtida pela aniquilação" neutraliza intelectualmente. O humor de João Cabral conhece todas as asperezas da sinceridade intelectual. Passando pelo grotesco, que lhe dá a tônica para a impiedade da sátira, chega ele a proporcionar-nos aquele extremo da amargura virulenta de Swift, que o absurdo instiga, e à luz do qual tudo se torna sério e risível ao mesmo tempo.

No "Retrato de escritor", ente solúvel e insolúvel, e "Num monumento a aspirina" — "o mais prático dos sóis" —, ainda estamos no domínio do sarcasmo e da ironia. Mas no "Duas das festas da morte", através do contraste entre a situação fúnebre e as circunstâncias, ora solenes, ora festivas, expostas com a naturalidade de quem relata um acontecimento corriqueiro e compensador, desponta a verruma do humor ferino:

"Recepções de cerimônia que dá a morte:
o morto, vestido para um ato inaugural;
e ambiguamente: com a roupa do orador
e a da estátua que se vai inaugurar.
No caixão, meio caixão meio pedestal,
o morto mais se inaugura do que morre;

e duplamente: ora sua própria estátua
ora seu próprio vivo, em dia de posse.

Piqueniques infantis que dá a morte:
os enterros de criança no Nordeste:
reservados a menores de treze anos,
impróprios a adultos (nem o seguem).
Festa meio excursão meio piquenique,
ao ar livre, boa para dia sem classe;
nela, as crianças brincam de boneca,
e aliás, com uma boneca de verdade."

Já na paródia da situação existencial, "Sobre o sentar-/estar-no--mundo", a que o ritmo em decassílabo e a modificação do verbo por substantivos imprimem uma ênfase caricatural, o grotesco se casa com o obsceno:

"Onde quer que certos homens se sentem
sentam poltrona, qualquer o assento.
Sentam poltrona: ou tábua-de-latrina,
assento além de anatômico, ecumênico,
exemplo único de concepção universal,
onde cabe qualquer homem e a contento.
[...]

A vida toda, se sentam mal sentados,
e mesmo de pé algum assento os fere:
eles levam em si os nós-senão-pregos,
nas nádegas da alma, em efes e erres."

O efeito de um ritmo solene e heroico, contrastando com a rigidez das poses e atitudes automáticas, é a origem do grotesco em "Comendadores jantando" e "Duas fases do jantar dos comendadores", tão satíricos quanto "Duas bananas & a bananeira", onde a banana de comer transforma-se no respectivo gesto obsceno, também gesto de revolta, que o mandacaru "dá em nome da Caatinga anã e irmã". Os Yahoos de Swift passam, na escala humanística de João Cabral de Melo Neto, à condição de habitantes do agreste, que os Houyhnhnms não entendem e cuja humanidade desconhecem. Para falar deles, dos

Yahoos, é preciso "que as palavras funcionem de pedra"; e quando são os Houyhnhnms que falam, ouvi-los se deve "com um sorriso na boca, engatilhado:/ na boca que não pode balas, mas pode/ um sorriso de zombaria, tiro claro".

Não é, porém, nesses poemas dos Yahoos e Houyhnhnms, em que o diapasão do humor é o mesmo da revolta, que vibra a nota swiftiana de crueza. O humor que escarnece aquilo mesmo de que se compadece está condensado no retrato em amarelo do Nordeste ("Os reinos do amarelo") que expõe, nas várias espécies de amarelo — de sarro, de bile, ranho, tristeza, analfabetismo —, até à suprema abjeção do escarro vivo, os resíduos em que o homem se decompõe:

> "Embora comum ali, esse amarelo humano
> ainda dá na vista (mais pelo prodígio):
> pelo que tardam a secar, e ao sol dali,
> tais poças de amarelo, de escarro vivo."

Vemos agora o quanto é terrível a máquina do poema, que ensina, acusa e satiriza. As engrenagens da composição, postas a funcionar, revelam-nos os Yahoos-Severinos, os Comendadores, o sertão da secura da terra e do espírito, e descarnam também a condição existencial do ser humano, ligado ao tempo pela memória, tentando suprir, com a mastigação de coisas e momentos, a fuga do presente.

É através da razão interna do poema que o artista consegue captar o universo primitivo, desordenado e inumano do Nordeste, fonte primordial de sua experiência. Às vezes funcionando para esvaziar essa realidade, as engrenagens da máquina poética obedecem à dialética do vazio e do cheio, do despojamento, da nudez e do deserto, que se apresenta, com toda força, num poema como "Bifurcados de 'habitar o tempo'":

> "embora um deserto, a Caatinga atrai,
> ata a imaginação; não a deixa livre,
> para deixar-se, ser; a Caatinga a fere
> e a ideia-fixa: com seu vazio em riste
> [...]"

Mas dá-se igualmente, na obra, o movimento oposto, de acréscimo, de enriquecimento, sobretudo nos poemas de motivos espanhóis, marcados por exuberante afirmação da vida, que acompanha a plenitude da terra e do sexo:

> "Nessa Andaluzia coisa nenhuma cessa
> completamente, de ser da e de terra;
> e de uma terra dessa sua, de noiva,
> de entreperna: terra de vale, coxa;
> [...]
>
> dessa Andaluzia, terra sem menopausa,
> que fácil deita e deixa, nunca enviúva,
> e que de ser fêmea nenhum forno cura."
>
> ("Na baixa Andaluzia")

Oposições e equivalências, esvaziamento e acréscimo, movimentos internos da poesia de *A educação pela pedra*, configuram os acordos e os desacordos, os antagonismos e os nexos do mundo e da vida. Nesse livro, cada poema é um mundo verbal completo, denso, que se enrola sobre si mesmo, mas para desenrolar sobre o real, num desmentido à tese da intransitividade da linguagem poética, a teia dos significados que o iluminam.

Cosmo onde as palavras, como objetos de primeiro plano, são diretamente intencionadas, a linguagem poética não obstrui, com o seu mundo próprio, a passagem para o das coisas e relações humanas. Apenas sucede que, reativando o poder originário da linguagem, que é o de criar, com os nomes e suas relações, as primeiras coisas e os primeiros nexos significativos entre elas, a poesia não se liga ao conjunto da realidade já feita e já constituída, que o romance, por exemplo, tem por função analisar e interpretar. A passagem se efetua, acima ou abaixo da realidade constituída, no domínio dos possíveis modos de ser que a linguagem poética entreabre, e que permitem visioná-la como um conjunto de ilimitadas possibilidades, algumas das quais ficam em suspenso no universo imaginário do poema. Em *A educação pela pedra*, de João Cabral de Melo Neto, esse universo imaginário, que nasce da máquina poética, do *ensemble* da composição, é, na sua impressionante transparência, homólogo ao outro, natural e humano, com o qual nos comunica.

O dorso (iluminado) do tigre

Affonso Ávila

Uma das constatações mais chocantes ultimamente[1] para o observador do fato literário é a indiferença, o alheamento que parece contagiar a geração em florescência de ficcionistas e poetas diante daquilo que podemos conceituar como atividades avaliadoras do pensamento e da criação. Há como que uma tendência generalizada entre os autores mais jovens — falamos em termos de um quadro brasileiro — em reduzir ao âmbito do gênero que cultivam todo o seu interesse literário, no confinamento ostensivo da sua literatura a um exercício fechado em si mesmo, ao invés de assumi-la na inteira e correta condição de fenômeno contextual, isto é, de fenômeno que deve exprimir a vinculação de quem escreve a um mundo de ideias mais amplo, mundo que de resto condiciona e renova permanentemente de sentido o corpo de toda a linguagem. Porque, sem o acicate da reflexão iluminadora, dificilmente se cumprirá, na plenitude, a meta que, no dizer de Roland Barthes, é a da arte do verdadeiro escritor, para quem escrever significará sempre fazer *estremecer o sentido do mundo*. Não se trata aqui, a nosso ver, de uma obcecante preocupação com a autonomia do texto, de sua coisificação como objeto feito da matéria concreta da linguagem, mas antes de uma despreocupação, a seu tanto ingênua e perigosa, frente aos fundamentos menos aparentes do universo de experiências e consciência a partir do qual decorre a façanha criadora do escritor. Esta é uma distinção necessária, porquanto, na primeira das hipóteses, ao contrário da apontada feição de carência, se poderia supor uma correlação, de algum modo positiva, com certos enunciados postos em giro pelas correntes críticas de maior

[1] Este texto foi publicado originalmente no Suplemento Literário da *Folha de S. Paulo*, a 13 de abril de 1971, e posteriormente incluído na 2ª edição do livro *O poeta e a consciência crítica* (São Paulo, Summus Editorial, 1978; atualmente na 3ª edição, São Paulo, Perspectiva, 2008).

atualidade. A verdade é que os jovens escritores, à exceção de uns raros que não se deixam empolgar pelo fulgor instintivo da primeira aventura literária, estão via de regra divorciados do processo intelectual em sua totalidade de problema, embora devotados muitas vezes, com comovente sinceridade, ao projeto subjetivo da criação. Somos levados, em consequência, a verificar que, a pretexto do que possa parecer uma fidelidade nominal ao compromisso do escritor jovem com a sua obra, corre ele o risco de sucumbir a uma nova espécie de alienação, qual seja a alienação confinadora dos gêneros literários em face da realidade maior que engloba, por igual, numa só estrutura de consciência e linguagem, as manifestações do pensamento crítico e da imaginação criadora.

Basta percorrer os depoimentos dos jovens escritores, vez por outra estampados em nossos jornais e revistas, para que se comprove essa modalidade de isolamento em que a maioria persiste, absorvida com a sorte individual de sua literatura. E alguns, não se sabe se menos tímidos ou menos atilados, chegam mesmo a confessar enfaticamente o seu descaso por qualquer tipo de pesquisa, análise ou debate ao nível da especulação crítica de formas ou ideias. Aceitam, quando muito, o comentário ligeiro, entre judicativo e interpretativo, da obra literária, sob a alegação de que ao escritor deve interessar antes de tudo a comunicação e que toda crítica não deve ser mais do que mera intermediação entre autor e leitor. Estamos, como se depreende, diante de uma atitude que reivindica, conscientemente, a volta aos velhos padrões da crítica impressionista, da crítica de circunstância, da crítica de amaciamento. Onde, no entanto, localizar as origens desse mal-entendido do nosso jovem escritor, as razões de uma tal idiossincrasia? Não se há de arguir aqui, como motivação, a existência de um condicionamento intelectual falho ou negativo, visto serem as gerações jovens as que mais se favoreceram entre nós com um certo rigor de formação, de informação, devido em parte à implantação dos cursos de Filosofia e Letras, em parte a uma sintonia maior entre a literatura brasileira e as linhas universais de uma nova mentalidade crítica e ensaística. Afastada a hipótese de um fator de despreparo do escritor novo atribuível às condições de nossa ambiência literária, talvez a causa de sua rebeldia em relação ao que se denomina genericamente "eruditismo" provenha na verdade de uma visão distorcida de doenças da conjuntura cultural, as quais o açodamento moço é levado a confundir com o que significaria falseamento dos valores intelectuais.

Na ânsia de contestar o sistema e suas mazelas, que a seus olhos assumem a configuração de um desenho perverso conquanto aparentemente "sério" do real, o jovem escritor, mais preso naturalmente às sugestões do próprio círculo em que se movem os seus interesses — o campo literário —, termina por investir contra o que lhe parece o lado "grave" da literatura, nele identificando uma das abomináveis formas de perversão advindas do sistema. É certo que a sofisticação de alguns teóricos extremamente "sérios", sempre na órbita dos esquemas e das terminologias, espanta e irrita a espontaneidade do autor moço — esta outra coisa para nós eticamente bem mais "séria" que é a jovem e inquestionável vontade de ser, a sua terna e generosa vontade de autenticidade — e daí para o equívoco, a generalização, a prevenção, é só um passo.

Recusando a lição reflexiva e abrindo com isso uma insidiosa fratura entre pensamento crítico e pensamento criador, o escritor jovem faz de sua linguagem não a "faca só lâmina" da imagem cabralina, a faca que é toda aço e consciência aberta e penetrante, mas uma problemática faca de dois gumes que, ao cravar-se na carne fibrosa da realidade, reflui muitas vezes à superfície, à epiderme do texto, por ausência talvez de tensão crítica da imaginação que o forja, por inconsistência, quem sabe, da têmpera do discurso enunciador de sua procura da verdade. Enquanto as fontes intuitivas do talento a desabrochar abastecem com seu impulso as vias da criação, mal se percebe sob o entusiasmo deslumbrado da primeira linguagem, da linguagem em processo, as deficiências de estrutura do poeta, do ficcionista, que aflorarão com o passar dos anos, minando e perturbando o desenvolvimento natural de uma obra que muito parecia prometer. No caso, não estaremos ameaçados de assistir ao mesmo fenômeno subjetivo do escritor que fica em um ou dois livros da mocidade, porém a outra espécie de frustração — a de uma geração inteira que, não havendo se municiado a tempo, caminhará celeremente para uma literatura condenada ao esvaziamento qualitativo, não alcançando aquele objetivo de toda geração literária ou artística que é o de buscar conferir à sua linguagem a marca própria e intransferível do modo de sentir e de formar. Pois a sensibilidade, por mais viva e empenhada que seja, pode conduzir o escritor, quando não sustentada pelo vigamento da reflexão crítica, a erguer com sua obra uma visão impressionista do mundo, castrando desta maneira qualquer desejo seu de contribuir para repensá-lo, para renová-lo. Como poderá também conduzir o escritor, por falta de dimensão avaliadora de novos prospectos de invenção e criatividade (e esta observação é igualmente de outros críticos), a simplesmente repetir formas herdadas, ainda que se recubram da aparência de modernidade, formas no entanto moldadas pelo modo de ver e sentir de gerações anteriores e incapazes consequentemente de plasmar a originalidade de um modo de ver e sentir que represente a expressão autêntica da consciência de uma geração nova.

Mais bem aquinhoados que o escritor jovem de algumas décadas atrás, o poeta e o ficcionista novos de hoje não precisam recorrer sistematicamente à importação do pensamento crítico ou teórico, que aqui mesmo agora se formula ao nível do que melhor se pensa, se pesquisa e se escreve em outras partes do mundo. Por outro lado, a tradução de autores e textos básicos já se faz com um rigor que assegura a sua boa qualidade intelectual e linguística. Com material e fontes dessa categoria à mão, que esperam, portanto, os nossos escritores mais moços para reconsiderar a sua atitude de desconfiança e equipar-se para o exercício da literatura como um ofício não mais de artesanato e instintivo, mas uma atividade de lucidez e razão que, sem sufocar ou corromper a flama da emoção e da sinceridade, encaminhe o esforço criativo à desejada direção de modernidade, de novidade, de autenticidade? Percorrendo o rol de algumas coleções de ensaios editados atualmente no Brasil, das quais pode ser tomada como padrão a coleção Debates da editora Perspectiva, o autor moço encontrará por certo o subsídio adequado para o seu embasamento crítico e teórico-informativo, através de obras que representam a informação *up to date* nos vários campos da ensaística especializada. Entre os títulos importantes da coleção dirigida por J. Guinsburg, que inclui a tradução de especialistas do porte de Roman Jakobson, Roland Barthes, Umberto Eco, Max Bense etc, e contribuições originais de ensaístas brasileiros, chamamos aqui a atenção dos *novos* para um livro que não só dá uma imagem da estatura que entre nós o ensaio crítico já atingiu, como também constitui uma oportuna resposta a quantos se colocam na denunciada atitude de resistência à necessidade e função da leitura crítica, da escrita reflexiva — livro que, pelo seu significado, nos suscita o presente comentário. É o volume intitulado *O dorso do tigre*,[2] em que Benedito Nunes, este nome em ascensão da

[2] Benedito Nunes, *O dorso do tigre*, São Paulo, Perspectiva, 1969 (Coleção Debates, 17).

linha mais avançada de nossos estudiosos da literatura, servido por uma formação filosófica incomum em nosso meio, põe em questão e analisa temas e autores de emergente interesse. A visão do escritor, alicerçada tanto nos métodos mais atualizados da abordagem crítica quanto numa conscientização sempre clarificadora do objeto de seu *approach*, reflete simultaneamente a inquietação do espírito afeito ao discurso metafísico e o fascínio da inteligência que se abre à permanente sondagem estética do real. Leitura a um só tempo crítica e reflexiva, *O dorso do tigre* demarca a incursão, às vezes dialeticamente sofrida, às vezes reveladoramente poética, do pensador de ascendência heideggeriana através dos territórios criativos da palavra, no qual, com fulcros da filosofia, ele vai desencobrindo para nós outros, críticos de formação mais estritamente literária, aqueles sinais da ontologia da obra de criação que a ótica presa à materialidade do texto não logra divisar por si mesma.

Benedito Nunes começa por questionar a própria filosofia, por arguir nela as possibilidades de sobrevivência e as justificativas de sua função após o advento do materialismo dialético. Partindo de uma síntese retrospectiva de velhos sistemas e proposições, em que o pensamento filosófico esteve quase sempre cingido à regra moral ou à atitude religiosa, como diretriz subjetiva e consolação do homem, o autor de *O dorso do tigre* desenvolve, numa sequência de textos sucintos, porém de intensa luz crítica, um esboço da escalada de crise que a filosofia experimentou modernamente. Mais do que as implicações objetivas com a história e a economia que lhe adjudicaram as correntes marxistas, ocupam preferencialmente as preocupações do ensaísta aqueles filamentos de indagada essencialidade que, mesmo nesta nossa idade tecnológica, quando o primado da *praxis* se sobrepõe à *poiesis*, ainda vinculam a filosofia às suas grandes matrizes metafísicas. Não que recuse reconhecer a tarefa engajadora que hoje convoca o filósofo, a sua "missão de criticar o mundo e de recriá-lo humanizando-o", o papel que lhe cabe de promover através de seu raciocínio uma operação de *permanente contestação do real pelo possível*, de aplicar a sua reflexão como agente de *crítica da vida cotidiana*. Discorrendo sobre a re-situação da função filosófica assim proposta por Lefebvre, ele vê com esse autor, para a filosofia, a alternativa de se converter num "esforço de instrumentalizar e organizar a compreensão das circunstâncias e o seu ultrapassamento". Entretanto, a absorvente atração do pensamento decantador de essências de que se serve

Benedito Nunes reside nas prospecções de natureza ontológica, nas perguntas que sitiam a verdade existencial e tentam desmontar o absurdo humano, como se o pensador buscasse quebrar e explicar com seu ímpeto crítico os elos heideggerianos do "círculo do Ser". É com esta mesma ânsia de penetrar no cerne do substancial, de inquirir nas abismações da alma do homem as chaves de elucidação do sentido do mundo que o ensaísta evolui do terreno dos temas filosóficos para o enfoque da criação literária, trazendo a uma análise aguda e estimulante aspectos dos mais instigadores da obra de um Guimarães Rosa, de um Fernando Pessoa, de uma Clarice Lispector. A propósito da autora de *A paixão segundo G. H.* — notadamente sobre este livro-ápice de nossa ficcionista —, Benedito Nunes realiza, a nosso ver, estudo exemplar, porquanto não se limita às contumazes notações de alcance circunscrito à linguagem enquanto texto, antes se propondo a encará-la aí como formulação de uma consciência do ser, isto é, mais como um denodo de expressão multidimensional do ser do que como projeto de invenção literária, de construção verbal. Assinalando na obra de Clarice Lispector a constância, sob a feição ficcional, de temas ou problemas incluídos no âmbito da filosofia da existência, o nosso ensaísta apreende na arte clariceana uma proporção de grandeza que tem escapado a muitos de seus intérpretes. Com a acuidade de visão que lhe é peculiar, ele nos abre uma perspectiva nova para a compreensão do mundo complexo da prosadora, no qual na verdade não se movimentaram personagens-criaturas, porém personagens-ideações, personagens de significado ontológico que encarnam no contexto da escritura ficcional, como nos velhos autos sacramentais, abstrações como a náusea, a angústia, o fracasso etc. Ou na própria definição de Benedito Nunes, "personagens esquemáticos, cujos traços individuais apenas emolduram a inquietação que os consome e que se sobrepõe à identidade pessoal de cada um deles".

Se na ficção de Clarice a leitura crítica de Benedito Nunes divisa uma estruturação de consciência em continuada luta para exprimir-se e resolver em termos de linguagem a sua decifração libertadora, na criação de Guimarães Rosa o elemento modal sobre o qual incide a análise do ensaísta é o processo de ascese da experiência sensível, de sublimação do sentimento amoroso que vivem os seus principais personagens, processo que faz da concepção roseana do mundo uma aventura ético-erótica de configuração platônica. Aprofundando, porém, o seu aporte da "tematização do amor" na obra do escritor mineiro, o autor de *O dorso do tigre* vai identificá-la num plano de simbologia mais propriamente místico do que filosófico à tradição "hermética e alquímica", a partir da qual a vivência amorosa representará, na ficção de Guimarães Rosa, um símile das operações mágico-químicas da sabedoria medieval. Já não se perseguirá aqui, no entanto, nenhuma fórmula ou pedra maravilhosa, mas tão somente o amor purificado de sua materialidade carnal, a sensação física do ato erótico transubstanciada em essência de contemplação e gozo da beleza. Na saga de *Grande sertão: veredas*, por exemplo, o encontro do herói Riobaldo com as três mulheres de sua vida — Nhorinhá, Otacília e a afinal desencantada Diadorim — significará mais do que simples diversificação de experiências, pois através de cada uma delas ele palmilha os lances de iniciação, transição e espiritualização ao longo do périplo ascensional de *Eros*. É certo que outros críticos, dentre eles Antonio Candido, se detiveram antes na consideração do retábulo medieval da estória riobaldina, todavia pôde Benedito Nunes, com recursos e argúcia bem pessoais, acercar-se ainda mais rente da gênese místico-poética do romance, desvendando também, ao desvendar as chaves de sua estrutura de concepção, o próprio esquema linguístico da grande prosa roseana. Porque a linguagem do escritor mineiro parece obedecer igualmente a uma forma de operação alquímica, por meio da qual as palavras, retiradas de sua ambiência denotativa — quase sempre o vocabulário do sertão —, passam pelos filtros de uma sutil magia prosódico-semântica, para atingir então a mais rara, criativa e lírica transparência de significado. A exegese levada a efeito pelo ensaísta apoia-se, como se deduz, no conhecimento nada preconceituoso — e, ao contrário, sumamente enriquecedor — de teorias de fundo mágico ou ocultista, que uma crítica de alcance menos audacioso rejeitaria certamente utilizar. Entretanto, esse recurso adquire, na ótica de Benedito Nunes, uma consistência de seriedade e objetividade que só logra reforçar, em autoridade e justeza, a impostação filosófica de seu enfoque da criação literária. É assim no estudo admirável sobre o amor na obra de Guimarães Rosa e o será do mesmo modo quando propõe, na parte imediata do livro, uma leitura, como sempre nova, agora de Fernando Pessoa e seus heterônimos. Nesse poeta, em cuja individualidade criadora pesou sobremaneira "a ascendência do pensamento sobre a sensibilidade", o autor de *O dorso do tigre* vai surpreender outra vez, no transfundo de uma atitude poética marcada ora por exacerbado culto da razão, ora por deliberada idealização do real, a ressonância de uma visão alquímica do universo, a insinuação de símbolos e princípios de doutrinas ocultistas — da teosofia, do esoterismo, dos rosa-cruzes. Poeta que aspirou, através da lente multifacetada da heteronímia, a uma imagem de inteligência totalizadora, Benedito Nunes nos mostra como tal aspiração, rechaçada pelo impeditivo dialético "do erro e da verdade", acabou por conduzir o poeta a conscientizar-se do inexorável "ocultamento de tudo quanto importa ao homem conhecer, da falta de sentido da existência, da supremacia do Mistério, e do vazio do próprio Mistério". E apontando os sinais secretos da linguagem do poeta, a agudeza e pertinácia beneditina alcançam, afinal, desenovelar esse "novelo embrulhado pelo lado de dentro" da poesia de Pessoa e localizar em seu núcleo a iminência de "uma metafísica sentida" que a adensa e reveste de excepcional inventividade.

Um livro como este de Benedito Nunes exemplifica, pelo seu nível, o quanto amadureceram a crítica e o estudo da literatura no Brasil. Conhecendo-o, estaremos nos inteirando de muitas verdades, dentre elas a de que são amplos e plenos de instigação os caminhos hoje abertos ao nosso ensaio literário e que, não obstante o brilho e sucesso dos métodos da análise estruturalista, esta tendência de uma voga não esgota as sugestões de uma obra, nem invalida outros processos e técnicas de sua abordagem e interpretação. A lição do *approach* filosófico de Benedito Nunes — afirmamos sem qualquer imposição afetiva — do mesmo modo que enriquece uma literatura em demarragem como a brasileira, enriqueceria outras literaturas por mais maduras que sejam. Que os nossos poetas e ficcionistas novos, tão descrentes da necessidade e função da crítica, despertem por um instante de sua apatia e atentem para a importância de livro assim. Temos certeza de que eles descobrirão, como o ensaísta, que nesta selva de mil labirintos e surpresas chamada literatura, não basta a tentativa de domar o esquivo tigre da criação, porém que é preciso — mais do que isso — procurar iluminá-lo pela reflexão crítica, para então compreender, com olhos de inteira lucidez, as cores reais de seu dorso cambiante, o seu exato sentido e destinação.

Índice onomástico

Sobre o autor

Benedito Nunes nasceu em 21 de novembro de 1929, na cidade de Belém, PA, onde vive até hoje. Em 1952, graduou-se na Faculdade de Direito do Pará e, entre 1949 e 1960, lecionou Filosofia e História em diversos colégios locais. Foi um dos fundadores da Faculdade de Filosofia do Pará, onde ensinou Ética e História da Filosofia, de 1954 a 1960. No ano seguinte, foi contratado pela Universidade Federal do Pará, para a qual elaborou o projeto de criação do Curso de Filosofia, inaugurado em 1975, e na qual aposentou-se em 1992 como professor titular, tendo recebido o título de Professor Emérito em 1998.

Escrevendo e publicando desde a adolescência, Benedito Nunes colaborou, em sua cidade, para o Suplemento Literário do jornal *A Folha do Norte* (entre 1946 e 1951), dirigido por Haroldo Maranhão, e para o Suplemento *Artes e Letras* do jornal *A Província do Pará* (entre 1956 e 1957); dirigiu as revistas literárias *Encontro* (1948), com Mário Faustino e Haroldo Maranhão, e *Norte* (1952), com Max Martins e Orlando Costa. No âmbito nacional, publicou ensaios de filosofia e crítica literária nos seguintes órgãos de imprensa: *Jornal do Brasil* (entre 1956 e 1961), *O Estado de S. Paulo* (entre 1959 e 1982), *Estado de Minas Gerais* (entre 1963 e 1974) e *Folha de S. Paulo* (entre 1971 e 2006). Colaborou também para inúmeros periódicos acadêmicos, principalmente para a revista portuguesa *Colóquio Letras* (entre 1971 e 2000).

Em 1957, ao lado da esposa Maria Sylvia Nunes e da cunhada Angelita Silva, criou e dirigiu o grupo de teatro amador Norte Teatro Escola do Pará, experiência que resultaria, em 1963, na fundação da Escola de Teatro da Universidade Federal do Pará. Em 1960, frequentou os cursos de Paul Ricoeur e Merleau-Ponty no *Collège de France*, em Paris. Entre 1967 e 1969, realizou estudos de pós-graduação no Instituto de Estudos Portugueses e Brasileiros da Sorbonne, em Paris, sob a orientação do professor Leon Bourdon, pesquisando o modernismo brasileiro, uma de suas áreas de interesse.

Como professor convidado, Benedito Nunes ministrou cursos e conferências nas principais universidades brasileiras e em diversas estrangeiras, entre as quais se destacam as universidades de Rennes, na França, Porto, em Portugal, Austin, Vanderbilt, Berkeley, Stanford e Yale, nos Estados Unidos.

Entre os prêmios e distinções concedidos ao autor, contam-se: o Prêmio Jabuti na categoria de Estudos Literários em 1987, pelo livro *Passagem para o poético: filosofia e poesia em Heidegger* (Ática, 1986); o Prêmio Multicultural Estadão (1998), o Prêmio Ministério da Cultura/Funarte (1999), a Comenda Ordem do Cruzeiro do Sul do Ministério das Relações Exteriores (2003), a Ordem do Mérito Cultural do Ministério da Cultura (2004) e o Prêmio da Associação Paulista de Críticos de Arte (2005).

BIBLIOGRAFIA

LIVROS

O mundo de Clarice Lispector. Manaus: Governo do Estado do Amazonas, 1966.

A filosofia contemporânea: trajetos iniciais. Rio de Janeiro: Ao Livro Técnico, 1967 (Coleção Buriti, vol. 18); 3ª ed. revista e ampliada, São Paulo: Ática, 1991 (Série Fundamentos, 79); edição revista e atualizada, Belém: Editora da UFPA, 2004.

Introdução à filosofia da arte. São Paulo: DESA, 1967 (Coleção Buriti, vol. 7); 5ª ed., São Paulo: Ática, 2000.

O dorso do tigre. São Paulo: Perspectiva, 1969 (Coleção Debates, vol. 17); 2ª ed., 1976; 3ª ed.: São Paulo: Editora 34, 2009.

João Cabral de Melo Neto. Rio de Janeiro: Vozes, 1971 (Coleção Poetas Modernos do Brasil, vol. 1); 2ª ed., 1974.

Leitura de Clarice Lispector. São Paulo: Quíron, 1973 (Coleção Escritores de Hoje).

Oswald canibal. São Paulo: Perspectiva, 1979 (Coleção Elos, 26).

O tempo na narrativa. São Paulo: Ática, 1988; 2ª ed., 1995.

O drama da linguagem: uma leitura de Clarice Lispector. São Paulo: Ática, 1989; 2ª ed., 1995.

Passagem para o poético: filosofia e poesia em Heidegger. São Paulo: Ática, 1986 (Coleção Ensaios, 122); 2ª ed., 1992.

No tempo do niilismo e outros ensaios. São Paulo: Ática, 1993 (Série Temas, 35).

O crivo de papel. São Paulo: Ática, 1998 (Série Temas, vol. 67, Literatura e Filosofia); 3ª ed., 1999.

Hermenêutica e poesia: o pensamento poético. Organização de Maria José Campos. Belo Horizonte: Ed. UFMG, 1999.

O Nietzsche de Heidegger. Prefácio de Ernani Chaves. São Paulo: Pazulin, 2000 (Coleção Ágora).

Dois ensaios e duas lembranças. Belém: Secult/Unama, 2000.

Heidegger e Ser e Tempo. Rio de Janeiro: Zahar, 2002.

Crônica de duas cidades: Belém e Manaus (com Milton Hatoum). Prefácio de Aldrin Moura de Figueiredo. Belém: Secult, 2006.

João Cabral: a máquina do poema. Organização e prefácio de Adalberto Müller. Brasília: Editora da UnB, 2007 (Coleção Letras e Ideias).

A clave do poético. Organização e apresentação de Victor Sales Pinheiro. Prefácio de Leyla Perrone-Moisés. São Paulo: Companhia das Letras, 2009.

Modernismo, estética e cultura. Organização e apresentação de Victor Sales Pinheiro. São Paulo: Editora 34 (a sair).

Ensaios filosóficos. Organização e apresentação de Victor Sales Pinheiro. São Paulo: Martins Fontes (a sair).

Heidegger. Organização e apresentação de Victor Sales Pinheiro. São Paulo: Martins Fontes (a sair).

Do Marajó ao arquivo: breve panorama da cultura no Pará. Organização e apresentação de Victor Sales Pinheiro. Belém: Editora da UFPA (a sair).

ORGANIZAÇÃO

FAUSTINO, Mário. *Poesia de Mário Faustino*. Organização de Benedito Nunes. Rio de Janeiro: Civilização Brasileira, 1966.

BRITO, Farias. *Trechos escolhidos*. Organização de Benedito Nunes. Rio de Janeiro: Agir, 1967 (Coleção Nossos Clássicos, vol. 92).

FAUSTINO, Mário. *Poesia-experiência*. Organização de Benedito Nunes. São Paulo: Perspectiva, 1977.

FAUSTINO, Mário. *Poesia completa. Poesia traduzida*. Organização de Benedito Nunes. São Paulo: Max Limonad, 1985.

FAUSTINO, Mário. *Evolução da poesia brasileira*. Organização de Benedito Nunes. Salvador: Fundação Casa de Jorge Amado, 1993.

NUNES, Benedito (org.). *A crise do pensamento*. Belém: Editora da Universidade Federal do Pará, 1994.

LISPECTOR, Clarice. *A paixão segundo G. H.* Edição crítica organizada por Benedito Nunes. Paris/Brasília: Association Archives/CNPq, 1998.

NUNES, Benedito (org.). *O amigo Chico fazedor de poetas*. Belém: Secult, 2001.

NUNES, Benedito; PEREIRA, Soraya F. R.; PEREIRA, Ruy. (orgs.). *Dalcídio Jurandir, romancista da Amazônia: literatura e memória*. Belém/Rio de Janeiro: Secult/Fundação Casa de Rui Barbosa/Instituto Dalcídio Jurandir, 2006.

TRADUÇÃO

PERSE, Saint-John. *Crônica — Chronique*. Edição bilíngue. Tradução de Benedito Nunes e Michel Riaudel. Belém: Cejup, 1992.

Este livro foi composto em Sabon
pela Bracher & Malta, com CTP
e impressão da Edições Loyola em
papel Pólen Soft 80 g/m² da Cia.
Suzano de Papel e Celulose para a
Editora 34, em novembro de 2009.